本书系2022年教育部百所职业院校落实立德树人根本任务联合行动课题组《职业院校学生思想政治素养评价体系研究与实践》《职业院校活动育人模式研究与探索》《职业院校深化思政课"三教改革"研究与实践》和《职业院校红色资源整合机制研究》四个子课题重要终结性成果；2023年教育部思想政治工作创新发展中心（广东轻工职业技术大学）重大选题之四《立体化教材体系和教学资源研究与开发》重要终结性成果；2024年广东省高职教育教学改革研究与实践项目《"讲"好中国道理：新时代高职思政课话语体系构建与实践研究（2023JG361）》重要终结性成果。

知库

政治与哲学

思想政治教育体制机制研究
以职业院校创新为视角

刘淑娟　殷宇冰　著

九州出版社
JIUZHOUPRESS

图书在版编目（CIP）数据

思想政治教育体制机制研究：以职业院校创新为视角 / 刘淑娟，殷宇冰著 . -- 北京：九州出版社，2024. 6. -- ISBN 978-7-5225-3038-3

Ⅰ . G711

中国国家版本馆 CIP 数据核字第 2024F5A120 号

思想政治教育体制机制研究：以职业院校创新为视角

作　　者　刘淑娟　殷宇冰　著

责任编辑　沧　桑

出版发行　九州出版社

地　　址　北京市西城区阜外大街甲 35 号（100037）

发行电话　（010）68992190/3/5/6

网　　址　www.jiuzhoupress.com

印　　刷　唐山才智印刷有限公司

开　　本　710 毫米 ×1000 毫米　16 开

印　　张　15

字　　数　216 千字

版　　次　2025 年 1 月第 1 版

印　　次　2025 年 1 月第 1 次印刷

书　　号　ISBN 978-7-5225-3038-3

定　　价　89.00 元

序 言

黄铁苗

党的十八大以来，以习近平同志为核心的党中央高度重视职业教育。习近平总书记强调："在全面建设社会主义现代化国家新征程中，职业教育前途广阔、大有可为。"[①]在党中央的坚强领导下，我国已经建成世界最大规模职业教育体系，在全球的影响力、吸引力、竞争力显著增强，中国特色职业教育发展道路和模式基本形成。

持续推动职业教育高质量发展，为中国式现代化建设贡献更大力量，是每一个职教人的共同责任和不懈努力的方向。新时代教育的根本任务是立德树人，所以在职业教育高质量发展的格局中，思想政治教育也必然居于引领性、基础性、保障性地位，因此创新职业院校思想政治教育是新时代赋予每一个思想政治教育工作者以及全部职教人的光荣使命和神圣职责。使命在心，责任在肩，在党和国家的号召下，一批又一批优秀的思想政治教育工作者沉下心、俯下身，在思想理论学习中增强素养，在教育教学实践中提高本领，为职业院校思想政治教育发展做出了巨大贡献，这是一个令人欣慰的可喜可贺的良好态势。这个态势需要我们全体致力于党和人民教育事业的工作者齐心维系和协力深推，基于这样的认识，刘淑娟教授研究团队邀我为该书《思想政治教育体制机制研究——以职业院校创新为视角》作序，我欣然答应。

刘淑娟教授研究团队这本专著坚持以习近平新时代中国特色社会主义思想为指导，特别深刻领会了习近平总书记关于职业教育和思政教育工作的重要论述、重要指示批示精神，主题鲜明、内容翔实、理实结合、逻辑清晰。2022年新修订并实施的《中华人民共和国职业教育法》明文规定："职业教育

[①] 加快构建现代职业教育体系 培养更多高素质技术技能人才能工巧匠大国工匠［N］.人民日报，2021-04-14（1）.

必须坚持中国共产党的领导，坚持社会主义办学方向，贯彻国家的教育方针，坚持立德树人、德技并修。"[①] 习近平总书记曾指出："思政课是落实立德树人根本任务的关键课程，思政课作用不可替代，思政课教师队伍责任重大。"[②] 新时代职业教育高质量发展的根本任务就在于立德树人，而立德树人根本任务的有效实现又必依赖于高质量、长效性的思政教育，由此可见刘淑娟教授研究团队的著作选题恰当并且切中肯綮。职业院校的思想政治教育工作既有与普通高等学校的一致性，又有其自身的特殊性。由于职业教育和思政教育具有鲜明的时代性和实践性，因此职业院校思想政治教育也成为常论常新、常论常有的课题。制度保障是最可靠的保障，制度问题是最根本的问题。邓小平同志曾指出"制度问题更带有根本性、全局性、稳定性和长期性。"[③] 习近平总书记曾强调："要增强制度意识，善于在制度的轨道上推进各项事业。"[④] 职业院校思想政治教育工作能不能长久有效、行稳致远，关键要看体制机制是否完善。刘淑娟教授研究团队抓住了关键问题中的关键点，这使得该书从逻辑起点上就具有了科学性与合理性，从内容上就实现了应然和实然的统一。研究团队精准锚定这一重大问题，坚定秉承学术创新精神，持续深入开展扎实研究，在学术价值和实践价值的双重维度上取得重要突破、结出丰硕果实自然是水到渠成之事。

刘淑娟教授之前在与我交流时说过，该书是其从事思想政治教育工作二十余年的经验总结和思考结晶，该书的写作倾注了该研究团队的大量心血。全书思维严谨、结构完整、材料翔实，使人读来有厚重感和踏实感。如果非要说"存在一些问题"，那也必然是因应时代形势变化而不得不进行的"因事而新"。

该书在内容上有很多可圈可点的地方。在第一章"明确职业院校思想政治教育方向道路"中，作者提出要着力于提升各职业院校基层党组织政治功能，发挥基层党组织的政治引领力，必须向实处去，向师生需求之解决要答案，以切实的行动激活思想政治工作内生动力。在此基础上探索了"一核心、

---

① 司法部.中华人民共和国职业教育法［M］.北京：中国劳动社会保障出版社,2022.
② 习近平.思政课是落实立德树人根本任务的关键课程［J］.求是,2020（17）.
③ 邓小平.邓小平文选（第2卷）［M］.北京：人民出版社,1994:336.
④ 习近平.坚持、完善和发展中国特色社会主义国家制度与法律制度［J］.求是,2019（23）.

双引擎、六驱动"实践育人模式。在第二章"推动职业院校思想政治教育一体化建设"中，作者提出职业院校思想政治教育一体化建设是推进思想政治教育内涵式发展的关键举措，要增强优质理论供给，为思想政治教育增添理论厚度和重力，把重心放在各学段思想政治教育的闭环式改革创新上。在第三章，作者提出"三教"改革是新时代职业教育创新发展的全新思路，也是职业院校思想政治教育目标清晰、方向明确的路径探索。要以"三教"改革为重点，进一步抓好落实、推动创新、增强实效。在第四章，作者以思想政治理论课为抓手，提出在深刻理解"两个大局"中建设思政课、在拓展"两个视野"中建设思政课、在转化"两个体系"中建设思政课等重要观点。第五章是全书的一个重要的闪光点，它把大思政、大德育、实践育人、文化育人、红色资源思政要素、课程思政、劳动教育等内容通通吸纳进来，并赋予其职教特色，实现了由普遍性到特殊性的有效转化。最后，在第六章"优化职业院校学生思想政治素养培育评价机制"中，作者从思想政治素养的角度出发，探讨了职业院校思想政治教育工作对象的特殊性，书中关于职业院校学生的思想政治素养的主要内容包括思想素养、政治素养、道德素养、法律素养等方面，是学生思想、政治、道德、法律等素养的相互融合与有机统一等提法对于职业院校精准开展思想政治教育工作深具启发意义。

书中还有许多令人眼前一亮的观点和论述，这些观点和论述与其说是刘淑娟教授和殷宇冰老师的"灵机一动"，不如说是研究团队从二十多年的实践中收获的"智慧奖赏"。研究团队把自己所获得的"奖赏"原封不动地呈现在读者面前，这份真诚理应获得读者的尊重。这是用知识搭建起来的文化人的人与人之间的相互尊重。研究团队的这本新著即将付梓，我为其满心欢喜，也衷心希望有兴趣的读者朋友共赏雅鉴。

黄铁苗

中共广东省委党校二级教授

广东省人民政府原参事

2024 年 6 月 1 日

前　言

　　职业教育是人才培养体系中的重要组成部分，在培养多样化人才、传承技术技能、促进就业创业、推动创新等方面具有天然优势、担负重要责任。党的十八大以来，在全面建设社会主义现代化国家新征程中，习近平总书记对职业教育作出一系列重要论述。在党的二十大报告中，习近平总书记明确指出："统筹职业教育、高等教育、继续教育协同创新，推进职普融通、产教融合、科教融汇，优化职业教育类型定位。"①这一新部署、新要求是"实施科教兴国战略，强化现代化建设人才支撑"的重点举措和政策基点。报告非常明确地把大国工匠和高技能人才作为人才强国战略的重要组成部分，这为开拓职业教育可持续发展新局面，书写职业教育多方位服务社会主义现代化建设新篇章，指明了前进方向和提供了根本遵循。

　　当今时代正处于全面建成社会主义现代化强国、实现第二个百年奋斗目标，以中国式现代化全面推进中华民族伟大复兴的关键期。在百年未有之大变局下，推进中国式现代化建设，走高质量发展道路是必然抉择。高质量发展以培育新质生产力为抓手、以壮大实体经济为基础、以畅通国内大循环为依托，实现这一目标需要构建一个由科技创新引领的服务于国家发展的全产业链。而在构建创新体系，发展服务国家未来尖端产业中，职业教育扮演了非常重要的角色。以往人们常把职业教育简单理解为培养技术人才，忽视了职业教育在构建全产业链，从初期科学研究到工程教育再到生产线，实现从"0到1"、从"1到N"的过程中所能发挥的作用。从中国式现代化建设和人才创新发展角度来看，推动教育链、产业链、创新链、人才链有机融合，必

---

① 习近平.高举中国特色社会主义伟大旗帜 为全面建设社会主义现代化国家而团结奋斗〔N〕.人民日报，2022-10-26（1）.

须坚持科技是第一生产力、人才是第一资源、创新是第一动力，深入实施科教兴国战略、人才强国战略、创新驱动发展战略。而这恰是职业教育面临的形势和肩负的重要使命，从其发展规律和特点来说，职业教育应该也能够肩负起这样的使命。

新时代，各职业院校应从战略高度上把握"科技是第一生产力、人才是第一资源、创新是第一动力"的深刻内涵，以及高质量发展所赋予的具有许多新的历史特点的发展机遇和挑战，为教育优先发展、科技自立自强、人才引领驱动，加快建设教育强国、科技强国、人才强国战略目标的实现贡献智慧和力量。而要科学研判形势、坚持正确的发展方向、提升为党育人为国育才的内涵，就必须自夯实思想政治教育始。在职业院校人才培养体系中，思想政治教育处于首要性和基础性地位，离开了思想政治教育的保驾护航，职业院校人才培养将会面临走错航向、偏离方向的极大风险。从理论逻辑上来说，思想政治教育建设的核心保障在于完善的体制机制；从历史逻辑上来说，思想政治教育建设的质量提升离不开对成功经验的系统总结与制度化规范化；从实践逻辑上来说，思想政治教育建设的最终成效决定于体制机制的运转质量。近年来，不少职业院校把责任记在心间、扛在肩上、落实到行动上，不断加大探索思想政治教育体制机制建设，取得了一些阶段性成绩，但也还存在一些亟待破解的困境。本书就是在这样的背景下产生的。

本书以习近平新时代中国特色社会主义思想为指导，以习近平关于高校思想政治教育和职业教育重要论述为根本遵循，紧密把握时代发展形势，立足职业教育和职业院校思想政治教育自身规律，系统分析了职业院校思想政治教育体制机制，从意蕴、主体、方法、评价机制等多个维度探讨完善职业院校思想政治教育体制机制。全书共有六章。第一章从宏观政策层面进行思考，重点在于把握党建引领和政策导向；第二章从职业院校思想政治教育一体化建设出发，分析了职业院校思想政治教育一体化建设科学内涵、系统逻辑、方向原则，提出一体化体制机制建设建议；第三章以"三教"改革为抓手，探讨了课程建设、教师发展、教法创新、教评反馈在增效职业院校思想政治教育上的作用；第四章着重于研究职业院校思想政治理论课的主渠道和主阵地作用，提振思想政治理论课在职业院校思想政治教育系统中的焦点节点地位；第五章从大思政、大德育、实践育人、文化育人、课程思政、劳动教育等几个方面探讨了职业院校思想政治教育的多元协同机制；第六章研究了职业院校学生思想政治素养培育评价机制的构建。

就研究主题来说，第一章到第六章皆是全书的重点，它们在结构上共同体现了职业院校思想政治教育体制机制的多维向度。从逻辑关系上看，第一章和第二章处于统领性和基础性地位。统筹方向道路是职业院校思想政治教育工作的前提起点，主要包括党建领航、制度安排、统筹内涵式发展、政策支持等内容。新时期加强职业院校思想政治教育工作，关键在于提高"引领力"，积极探索党建工作的新举措，增强党建引领学校思想政治教育新动能。把加强学校党建总体布局作为党建工作的前提和基础，切实发挥总揽全局、协调各方的领导核心作用，将党建引领、政策支持与各职业院校发展相结合，突出整体性、系统性、科学性。一体化建设是站在立德树人根本任务和铸魂育人总体目标战略高度上的措施落地，推动一体化建设的总体布局，在教学目标、课程设计、教学内容、教材建设、队伍优化、资源供给、交流互动、领导保障等方面协同创新，实现整体性、系统性、立体化和时代化，是职业院校思想政治教育体制机制完善的基础保障。

第三、四、五、六章属于职业院校思想政治教育系统中的"小系统"或者细分模块，第三章中包含教师、教材、教法三个要素的"三教"改革，体现了职业教育创新发展的新时代思路，也是职业院校思想政治教育目标清晰、方向明确的路径探索，把控着职业院校思想政治教育的整体观、目的性、方法论三个核心问题。处理好教师、教材、教法三个问题就是处理好了职业院校思想政治教育系统中关键要素。第四章专门论述思想政治教育体系中居于"重头戏"的思想政治理论课这一具体环节，以在内容上进行丰富、在体系上进行整合、在方式上进行创新，为完善思想政治教育体制机制提供现实依托。第五章从更细分的视角探讨职业院校思想政治教育形成合力的可能性要素，通过"大思政"视域下整合职业院校思想政治教育、创新推动职业院校大德育工作、着力用好职业院校实践育人手段、发挥职业院校文化育人功能、大力促进红色资源思政要素有效开发、深化职业院校课程思政建设、落实落细职业院校劳动教育，调动多种要素，开辟多元"课堂"。第六章抓住职业院校思想政治教育工作的对象，从客体独立性、主客体关系、客体在环体和介体影响下的因变性角度出发，研究在核心素养体系中起着导向与引领，动力与促进，渗透、整合与协调作用的思想政治素养，为职业院校思想政治教育工作夯基定向。

　　总之，职业院校思想政治教育是新时代职业教育高质量发展的逻辑起点、方向规范和基础保障，它包含多种要素，盘活各类系统要素，需在多个维度上同向发力、一体推进。实现职业院校思想政治教育体制机制的创新发展和不断完善，需要研判和把脉时代形势，不断赋予其时代内涵和实践内涵。这是所有职教人和思想政治教育工作者的共同任务。

目 录
CONTENTS

导　言

　　职业教育是国民教育体系和人力资源开发的重要组成部分，是培养技术技能人才、促进就业创业创新、推动中国制造和服务提升水平档次上水平的重要基础，在实施科教兴国战略和人才强国战略中具有特殊的重要地位。2022年新修订并实施的《中华人民共和国职业教育法》在总则第三条明确指出："职业教育是与普通教育具有同等重要地位的教育类型，是国民教育体系和人力资源开发的重要组成部分，是培养多样化人才、传承技术技能、促进就业创业的重要途径。"[①]以国家法律的形式规定了职业教育在国民教育体系中的重要地位。职业教育肩负着培养多样化人才、传承技术技能、促进就业创业的重要职责。基本实现工业化，大力推进信息化，加快建设现代化，坚持以信息化带动工业化，以工业化促进信息化，走出一条科技含量高、经济效益好、资源消耗低、环境污染少、人力资源优势得到充分发挥的新型工业化路子，离不开以高素质专业技术人才培养为育人定位的职业教育的优势支持。在全面建设社会主义现代化国家新征程中，职业教育前途广阔、大有可为。

　　当今时代正处于百年未有之大变局，社会发展呈现许多具有新的历史特点的态势，在这一态势下，产业结构深度调整、经济样态不断丰富、职业内涵因时而进，与之相伴随的是人才供给和需求的矛盾加深。人才需求市场份额中，高素质技能型人才占据相当大的比重，而且这一比重随着产业转型不断提高，为职业教育提供新机遇，也提出了新任务和新要求。近几年来，全国很多省市地区都进行了深入探索，积累了不少有关职业教育的成功经验与典型模式。但职业教育的发展仍然是薄弱环节，不太适应经济社会发展的需要。大力发展职业教育，既是当务之急，又是长远大计。在职业院校人才培

　　[①]　司法部.中华人民共和国职业教育法［M］.北京：中国劳动社会保障出版社，2022.

养体系中，思想政治教育处于首要性和基础性地位，也因之是重点和难点。近年来，职业院校思想政治教育以高度责任感和使命感深入推进，取得了显著成绩，但也存在一些堵点、痛点和短板。

总结经验，立足现实，职业院校思想政治教育还需在继续发挥思想政治理论课主阵地和主渠道作用的基础上，不断探索落实立德树人根本任务的新模式，凝聚育人合力，向体制机制方面发力。总结起来包括统筹职业院校思想政治教育方向道路、大力推动职业院校思想政治教育一体化建设、以"三教"改革为抓手促进职业院校思想政治教育增效、用好职业院校思想政治理论课育人主阵地和主渠道作用、优化职业院校学生思想政治素养评价机制、开辟职业院校思想政治教育多元课堂。

第一章

明确职业院校思想政治教育方向道路

方向决定道路，道路决定命运，在职业院校思想政治教育事业中道路是最根本的问题。明确职业院校思想政治教育方向道路主要包括党建领航、制度安排、统筹内涵式发展、政策支持等内容。《各职业院校思想政治工作质量提升工程实施纲要》指出："构建组织育人质量提升体系，就是要把组织建设与教育引领结合起来，强化各职业院校各类组织的育人职责，增强工作活力、促进工作创新、扩大工作覆盖、提高辐射能力，发挥各职业院校党委领导核心作用、院（系）党组织政治核心作用和基层党支部战斗堡垒作用。"[①] 各职业院校要在党委领导下，在各主要部门、主要战线配合下，严格工作规范，将立德树人作为职责要求融入制度设计，把好方向、引好道路。

第一节　强化职业院校党建引领思想政治教育

一、健全各职业院校党建工作运行机制，推动健全党对各职业院校全面领导的组织体系、制度体系和工作机制

习近平总书记强调："加强党对高校的领导，加强和改进高校党的建设，是办好中国特色社会主义大学的根本保证。"[②] 各职业院校党委要高举习近平新

---

① 邓晖.教育部发布《高校思想政治工作质量提升工程实施纲要》[N].光明日报,2017-12-07（12）.
② 董洪亮.坚持立德树人思想引领 加强改进高校党建工作[N].人民日报，2014-12-30（1）.

时代中国特色社会主义思想伟大旗帜，全面落实新时代党的建设总要求，紧紧围绕立德树人根本任务，坚持"顶层设计、固本强基、培根铸魂"，高质量党建引领高水平职业院校建设取得显著成效。新时期加强党建引领思想政治教育工作，关键在于提高"引领力"，积极探索党建工作的新举措，增强党建引领学校思想政治教育新动能。坚持以党的领导为根本，落实党对学校工作的全面领导，把"加强学校党建总体布局作为党建工作的前提和基础，切实发挥总揽全局、协调各方的领导核心作用，将党建引领与各职业院校发展相结合，突出整体性、系统性、科学性"①，构建以政治建设为统领，全面加强思想建设、组织建设、作风建设和纪律建设的有效工作体系，夯实学校发展建设的思想、政治和组织保证，推进学校高质量发展。

健全各职业院校党建工作运行机制，要坚持以政治建设为统领，在抓好思想建设和组织建设的同时，突出加强作风建设和纪律建设。把心系师生提升服务效果、爱岗敬业干好本职工作、积极作为改进工作作风、遵章守纪加强自我约束作为学校党建的基本原则；把提升履职能力、提升执行能力、提升攻坚能力、提升服务能力作为各职业院校党建的基本方法；把党性修养、示范引领、内涵建设、实干勇为作为学校党建的基本标准。加强完善学校党建工作，须在坚持以政治建设为统领，抓好作风建设和纪律建设的同时，突出加强思想建设和组织建设，实施"铸魂强基·党建领航"，构建与各职业院校发展建设相适应的党建工作格局。通过抓基本教育、抓基层基础、抓骨干队伍等方法，全面增强思想政治素养、全面增强战斗堡垒作用、全面增强党建工作能力。加强思想建设和组织建设，需要在"思想"上做实文章。对标新思想，强化思想引领；对标新要求，强化标杆引领；对标新标准，强化先锋引领。在学思践悟、知行合一、固本强基的各职业院校党建总体方向指导下，各职业院校达到党建理论武装全面过硬、党建质量全面过硬、事业发展全面过硬。

党建引领，制度先行。各职业院校党委坚持把制度建设摆在突出位置，贯穿全面从严治党全过程。制定党委常委会会议实施细则、基层党委（党总支部）议事规则和基层党建工作达标考核实施办法，构建"两联系、两清单、

---

① 卢景辉. 奏响党建领航曲 推进新发展阶段高质量发展［EB/OL］. 光明网，2021-10-29.

两述职"党建工作制度体系：党委常委联系基层党委（党总支部），校、院（教学部）党员领导班子成员联系优秀青年教师制度；基层党委（党总支部）党建责任清单和党支部建设标准清单；开展基层党组织书记述职评议和基层党支部书记抓支部党建工作述职。压实全面从严治党主体责任，从而以刚性制度保证党的建设质量，推动基层党建工作全面进步、全面过硬。采取"线上"和"线下"相结合的教育方式，"让线上线下联动起来，推动思想政治工作传统优势同信息技术高度融合"[①]，引领全体党员坚守"为党育人，为国育才"的初心使命，依托"学习强国""党建云平台"，激发了党员教师干事创业的热情，推动学校优质高位发展。

二、提升各职业院校基层党组织政治功能

习近平总书记强调："基层是党的执政之基、力量之源。"[②] 基层党组织是党的组织体系的神经末梢，是党在社会基层组织中的战斗堡垒，是党的全部工作和战斗力的基础。只有基层党组织坚强有力，党员发挥应有作用，党的根基才能牢固，党才能有战斗力。2022年新修订并实施的《中华人民共和国职业教育法》中第三十五条指出："公办职业学校实行中国共产党职业学校基层组织领导的校长负责制，中国共产党职业学校基层组织按照中国共产党章程和有关规定，全面领导学校工作，支持校长独立负责地行使职权。民办职业学校依法健全决策机制，强化学校的中国共产党基层组织政治功能，保证其在学校重大事项决策、监督、执行各环节有效发挥作用。"[③] 这样便为各类职业院校的日常运行与中国共产党的基层组织有机融合提供了法律依据和保障，因此各职业院校党委要坚持以提升组织力为重点，突出政治功能，抓实基层，打牢基础，健全基层组织体系，激发基层组织活力，全面推进基层党组织标准化规范化建设，切实发挥基层党组织战斗堡垒作用和师生党员先锋模范作用。

各职业院校党委始终把党的政治建设摆在首位，以政治建设引领带动党

---

① 王胜昔，丁艳．筑好党建堡垒 当好育人领路人［N］．光明日报，2020-02-10（5）.

② 姜洁．突出问题导向确保取得实际成效 把全面从严治党落实到每一个支部［N］．人民日报，2016-04-07（1）.

③ 司法部．中华人民共和国职业教育法［M］．北京：中国劳动社会保障出版社，2022.

建质量全面提高，持续推进"两学一做"学习教育常态化制度化，不断巩固深化"不忘初心、牢记使命"主题教育成果，推动党员干部学懂弄通做实习近平新时代中国特色社会主义思想，增强"四个意识"、坚定"四个自信"、做到"两个维护"，始终在政治立场、政治方向、政治原则、政治道路上同以习近平同志为核心的党中央保持高度一致。坚持树立一切工作到支部的导向，以党支部标准化规范化建设为着力点，突出抓好"头雁"工程、"固本"工程、"先锋"工程，在社团组织、科研平台等设置党支部，建立智慧党建平台，树立基层党委先进典型，着力加强新、好、强领导班子和干部队伍建设，深化党建"标杆院系""样板支部"培育，全面加强基础工作、基本制度、基本能力建设。

此外，推动《教育系统贯彻落实〈党委（党组）意识形态工作责任制实施办法〉的实施细则》有关要求在各职业院校各级党组织落地见效。组织实施院系党组织书记政治能力提升、教师党支部书记"双带头人"队伍质量攻坚、大学生党支部书记骨干培养等专项计划，部省联动开展相关群体全覆盖培训。各职业院校党委始终紧扣习近平新时代中国特色社会主义思想入脑入心这个重点，推进"两学一做"学习教育常态化制度化，以"一个党支部、一名党员、一名入党积极分子"三个方面为抓手，把握大学生思想特点和发展需求，制定基层学生党员考核办法，加强对党员组织生活的过程管理和检查，通过创建主题党建工程，持续开展党员先进性理论研究和实践工作。

切合需要，才能具有说服力；具有说服力，才能走进内心，成为坚定信念，转化为自觉的行动。因此，提升各职业院校基层党组织政治功能，发挥基层党组织的政治引领力，必须向实处去，向师生需求之解决要答案。各职业院校党委及各学院党委要坚持以"党管人才，团抓凝聚"的原则，始终把"党建带团建，团建促党建"作为一项重点工作来抓，深入青年、了解青年思想动态，通过举办党团课、开展主题鲜明的知识竞赛、主题党团日活动，促进青年大学生理想信念培育和社会主义核心价值观教育。同时从大学生的实际出发，坚持"三贴近"原则，探索"第二课堂"，推进大学生素质拓展工作，积极组织团员青年开展社会实践、志愿服务、校园文化等活动。更重要的是要回应且有效回应大学生的关切，在强化服务中提升基层党组织的政治说服力和吸引力，应以"引领青年，服务师生"为核心理念，积极开展"我为群众办实事"实践活动，既要打造践行理论教学、实践教学、科学研究和创新创业有机结合的人才培养模式，解决大学生的成才难题；还要列出急难愁盼的问题清单，通过入党积极分子"一帮一"活动结对帮扶困难学生，解决大学生的成长难题。以切实的行动激活思想政治工作内生动力。

三、加强各职业院校党建重点难点问题攻关

积极探索各职业院校党建与业务发展深度融合、以高质量党建引领各职业院校高质量发展的方法路径。强化各职业院校党建工作分类指导、精准施策，用高质量党建领航职业院校思想政治教育。以高质量党建引领高质量发展是各职业院校治理现代化的必由之路。所谓高质量党建，就是要在抓好的基础上抓优，抓优的基础上抓强，"推进党支部标准化、规范化建设，严格党员教育管理"①，其关键路径在于抓住重点、攻克难点。各职业院校党委要坚持"围绕中心抓党建"的理念，着力推动党建工作与事业发展深度融合，确保党中央决策部署和省委工作要求落地见效。聚焦事业发展的重点、难点、堵点，可坚持每年围绕一个工作主题统筹推进各项工作。工作效率、工作作风、人才提质、基层党建、职业本科深化改革、学科内涵建设、体制机制改革创新等都应被作为主题，并结合区域发展和学校实际将其发展成为学校基层党组织建设和党员队伍建设的重要抓手、重要载体，引导基层党组织和党员找准开展工作、发挥作用的着力点、切入点，激发创新活力，汇聚智慧力量，夯实基层基础，破解发展瓶颈，有力推动教育事业迈上新台阶。

各职业院校思想政治教育工作的主要弱项体现在人才队伍、思政育人路径和思政工作合力。这三个问题是高质量党建引领职业院校思想政治教育的聚焦点、突破点。创新的关键在于人才，干事的保障在于得人，"功以才成，业由才广"②。经济社会越是深入发展，人才的意义就越是重大，当前人才已成为各项事业发展的"最强引擎"。各职业院校党委要坚持把人才工作放在事关

---

① 中共中央政治局召开会议［N］.人民日报，2019-11-30（1）.

② 黄金新，张大鹏.创新的根本在人才：大兴识才爱才敬才用才之风系列谈⑧［N］.解放军报，2021-09-15（2）.

事业发展全局最重要、最核心的战略位置，坚持引进人才、培养人才、留住人才一起抓，把"以人才强校为要务"作为重要办学理念，把"打造高层次人才队伍"作为重要发展战略，出台一揽子政策和措施，不断深化人才工作体制机制改革，着力于推动人才工作呈现良好发展态势。着力加强思政课教师队伍建设，形成专职为主、专兼结合、数量充足、素质优良的思政课教师队伍，大力促进和发展一批以"全国思想政治理论课教学能手"为代表的教学骨干。通过"优选拔""精培育""双晋升"等举措，不断提高辅导员专业水平和职业能力，使之成为思想政治工作的坚定坚强力量。

各职业院校党委要始终坚持"以学生发展为中心"，统筹立德树人合力，立足全局画好学校思政工作"同心圆"。习近平总书记指出："大学是立德树人、培养人才的地方，是青年人学习知识、增长才干、放飞梦想的地方。"① 各职业院校党委要坚持把立德树人成效作为检验一切工作的根本标准，聚焦"为谁培养人、培养什么样的人、怎样培养人"这个根本问题，坚持为党育人、为国育才，围绕学生、关照学生、服务学生，制定加强和改进新时代思想政治工作实施意见，推进课程思政教育教学研究，提升课程思政育人质量。一方面，可加快省级、校级一流学科建设，实现职业教育内涵式发展，以做强学科为抓手，为课程思政注入强劲动力。具体可开展"学科攀峰党员先锋岗"，强化党建引领，凝聚发展合力，聚力优势学科，发展特色学科，突出核心优势，高水平学科建设带动高质量发展和包括课程思政育人在内的全面发展能力不断增强。另一方面，各职业院校党委应抓育人整体，盘活学校的思政工作全要素。结合学校实际，立思政工作之"纲"，激发各部门思政育人的积极性和要素优势，形成一体多维、协同发力的"同心圆"。

各职业院校党委要加强党建领导引导，探索思政育人新路径，不断在赋予思政育人实践性、时代性的基础上提升其实效性。一方面，牢守培根铸魂、为党育人底线，将立德树人贯穿到教育教学管理的各个方面，引导广大学生坚定跟党走的决心和信心，培养具有家国情怀和德智体美劳全面发展的全能人才。可将实践育人作为立德树人的重要抓手，引导学生将个人"小我"融

---

① 习近平. 在北京大学师生座谈会上的讲话［N］. 人民日报，2018-05-03（2）.

入国家发展"大我"之中，弘扬爱国奋斗精神，厚植家国情怀，着力培养担当民族复兴大任的时代新人，形成以"立德树人"为核心，以"提升实践内核、拓展外部资源"为引擎，通过"成长驱动、项目驱动、责任驱动、赛事驱动、资源驱动、共建驱动"的"一核心、双引擎、六驱动"实践育人模式。另一方面，聚焦特色活动，发挥特色育人的正向激励和带动效应。可实施"青马工程""灯塔工程"，深入开展"两学两争当"活动，即依托校史馆，开展学党史、学校史，学先进、学先辈，争当优秀教师，争当模范学生活动；扎实推进党员"双培养"活动，将优秀教师培养成党员，将优秀党员培养成教学骨干。将党建活动与教学主业紧密结合，引领思政育人工作高标准推进。

第二节　统筹职业院校思想政治教育制度安排

制度问题是关乎全局的问题，制度保障是根本的保障。职业院校思想政治教育工作要在已有的成绩的基础上取得新突破，并实现思政育人长效性、实效性、深入性，就需要统筹制度安排，做实做强制度保障。

一、找准职业院校思想政治教育工作制度依据

党和国家相关的路线、方针、政策是职业院校思想政治教育工作的基础、前提和保证，是行之有效的制度依据。职业院校深入开展思想政治教育工作，需要把《中国教育现代化2035》《国家职业教育改革实施方案》《职业教育提质培优行动计划（2020—2023年）》《关于推动现代职业教育高质量发展的意见》《关于深化现代职业教育体系建设改革的意见》等文件读懂弄透，把握蕴含其中的从深化改革到提质培优，再到高质量发展的相互衔接、逐级递进的内在逻辑，明确"十四五"期间职业教育改革发展政策框架。为职业院校思想政治教育工作找准制度依据。

《中国教育现代化2035》是我国第一个以教育现代化为主题的中长期战略规划，是新时代推进教育现代化、建设教育强国的纲领性文件，定位于全局

性、战略性、指导性，与以往的教育中长期规划相比，时间跨度更长，重在目标导向。指导思想明确了当前和今后一段时期推进教育现代化的总体要求。其中党的坚强领导是办好我国教育的根本保证；全面贯彻党的教育方针、坚持马克思主义指导地位、坚持中国特色社会主义教育发展道路、坚持社会主义办学方向，是不可偏离的根本方向；立足基本国情、遵循教育规律、坚持改革创新，是兴教办学的原则思路；凝聚人心、完善人格、开发人力、培育人才、造福人民，是事业发展的工作目标；培养德智体美劳全面发展的社会主义建设者和接班人，是教育工作的根本任务。值得注意的是，把"职业教育服务能力显著提升"作为八个主要目标中的一个。《中国教育现代化2035》的核心思想是育人的现代化、育现代化的人，科学解决了"为谁培养人、培养什么样的人、怎样培养人"的问题。从文件内容可以清楚看出，教育现代化的首要前提是社会主义办学方向，逻辑归属是德智体美劳全面发展的社会主义建设者和接班人。结合文件所要求的职业教育服务能力提升，很容易理解其实质就是赋予职业院校思想政治教育工作重大的时代使命和现代意义，也指明了大方向并提供了制度依循。

　　《国家职业教育改革实施方案》（以下简称《方案》）指出要以习近平新时代中国特色社会主义思想为指导，把职业教育摆在教育改革创新和经济社会发展中更加突出位置。牢固树立新发展理念，服务建设现代化经济体系和实现更高质量更充分就业需要，对接科技发展趋势和市场需求，完善职业教育和培训体系，优化学校、专业布局，深化办学体制改革和育人机制改革。要加强党对职业教育工作的全面领导，做好职业教育改革组织实施和相关保障工作。全面贯彻党的教育方针，将党建工作与学校事业发展同部署、同落实、同考评。还要求完善教育教学相关标准，狠抓教学、教材、教师，培育和传承好工匠精神，大幅提升新时代职业教育现代化水平，为促进经济社会发展和提高国家竞争力提供优质人才资源支撑。《方案》从多个层面提出了职业教育发展的要求和方法，其中提到的"育人机制改革""培育和传承好工匠精神""优质人才资源""结合党建工作与学校事业发展"等都是思想政治教育工作的责任和优势所在。职业院校思想政治教育工作应以此《方案》为依据，立足发展全局，扬长补短，提升引领和服务国家职业教育改革的能力和水平。

《职业教育提质培优行动计划（2020—2023年）》要求职业院校将育人为本，质量为先作为职业教育提质培优行动计划的首要原则。加强党对职业教育工作的全面领导，推进新时代职业学校思想政治工作改革创新。深化产教融合、校企合作，强化工学结合、知行合一，健全德技并修育人机制，完善多元共治的质量保证机制，推进职业教育高质量发展。强调把落实立德树人根本任务、构建职业教育"三全育人"新格局、创新职业学校思想政治教育模式等作为重点任务。特别提出要推进理想信念教育常态化、制度化，加强职业道德、职业素养、职业行为习惯培养，有针对性地开展职业精神、工匠精神、劳模精神等专题教育。引导职业院校全面统筹各领域、各环节、各方面的育人资源和育人力量，教育引导青年学生增强爱党爱国意识，听党话、跟党走。遵循职业学校学生认知规律，开发遴选学生喜闻乐见的课程资源，因地制宜实施情景式、案例式、活动式等教法，建设学生真心喜爱、终身受益、体现职业教育特点的思政课程。职业教育提质培优行动计划把"德技并修"作为育人机制改革总方向，对职业院校思想政治教育模式创新做出新的规定，并提供了一系列职业院校思想政治工作的方式方法，是有效的制度依据和保障。

《关于推动现代职业教育高质量发展的意见》（以下简称《意见》）要求坚持立德树人、德技并修，推动思想政治教育与技术技能培养融合统一，切实增强职业教育适应性，加快构建现代职业教育体系，建设技能型社会，弘扬工匠精神。还要求坚持产教融合、校企合作，推动形成产教良性互动、校企优势互补的发展格局；坚持面向市场、促进就业，推动学校布局、专业设置、人才培养与市场需求相对接；坚持面向实践、强化能力，让更多青年凭借一技之长实现人生价值。明确要求提高思想政治理论课质量和实效，推进习近平新时代中国特色社会主义思想进教材、进课堂、进头脑。普遍开展项目教学、情境教学、模块化教学，推动现代信息技术与教育教学深度融合，提高课堂教学质量。《意见》直接或间接对职业院校思想政治教育提出了工作原则、要求和标准，"三进"表明职业院校思想政治教育必须加大力度；"德技并修"为职业院校思想政治教育指明内涵式发展之路；"面向实践、强化能力"的要求则为职业院校思想政治教育实践育人开辟了新路。

《关于深化现代职业教育体系建设改革的意见》(以下简称《意见》)以习近平新时代中国特色社会主义思想为指导，强调职业教育在推动高质量发展和服务现代化建设中的重要作用。牢固树立新发展理念，适应经济结构调整和产业升级需要，促进人才培养模式创新和技能型人才供给侧结构性改革。《意见》提出强化产教融合、校企合作，优化职业教育结构和资源配置，健全多层次职业教育和培训体系，推动职业教育与普通教育协调发展。全面加强党对职业教育的领导，深化教育治理体系改革，确保职业教育改革落地见效。把党建工作融入学校管理与教育教学全过程，推进党组织在职业院校中的政治引领和服务功能，助力育人模式创新和职业教育质量提升。《意见》强调的"产教融合""多层次培训体系""党建引领作用"等，为职业院校的思想政治教育工作提供了重要方向和实践路径。职业院校应紧扣《意见》要求，将思想政治教育与职业技能培养紧密结合，强化学生的职业素养和社会责任意识，发挥思想政治教育在人才培养中的核心引领作用，助力新时代高素质技术技能人才的培养，服务国家现代化建设和高质量发展目标。

二、健全国家、省、校协同推进机制

职业院校思想政治教育是党和国家统筹下各地方协调推进、各院校具体实施的系统性工程。职业院校是对高素质专业技能型人才开展思想政治教育生态系统中的核心主体，但这一主体价值的发挥以国家和省的统筹协调为条件。统筹协调得好，则主体作用能最大程度彰显；如果统筹协调力度不足、内容不彰，主体便会成为"孤岛"，影响"德技并修"①格局下立德树人根本任务的落实。因此，要健全国家、省、校协同推进机制，细化分工、建好台账，将责任传导到职教战线的"神经末梢"，把改革任务落细落小落地。加强激励引导、强化制度保障，充分调动各方面积极性、主动性、创造性，扩大发展职业教育的总体效应。

第一，党和国家层面。首先，领导制定、修订职业教育法，地方结合实

---

① 赵蒙成. 德技并修，高质量发展根本之道［N］.中国教育报，2021-10-19（5）.

际制定修订有关地方性法规。健全政府投入为主、多渠道筹集职业教育经费的体制。优化支出结构，新增教育经费向职业教育倾斜。严禁以学费、社会服务收入冲抵生均拨款，探索建立基于专业大类的职业教育差异化生均拨款制度。其次，建立健全教师、课程、教材、教学、实习实训、信息化、安全等国家职业教育标准，鼓励地方结合实际出台更高要求的地方标准，支持行业组织、龙头企业参与制定标准。最后，加强正面宣传，挖掘宣传基层和一线技术技能人才成长成才的典型事迹，弘扬劳动光荣、技能宝贵、创造伟大的时代风尚。打通职业学校毕业生在就业、落户、参加招聘、职称评审、晋升等方面的通道，与普通学校毕业生享受同等待遇。对在职业教育工作中取得成绩的单位和个人、在职业教育领域作出突出贡献的技术技能人才，按照国家有关规定予以表彰奖励。各地将符合条件的高水平技术技能人才纳入高层次人才计划，探索从优秀产业工人和农业农村人才中培养选拔干部机制，加大技术技能人才薪酬激励力度，提高技术技能人才社会地位。

第二，省级层面。首先，各级党委和政府要把推动现代职业教育高质量发展摆在更加突出的位置，更好支持和帮助职业教育发展。职业教育工作部门联席会议要充分发挥作用，教育行政部门要认真落实对职业教育工作统筹规划、综合协调、宏观管理职责。国家将职业教育工作纳入省级政府履行教育职责督导评价，各省将职业教育工作纳入地方经济社会发展考核。其次，选优配强职业学校主要负责人，建设高素质专业化职业教育干部队伍。落实职业学校在内设机构、岗位设置、用人计划、教师招聘、职称评聘等方面的自主权。再次，加强职业学校党建工作，落实意识形态工作责任制，开展新时代职业学校党组织示范创建和质量创优工作，把党的领导落实到办学治校、立德树人全过程。最后，推进职业学校教学工作诊断与改进制度建设。完善职业教育督导评估办法，加强对地方政府履行职业教育职责的督导，做好中等职业学校办学能力评估和高等职业学校适应社会需求能力评估。

第三，学校层面。各职业院校应树立正确观念，在思想政治教育工作中创建思政育人的长效机制，以学生为导向建设思政育人的教育机制，保证育人工作的有效实施。习近平总书记指出："把思想政治工作贯穿教育教学全过程，实现全程育人、全方位育人。"①新时代职业院校的思想政治教育工作，应全方位把握实践育人工作机制，实现全程化、全员化育人。就全员化育人机制来说，可探索多种方法，有效组织全体学生参与到实践活动中，建设一体多样的实践队伍，培养学生的团队合作精神，磨炼学生的良好的人格修养和思想素质。就全程化育人机制来说，可从学生的课外活动入手，如采用社会调查研究方式、生产组织方式、志愿者服务方式与公益活动方式等开展实践育人活动。还可通过创建项目化的工作机制方式，为职业院校的学生设置实践育人项目，聘用专家严格评审项目，明确问题，积极指导，有效解决。全方位育人机制应结合院校实际情况和时代发展需求，编制出完善的育人长效指导机制。此外，可以探索特色化育人机制，以特色化育人基地为载体，将适应性教育平台、励志性教育基地、创新性与综合素养拓展基地等融合为一体，增强对学生的感染力、吸引力、影响力。总之，各职业院校要在国家的政策支持下，认真落实任务要求，以省市为依托，制定完善的思政教育规划方案，在主体作用的发挥中不断为国家发展和社会进步培育高素质人才。

三、压实职业院校思想政治教育主体责任

近些年职业院校思想政治教育在各级部门的高度重视下，已经取得了一定成绩，在思政育人方面有了一定的成效。当然，这些成绩及成效离政策要求和育人目标还有一段距离。当前和今后职业院校思想政治教育工作的一个重点是在巩固已有成绩的基础上，加大落实落细力度，特别是要解决主体不明及主体衔接不畅的问题，进一步压实职业院校思想政治教育主体责任，狠抓任务落实，对思想政治工作任务和项目执行情况进行绩效评价，提出定量定性相结合指标，积极营造思想政治工作贯穿教育教学全过程的浓厚氛围，确保思想政治教育工作不衰减、不走样。

要压实好党委的主体责任。学校党委在思想政治工作上负有主体责任，这是学校党委的使命所系、职责所在，更是学校思想政治教育方向不错、道路不偏的根本保障。党委要坚持用习近平新时代中国特色社会主义思想铸魂

---

① 习近平.把思想政治工作贯穿教育教学全过程 开创我国高等教育事业发展新局面[N].人民日报，2016-12-09（1）.

育人，把做好高校思想政治工作放在世界百年未有之大变局、党和国家事业发展全局中来看待，强化识变、求变、应变的自觉性、自信心，坚持学校正确办学方向，牢牢掌握思想政治工作的主导权，保证学校始终成为培养社会主义事业建设者和接班人的坚强阵地。要把思想政治工作摆在重要位置，形成党委统一领导、党政工团学齐抓共管的工作格局。要把方向、管大局、做决策、保落实，要加强学校党的基层组织建设，创新体制机制，改进工作方式方法，全面提高党的基层组织做思想政治工作的能力，要进一步加强对学校的统筹指导，牢固树立强烈的阵地意识，管好课堂阵地，管好教材阵地，管好网络阵地，管好各类校园文化活动阵地。

要压实好领导的直接责任。一分部署，九分落实。一个行动胜过一打纲领。领导方向明确后，接下来就是落实。部署再好，不谈具体落实，一切都是空话。职业院校思想政治工作之所以还存在一些问题，并不是领导不够，而是落实欠缺。做好落实工作，要从压实直接责任这个关键点出发。做好思想政治工作是每个领导干部的政治任务，每一个领导岗位都是思想政治工作的工作站，每一名领导班子成员都是党的思想政治工作者。要全面贯彻党的教育方针，坚持社会主义办学方向，落实立德树人的根本任务，以高度的责任感和使命意识深刻检视学校思政工作和育人体系的差距与不足，把培养什么人、怎样培养人、为谁培养人这个根本问题作为自己深切关注的问题，在自己的岗位上发挥优势，立足"一域"而不忘谋"全局"，深入研究分析办学规律、人才培养规律，补短板、强弱项、堵漏洞，改进教育教学工作，确保责任到位、工作到位、管理到位，助力完善全员育人、全程育人、全方位育人体系，使学校真正成为落实党的教育方针的大教大育大化之地。

要压实好教职工育人责任。要"优化教师素质，提升使命感与责任感"[①]，努力打造一支有理想信念、有道德情操、有扎实学识、有仁爱之心的教职工队伍。强化"育"的责任，提升"专"的水平，转变"管"的方式。要调动所有教师、管理干部和机关、后勤服务人员，全员、全程、全方位育人，做到教书育人、管理育人、服务育人，都要围绕学生、关照学生、服务学生，

---

① 张卓群，张红. "大思政课"视角下高校思政课教学改革探索［J］. 沈阳大学学报（社会科学版），2021，23（6）：693–697.

腰杆硬、底气足，自觉把思想政治工作贯穿教育教学全过程，让学生成为德才兼备、全面发展的高技能人才，更加自觉地爱党、爱国、爱社会主义，更加自觉地维护民族团结和祖国统一，更加自觉地为中华文化、民族文化的繁荣发展做贡献，更加自觉地把个人的理想追求融入国家和民族的事业中。具体来说，学校教职工应学在先、悟在先、讲在先，创新改进教育传授方法，把学生心灵的窗户打开，以多种形式使思想的甘露润物无声地进入学生头脑、深入思想灵魂，把真理、原理、道理变成易于学生学习、消化、吸收的"美味佳肴"，增强习近平新时代中国特色社会主义思想的学习教育领悟实效。要关注学生思想动态和成长过程，增强思政工作针对性，从小看大、见微知著，从源上、因上、根上和日常细微处入手，引领方向、廓清思想、涤荡心灵，坚决抵制不良思想、错误认识的侵害，帮助学生系好人生第一粒扣子。

要压实学生自我教育和管理责任。学生不仅是思想政治教育的直接受益者和实践者，更是自身成长成才的第一责任人。[①] 压实学生责任，是培养担当民族复兴大任时代新人的关键环节。学生要主动以习近平新时代中国特色社会主义思想为指引，坚定理想信念，锤炼品德修为，增强自我教育、自我管理、自我服务的意识和能力。要树立正确的世界观、人生观、价值观，自觉将个人理想融入党和国家事业发展大局，在实践中增长才干、锤炼意志，努力成为德智体美劳全面发展的社会主义建设者和接班人。学生要积极参与学校思想政治教育各项活动，主动承担社会责任，争做文明风尚的倡导者和践行者。要自觉维护课堂纪律，珍惜学习机会，守好课堂主阵地；要理性表达网络言论，弘扬主旋律，守好网络舆论阵地；要参与校园文化建设，倡导积极健康的生活方式，守好校园文化阵地。通过自主学习和实践锻炼，不断提升思想境界和综合素养，真正做到内化于心、外化于行，成长为堪当民族复兴重任的时代新人。

---

① 陈曦．习近平高校思想政治教育重要论述研究［D］．大连海事大学，2023．

第三节　筑牢职业院校思想政治教育基石

内涵建设是职业教育实现高质量发展的根本要求，也是思想政治教育工作取得重大突破的重要支撑。加强内涵建设，需要从顶层设计到具体实施全方位发力：一方面，要加强标准建设、优化专业布局、健全质量保障体系，夯实职业教育发展的基础；另一方面，要聚焦关键环节，开展实习专项治理，提高实习管理信息化水平，确保实习过程规范有序。具体落实到各教育层次，应推动职业本科教育稳中有进，促进中等职业教育多样化发展，优化高职招生渠道，增强生源素质，并加快职业教育数字化升级。通过这些举措为思想政治教育提供坚实保障，在进一步规范标准、优化结构和强化实践的过程中，职业院校思想政治教育将更好地融入人才培养全过程，切实增强育人的针对性与实效性，助力培养新时代德智体美劳全面发展的高素质技术技能人才。

一、推动职业本科教育稳中有进

习近平总书记在全国职业教育大会上强调："要坚持党的领导，坚持正确办学方向，坚持立德树人，优化职业教育类型定位，深化产教融合、校企合作，深入推进育人方式、办学模式、管理体制、保障机制改革，稳步发展职业本科教育，建设一批高水平职业院校和专业，推动职普融通，增强职业教育适应性，加快构建现代职业教育体系，培养更多高素质技术技能人才、能工巧匠、大国工匠。"[①]职业教育是培养技术技能人才、促进就业创业创新、推动中国制造和服务上水平的重要基础。在职业教育体系中，职业本科教育是重要组成部分和高水平发展的领头羊。职业本科教育对完善职业教育体系、促进职业教育高质量发展具有重要作用。推动职业本科教育，也有利于把职

---

① 加快构建现代职业教育体系 培养更多高素质技术技能人才能工巧匠大国工匠［N］.人民日报，2021-04-14（1）.

业院校思想政治教育水平提到新的高度。

推动职业本科教育稳中有进，要明确职业本科教育的办学定位、发展路径、培养目标、培养方式、办学体制，引导学校在内涵上下功夫，提升办学质量。完善职业本科学校设置标准和专业设置办法，推动"双高计划"建设单位等独立升格为职业本科学校等。具体来说，第一，明确职业本科教育类型定位。2019年《国家职业教育改革实施方案》明确指出："职业教育与普通教育是两种不同教育类型，具有同等重要地位。"①《方案》把职业教育放在与普通教育同等的位置上，明确了职业本科教育类型定位，确保职业教育的类型属性，使现代职业教育有了清晰方向和坚实的制度依据。第二，明确专业设置定位。为适应产业转型升级新需求和职业教育高质量发展，职业本科教育不仅要适应产业发展，更要引领产业发展。充分发挥前瞻性、合理性、适度性和引领性。第三，确定人才培养目标定位。职业本科教育培养的是拥有扎实的专业理论基础，具备应用能力、实践能力、迁移能力以及创造能力，适应生产、建设、管理、服务要求的高质量技术技能人才。有了明确的培养目标，人才供给才能在高势位上向前推进。第四，明确课程定位。课程设置要以学生业务素质能力培养为目标，遵循难易结合、由易到难、分门别类的实践规律，开发兼具探究性、工程性、系统性的"通识课＋专业核心课＋技术知识课＋实践课"课程体系，彰显综合能力培养的育人导向。

促进职业教育内涵建设，职业本科教育应发挥上联研究生层次职业教育，下联中职教育、高职教育的桥梁作用。从结构来说，职业本科教育在职业教育中承上启下，是打破专科层次职业教育"天花板"、构建横纵贯通的高质量职业教育的重要环节。推动职业本科教育创新发展的意义不言自明。第一，创新办学模式，形成以政府为主导、院校为主体、社会多元参与的新型办学格局。政府发挥政策制定和资源配置作用，整合职业本科教育试点工作，统筹优势资源，健全经费投入机制。试点院校紧跟职业教育改革发展方向，积极践行职教20条，巩固和充实办学育人成果。还要深入推进校企合作，以多元共治的现代职业教育治理体系助推高质量职业本科教育。第二，创新人才

---

① 国务院印发《国家职业教育改革实施方案》［EB/OL］.教育部政府门户网站，2019-05-08.

培养模式。着力师资队伍增量提质，依托校企共建共享生产性实训基地开展师资培训实训，不断提高教师的教学水平和职业素养。第三，创新管理机制。建立起长期的全面的长效的管理队伍培训机制，组织开展管理干部培训，造就一支政治过硬、品德高尚、业务精湛、治校有方的管理队伍。建成与本科职业教育相适应、以学校章程为核心的管理制度体系，实现依法治校、依规办学的管理目标。第四，健全数据管理与应用机制、提供决策支持、优化管理流程的教育治理模式改革，为教学改进、管理优化、绩效提升提供有力支持，使职业本科教育内涵建设有理有据、有依有度。

推动职业本科教育稳中求进，实现高质量发展，要进行制度创新。第一，建立职教高考制度。对标高考，形成一套由省级考试管理部门统一出题、统一考试、统一投档的综合考核评价体系，确保职教高考的公正性和严肃性，切实提升社会认同度。第二，建立职业本科教育学位制度。探索建立职业本科教育学位制度既是推动职教本科发展的重要举措，又是构建现代职业教育体系的时代使命。首先，加速职业本科教育学位制度和专业学位制度的衔接，为高等职业教育填补在本科及研究生培养阶段的空白。其次，探索职业本科教育学位与其他各类证书的互认和转换，加快构建国家资历框架，这对于厘清职业本科教育学位和各类证书的关系、助推二者的互认和转化至关重要。最后，切实关注不同类型学位的关系建构，精准定位职业学位的属性，建立贯通的学位等值等价制度。第三，建立职业本科教育评价制度。一方面，综合分析职业教育办学实践过程中的特色，在此基础上形成一些激励性评价指标，发挥职业院校的扬长作用；另一方面，认真梳理办学过程中不能体现类型教育特征的实践，形成一套纠偏的教育评价制度。由此形成一套基于本科层次职业教育类型特征的独特评价体系，发挥扬长纠偏的功能。

职业教育本科思想政治教育工作的优化是提升教育质量的核心内容和培养高素质技术技能人才的关键环节。在新修订的《中华人民共和国职业教育法》颁布实施的背景下，职业本科院校的思政教育工作应具有时代性、高层次性、跨界性等基本特征。①

---

① 劳家仁.新职教法背景下职业本科院校立德树人路径探究［J］.教育与职业，2022（20）：65-68.

第一，深入推进课程建设与思政融合。通过课程体系的创新，将思想政治教育与专业教育相结合，融入专业技能培训中，进而提升职业教育内涵。第二，多元化拓展实践平台，增强思政育人成效。通过组织学生参与企业社会责任项目、公益活动等，增强他们的社会实践能力和责任感，在实践中引导学生如何将思想政治教育转化为行动，真正服务社会，促进学生全面发展。第三，大力创新教育形式拓展思政育人新途径。利用现代信息技术手段，加强数字化转型力度，为学生提供灵活多样的学习渠道和思政教育资源，增强学生的参与感和互动性，使职业本科思想政治教育更加生动、灵活、接地气，激发学生的学习兴趣和主动性。职业教育本科院校的思政教育应与专业教育相辅相成，密切联系学生的职业成长，增强教育的针对性和实效性，最终实现职业本科为服务国家发展需求培养出高质量人才。

总之，强化顶层设计，制定指导意见，引导学校在内涵上下功夫，提升办学质量。完善职业本科学校设置标准和专业设置办法，支持符合条件的国家"双高计划"建设单位独立升格为职业本科学校，支持符合产教深度融合、办学特色鲜明、培养质量较高的专科层次高等职业学校，升级部分专科专业，试办职业本科教育，打造示范标杆。以部省合建方式"小切口""大支持"，遴选建设高水平职业本科教育示范学校，打造标杆、提振信心、改变形象。让职业本科教育有搞头、有盼头、有奔头，进而以职业本科教育的高质量托举职业院校思想政治教育的高品质。

二、推进中等职业教育多样化发展

职业教育作为一种类型教育，前提是建立与普通教育体系相对应的、完整的现代职业教育体系，涵盖中等职业教育、专科层次职业教育（高等职业教育）、本科层次职业教育三个学制层次，中等职业教育是现代职业教育体系存在和运行的基础。中等职业教育为学生进一步接受高等职业教育提供所需的技能基础、专业知识基础和职业意识基础。随着现代职业教育体系的不断完善，职业教育层次的整体上移，高等职业教育作为现在职业教育体系的主体，中等职业教育为高等职业教育输送生源，中等职业教育是现代职业教育体系的基础，具有不可替代的地位。近些年，我国技术技能人口总量不足，急需中等职业教育培养技能劳动者。我国处于由"中国制造"转向"高端制造"的发展阶段，不仅需要高层次技术技能人才、创新人才，更需要生产服务一线技能劳动者，将大量创新成果转化为现实生产力。高层次技术技能人才的成长具有实践性，遵循从新手到专家的发展过程，是一个技术技能不断积累的过程，而中等职业教育培养的技能劳动者恰恰为高层次技术技能人才培养输送了合适的生源。在此背景下，中等职业教育更具有重要的现实价值。当然，其发展过程中存在的问题也进一步呼吁多样化发展。

所谓的多样化发展，就是要从根本上破除中等职业教育只是学一点技术，"混口饭吃"的模式误区，寻求多种发展向度。一直以来，中职学校被当作无可奈何的选择，学生其他都不在乎，只是想学会一点谋生手段。调查发现，中职学生在专业课尤其是实操课上能够用心，其他的多是糊弄。这一问题严重制约了思想政治教育工作的有效开展，更准确地说，造成了思想政治教育工作基本任务完成的困难。中等职业教育是职业教育体系的基石，教育服务产业链全链条离不开中等职业教育。相应地，职业院校思想政治教育的高质量开展离不开中等职业教育的基础构建。当前，中职教育主要存在办学定位不适配，办学规模大而不强，办学条件缺口大等问题。针对这些问题，从宏观上来说，需要做到：第一、调整定位。中等职业教育是职业教育的起点而不是终点，推动中职学校多样化发展，从单纯"以就业为导向"转变为"就业与升学并重"，抓好符合职业教育特点的升学教育，在保障学生技术技能培养质量的基础上，加强文化基础教育，扩大贯通培养规模，打开中职学生的成长空间，让中职学生就业有能力、升学有优势、发展有通道，这是产业发展对人才层次高移的现实需要。第二，优化布局。通过撤销、合并、转型、托管、土地置换、集团办学等措施，整合"空、小、散、弱"学校，优化中职教育的布局结构。第三，落实达标。相关部门积极实施"中职学校办学条件达标工程"，全面核查中职学校基本办学条件，实现2023年学校教学条件基本达标。第四，培育示范。相关部门实施"优质中职学校和专业建设计划"，集中力量建成一批具有示范引领作用的优质中等职业学校和品牌专业，示范带动中职教育质量总体提升，示范带动中职教育整体管理规范、质量合格。

从微观上来说，第一，坚持中等职业学校分类发展。一方面，有计划地引导部分办学质量高的中等职业学校发挥其职业基础教育的作用，凸显其升学功能；另一方面，继续支持技工学校坚持其技术技能人才培养特色，发挥其就业功能，拓宽其服务面向，服务面向广大农民、退伍军人、下岗工人和社会在职人员等。第二，规范多渠道招生。推动各地建立中等职业学校和普通高中统一招生平台，设置适合区域的中等职业教育招生批次，同时扩大优质中等职业学校招生的区域范围和招生规模。还要规范招生行为，对于提前抢占生源等违规招生行为进行规范，同时对于民办普通高中招生行为进行规范。要加大招生宣传力度，各地要充分利用高职扩招、本科层次职业教育试点、职教高考制度等有力政策，积极引导学生接受中等职业教育。第三，打通中职毕业生向上流动的通道。要设计多样化的学制体系，"推动发展专科层次3+2、3+3学制和五年一贯制学制"[①]，探索本科层次3+4和5+2等学制，打通中等职业教育学生升学通道。要建立职教高考制度，高等职业教育招生要在一定程度上向中职毕业生倾斜。第四，提升中职办学质量。可推进标准化中等职业学校建设，加强职业技术师范教育，加大中等职业学校"双师型"教师培养力度，继续实施卓越教师培养计划、职业院校教师素质提升计划、中小学教师国家级培训计划。要高度重视学生的文化基础课和德育课程，遵循技术技能人才成长规律，对中高职专业课程体系进行一体化设计。以中职办学质量的提升筑牢思想政治教育工作基石，以思想政治教育工作的育人优势促进中职谋大发展、有大作为、育优质才。

三、优化高职招生渠道增强生源素质

高职教育是我国高等教育的重要组成部分。近年来，随着高职教育的不断发展，生源质量差、招生环节弊病丛生等问题也逐渐显露出来了。为此，2013年教育部印发《关于积极推进高等职业教育考试招生制度改革的指导意见》，把考试招生作为牵动职业教育改革的"牛鼻子"，放到了优化类型定位、畅通学生升学通道的关键位置。在此文件指导下，江苏、江西、山东、四川、

---

① 徐晔. 坚持中等职业教育 多样化发展［N］.中国教育报，2021–10–26（5）.

安徽、重庆、福建等地已经对"职教高考"进行了试点，取得了良好的效果和阶段性经验。当然，不可回避的问题是，由于职业教育面临的社会偏见，许多本该以职业教育为办学定位的地方本科院校，都存在一定程度不安于职业教育定位的问题，导致高等教育人才培养结构和质量与社会需求脱节。在认知偏差中，大专学历就"不值钱"，加之因人才培养供需脱节导致的"毕业即失业"问题，高职院校招生处于严重的困境之中。高职院校生源尚存在的"一缺二差三乱"问题给思想政治教育工作造成很大困扰。办好高职院校思想政治教育，需要诉诸源头治理，优化招生渠道，增强生源素质。

为规范高职院校招生工作，不断提高高职院校专业化水平和质量，需要优化招生空间、优化招生制度以及优化招生宣传手段，不断夯实新时代高职院校招生工作。第一，优化招生生源空间。为了摆脱招生困境，必须要做出积极的改变。既可以通过成人教育的方式，扩大招生范围和招生规模，也可以进行技术管理型人才为主的专业化教育，在课程设置方面必须要有明显的转变，将原来的理论教育转变为实践教育为主、实践和理论相结合的教学策略。第二，优化招生制度。要加强对招生生源的准确定位，高职院校要结合自身的实际发展情况以及所处位置等不同的方面进行综合性考虑，加强对生源信息的划分和管理。高职院校必须要积极主动地开拓市场，通过加强自身的师资力量来提高学校的声誉。第三，优化招生宣传手段。不仅要扩大招生规模，而且还应该加强招生宣传，扩大生源地的范围，与各地的招生办进行紧密连接，并且及时对各种招生信息进行全面分析，充分运用"互联网+"招生渠道，为学校扩大招生规模、优化招生生源做好充足的准备。

就职教高考而言，职业教育系统中的相关主体应从总体上大方面搞清楚、弄明白，把政策吃透。明确高职院校、职业教育本科院校、应用型本科院校都可通过"职教高考"招生。而且，为引导社会转变对职业教育以及"职教高考"的认知，部分综合性院校培养技能型人才的专业，也可以通过"职教高考"招生。此外，"职教高考"应允许所有高中毕业生，包括普通高中毕业生和中职毕业生报考，考试的内容为文化知识与技能测试。"职教高考"不能变为只是中职毕业生的高考，这会让职教高考成为比普通高考低一层次的高考，也不利于普职融合。普通高中毕业生也可参加"职教高考"，意味着普通高中也应开设技职课程，供今后想选择"职教高考"的学生选择。随着面向普通高中毕业生、中职毕业生的"职教高考"顺利推进，有条件的地区可进一步探索取消义务教育阶段结束后的普职分流，建立普职融合的综合高中，既开设学术课程，又开设技职课程，由学生根据自己的兴趣、能力与未来学业发展、职业发展规划自主选择，并在高考时自主选择参加普通高考还是职教高考。

就职教高考的实际操作和程序优化来说，应在当前和今后一段时间内不断探索完善，力求发挥好制度的优势作用。具体可从以下方面下功夫：第一，加强考试制度和标准建设，确保考试严谨有序、安全规范、公平公正。第二，优化"文化素质＋职业技能"结构比例和组织方式，为学生接受高等职业教育提供多种入学方式和学习方式。第三，扩大职业本科、职业专科学校通过"职教高考"招录学生比例，使"职教高考"成为高等职业教育招生，特别是职业本科学校招生的主渠道。推动建立省级统筹、综合评价、多元录取的"职教高考"制度，改善学生通过普通高考"千军万马过独木桥"的问题，使中考分流压力和"教育焦虑"得到有效缓解，职业教育中高本一体化培养模式基本形成。第四，必须完善职教高考的考试内容，改进结果评价，强化过程评价，同时，需要注意扭转学校办学的应试导向。

四、推动职业教育数字化升级

思想政治工作从根本上说是做人的工作，必须围绕学生、关照学生、服务学生。大学生是网络社会的"原住民""常驻民"，对现代信息技术依赖度很高。新媒体与新时代大学生紧密联系起来，造成了现代教育环境的新常态。围绕学生就要了解现代信息技术，关照和服务学生就要用好现代信息技术。因此，习近平总书记强调："要运用新媒体新技术使工作活起来，推动思想政治工作传统优势同信息技术高度融合，增强时代感和吸引力。"[①]习近平总书记的指示为高校思政教育指明了道路，也提出了任务。在科技革命深入推进的

---

① 习近平.把思想政治工作贯穿教育教学全过程 开创我国高等教育事业发展新局面[N].人民日报，2016-12-09（1）.

大背景下，运用新媒体新技术，推动数字化教学是必然趋势，对于学生理论基础较差、学习兴趣较为缺乏、理论逻辑能力较低的职业院校来说，数字化升级更为必要。

2021年10月，中共中央办公厅、国务院办公厅发布《关于推动现代职业教育高质量发展的意见》，提出："紧密对接产业升级和技术变革趋势，优先发展先进制造、新能源、现代农业、现代信息技术、人工智能等产业需要的一批新兴专业。"①创新教学模式与方法，推动现代信息技术与教育教学深度融合，提高课堂教学质量。《意见》发布就是针对新业态、新职业不仅要求从业者有职场硬实力，同时也注重对高素质技术技能人才的吸纳的现实。解决就业是职业教育的重要任务，也是办学效果的直接体现。当前，以大数据、云计算、物联网、人工智能为代表的新经济向各个行业、领域渗透，互联网营销师、人工智能分析师等新职业不断涌现。因此，2022年8月19日至20日，世界职业技术教育发展大会召开，发出倡议："要加快数字化转型，强化数字技能、绿色技能培养。"②在数字化转型升级的环境下，职业教育以提升就业为导向，依托新业态、新职业发展机遇，提质增效，让更多人在职业发展之路上稳步前行。2023年，中共中央、国务院印发了《数字中国建设整体布局规划》明确提出："大力实施国家教育数字化战略行动，完善国家智慧教育平台。"③这给职业教育带来了丰富的数字化资源和先进的教学技术，还能够推动教学模式的创新和职教国际化接轨，最终通过数字赋能提升职业教育的质量和育人效果，对中国职业教育的现代化数字化进程具有深远意义。教育数字化既是大势所趋，又是当务之急，给职业教育的变轨超车带来了历史机遇。因此，职业院校应研判现实，牢牢抓住机遇，推动数字化，也为思想政治教育工作注入新动能。

教育部应结合国情、社会发展需求和职业教育内在规律，进行统筹规划

---

① 深入贯彻全国职业教育大会精神扎实推动职业教育高质量发展［EB/OL］.教育部政府门户网站，2021–10–12.

② 世界职业技术教育发展大会发布《天津倡议》［EB/OL］.教育部政府门户网站，2022–08–20.

③ 中共中央国务院印发《数字中国建设整体布局规划》［N］.人民日报，2023–02–28（1）.

和总体布局，按照"需求牵引、应用为王、成熟先上、技术保障"工作原则，以平台升级、资源开发为内容，以条件硬化、应用优化、质量强化为目标，促进职业教育数字化转型整体跃升。第一，建设职业教育数字化"1+5"体系，即职业教育决策大脑系统和决策支持中心、专业教学资源中心、精品在线开放课程中心、虚拟仿真实习实训中心、职业学校治理能力提升中心，以数字化转型整体驱动教学模式和治理方式变革。第二，持续开发优质数字教学资源，构建国家、省、校三级资源库互为补充、使用广泛的应用体系，继续面向量大面广的专业课分级遴选一批在线开放课程，推动建设数字化、融媒体教材，加快虚拟仿真实训基地建设，启动职业学校信息化标杆学校建设试点，不断夯实职业教育信息化工作基础，服务高质量发展。第三，各职业院校根据自身状况，遵循《职业教育示范性虚拟仿真实训基地建设指南》，以社会和市场需求为导向，校企共建、协同创新，科学设计虚拟仿真实训项目，将企业新技术、新工艺、新规范、新场景有机融入教学内容，深化实践教学模式改革和数字化改革，全面促进信息技术与实践教学融合发展，为职业教育数字化升级和技术技能人才培养质量提升发挥示范引领作用。以此为职业院校思想政治教育创新夯实基础和搭建平台。

第四节　加大职业院校思想政治教育政策供给

高职院校思想政治教育工作应被作为一项立德树人重点，放在各项工作的首要位置，通过开展思政课专项建设、健全职业院校思政课建设工作格局、重点扶持职业院校思政课创新创优，从政策上加大供给力度，注入持续发展的能量。

一、开展职业院校思政课专项建设

加强职业院校思政领导工作专项建设。党和国家高度重视高等院校的思政工作，2020年教育部联合中共中央组织部、中共中央宣传部等部门出台了指导文件《教育部等八部门关于加快构建高校思想政治工作体系的意见》①。2022年新修订并实施的《中华人民共和国职业教育法》强调："实施职业教育应当弘扬社会主义核心价值观，对受教育者进行思想政治教育和职业道德教育，培育劳模精神、劳动精神、工匠精神，传授科学文化与专业知识，培养技术技能，进行职业指导，全面提高受教育者的素质。"②2024年5月11日，习近平总书记对学校思政课建设作出重要指示强调：各级党委（党组）要把思政课建设摆上重要议程，各级各类学校要自觉担起主体责任，不断开创新时代思政教育新局面，努力培养更多让党放心、爱国奉献、担当民族复兴重任的时代新人。③思政教育作为落实立德树人之举，是应用型人才培养之需，高职院校须全面推进思政教育，责无旁贷。应贯彻执行党委领导下的校长负责制，应坚持党委统一领导，校长全面负责的原则。健全学校思想政治工作组织体系、制度体系。成立党委书记、校长任双组长的思想政治工作领导小组，统筹全校思想政治工作。高职院校党委书记应履行党的建设和思想政治工作第一责任人职责。高职院校校长作为学校行政最高负责人、教育教学管理工作负责人，执行党和国家的方针、政策是分内之事，校长的教育理念与行为关乎高职院校的决策走向与发展方向。高职院校课程思政，需要党委书记、校长高度重视，发挥带头作用，担起课程思政理念落实职责，全面推动课程思政建设，开辟铸魂育人新境界。

加强职业院校思政课专业教师队伍专项建设。第一，完善思政课教师队伍建设规划。把思政课教师队伍建设纳入教育事业发展和人才队伍建设的总体规划，实施"高校思政课教师队伍后备人才培养专项支持计划"，并对职业

---

① 《意见》要求以立德树人为根本，以理想信念教育为核心，以培育和践行社会主义核心价值观为主线，以建立完善全员、全程、全方位育人体制机制为关键，全面提升高校思想政治工作质量。并要求扎实推进思想政治理论课建设思路创优、师资创优、教材创优、教法创优、机制创优、环境创优。遴选名师大师参与思想政治理论课讲授。把新媒体新技术引入高校思想政治理论课教学，打造高校思想政治理论课资源平台和网络集体备课平台。这些要求进一步把高校思想政治工作放在极为重要的位置，使思政课建设成为包括职业院校在内的各学校必须要完成而且必须要很好地完成的一项育人任务。

② 司法部．中华人民共和国职业教育法［M］．北京：中国劳动社会保障出版社，2022.

③ 习近平对学校思政课建设作出重要指示强调 不断开创新时代思政教育新局面 努力培养更多让党放心爱国奉献担当民族复兴重任的时代新人［N］．人民日报，2024-05-12（1）.

院校进行一定程度的倾斜。第二，思政课教师队伍培养精准施策。开展高校思政课教师学习贯彻习近平新时代中国特色社会主义思想专题轮训，培养一批热爱且愿意投身于职业院校思政课教学、教学业绩突出、具有发展潜力的青年领军人才，增设高校思政课教师培训研修基地，鼓励具备条件的辅导员担任思政课兼职教师。第三，加强思政课教师教学工作指导。加强思政课教学工作规范化建设，用好"全国高校思政课教师网络集体备课平台"，组织开展"面对面集体大备课"，实施"习近平新时代中国特色社会主义思想大学习领航计划"。第四，不断夯实高校思政课教师队伍建设各项保障。在"四个一批"人才等项目中加大对高校思政课教师队伍的支持力度，深入宣传优秀思政课教师先进典型，开展高校思政课教师队伍建设专项督查，切实把思政课教师队伍建设的各项要求落到实处。

加强职业院校课程思政专项建设，重塑培养方案，提升课程思政的精准度。课程思政需融入人才培养目标、课程体系、教学目标、教学内容、教学方法、考核评价等人才培养各个环节，将价值塑造、知识传授和能力培养紧密融合，方能构建全员全程全方位育人的大格局。高职院校应充分认识到课程思政等学校本科教育工作会议精神，回归教育初心，精准落实课程思政。高职院校需要重新修订每个专业的人才培养方案，重构课程体系。课程体系确定后，需要将课程思政落实到每门课程、每一堂课的教学内容之中，方能推进课程思政走深走实。为此，高职院校应组织二级学院以教研室或系为单位，在课程思政教学目标指导下，编写每一门课程的教学大纲，结合每一门课程的课堂教学内容与实践教学内容，科学制订具体的课堂教学目标，将课程思政贯穿专业人才培养目标、课程教学目标、具体课堂教学目标三级目标之中，使每门课都"守好一段渠、种好责任田"。

二、健全职业院校思政课建设工作格局

充分认识到健全职业院校思政课建设工作格局的重要意义。健全职业院校思政课建设工作格局是落实立德树人根本任务的重要举措、全面提高人才培养质量的重要要求、应对"三教"改革新挑战的重要手段。教育的根本问题是"培养什么人、怎样培养人、为谁培养人"，这个根本问题检验着立德树

人的成效。落实立德树人的根本任务，需要将价值塑造、知识传授和能力培养三者融为一体。健全思政课建设工作格局，需要将价值观寓于知识传授和能力培养之中，帮助大学生树立正确的世界观、人生观和价值观，这是高质量人才培养的应有之义。思政课建设成效决定着人才培养质量，打造新时代人才培养高地需经由思政课建设，发挥思政课主渠道作用。习近平总书记强调："未来30年，我们培养的人要能够完成'两个一百年'的伟业，这就是教育的历史责任。"①全面提高人才培养质量，需要健全思政课建设工作格局，不断完善思政课建设的各项任务。此外，建立高水平结构化教师队伍、专题化教学体系、多元化教法创新等面临不少挑战，教师、教材、教法建设需要新的思路和举措，构建思政课工作格局，以系统思维推进"三教"改革是应对这些挑战的重要手段。

把握健全职业院校思政课建设工作格局的难点。思政课是贯穿教育教学始终的课程，需要全体教育工作者协同完成。但受重技能轻素质观念影响，工作中存在合作意识不强、部门利益优先的现象，例如存在专业课排课优先、思政课"孤岛效应"、资源整合不够等问题。其次，机制上齐抓共管格局尚待形成。一些高校思政课建设机制齐抓共管格局并未形成，一些高校党委形成的共识不能落实落地，思政课领导小组成为摆设，职能部门主动意识缺乏，马克思主义学院承担较多的临时性工作削弱了思政课建设精力。此外，内容上短板痛点堵点现象明显。职业院校教师对思政课建设在认识上存在一定的偏差，认为抓思政课建设就只抓教师课堂，压力齐聚到思政课教师身上。忽视思政课建设的教务和管理要求，导致了思政课教师"跳独舞"的现象。同时，在评价中也存在重结果轻过程的现象。

开辟职业院校思政课建设工作格局新路径。第一，树立"大思政"的格局意识。按照习近平总书记在全国思政课教师座谈会上的要求，建立"要建立党委统一领导、党政齐抓共管、有关部门各负其责、全社会协同配合的工作格局"②，实施整体规划和考核评价，聚焦重难点问题的解决，营造"大思

---

① 习近平. 思政课是落实立德树人根本任务的关键课程［J］. 求是，2020（16）.

② 习近平. 思政课是落实立德树人根本任务的关键课程［J］. 求是，2020（16）.

政"工作氛围。第二，构建协同合作的体制机制。办好思政课需要各部门各司其职，形成合力。压实思政课领导小组的领导作用，发挥马克思主义学院的核心作用，既要执行党委的决策部署，又要与校外行业专家、企业保持常态化的联系，将思政工作开展情况作为校内各部门绩效考核的标准之一。第三，补足短板，建立教务、教学、管理工作相互衔接的新格局。单方面抓课堂教学只会带来教学质量的暂时性提升，应注重教学与教务的有机衔接。在教务方面，严格落实学分，合理安排课堂，设立课程教研室；在教学方面，严格教学纪律，实行集体备课，形成有用的参考教案，创新听评课形式，完善考核方式，强化科研支撑；在管理方面，落实高校主体责任，实行"一把手"工程，建立多元评价机制，适当引入社会评价。第四，抓好思政课教师队伍建设。加强对思政课教师的关心关怀，提供足够的人财物支撑；建立完善的教师培养机制，定期开展培训；完善考评，实行过程"绩效导向"与结果统一的考评制度，充分用好考评成果。

总之，正如毛泽东所说的："思想政治工作，各个部门都要负责任。共产党应该管，青年团应该管，政府主管部门应该管，学校的校长教师更应该管。"① 健全职业院校思政课建设工作格局，必须坚持校党委统一领导，在学校主要管理干部联动参与下，成立教师工作委员会、师德建设委员会，设立党委教师工作部，强化教师思想政治工作和师德师风建设。学校宣传、人事、教务、财务、科研、学生处、团委等党政部门和思想政治理论课教学科研机构各负其责，相互配合，落实思想政治理论课教育教学、学科建设、人才培养、科研立项、社会实践、经费保障等各方面政策和措施。

三、重点扶持职业院校思政课创新创优

整体上加强职业院校思想政治教育工作提质增优，创新体制机制，需要聚焦全面推动习近平新时代中国特色社会主义思想进教材进课堂进学生头脑，在坚定理想信念、厚植爱国主义情怀、加强品德修养、增长知识见识、培养奋斗精神、增强综合素质上下功夫。通过重点扶持，把建设一支高素质的思

---

① 中共中央文献研究室.毛泽东文集（第七卷）[M].北京：人民出版社，1999：226.

政课教师队伍作为关键，以高水准教材为遵循，以高水平教学资源为支撑，以高质量示范课堂为抓手，以高效率工作机制为保障，以高标准教学质量为目标，深入推进思政课思路创优、师资创优、教材创优、教法创优、机制创优、环境创优，进一步完善顶层设计、优化工作格局、加大精准施策力度，展现新时代职业院校思政课新气象、新作为、新担当，全面提升思政课质量和水平。

第一，抓好思路创优，发挥思政课全面推动习近平新时代中国特色社会主义思想"三进"主渠道作用，坚持用习近平新时代中国特色社会主义思想铸魂育人。推动以学习习近平新时代中国特色社会主义思想为核心内容的思政课课程群建设，把《习近平新时代中国特色社会主义思想学习纲要》等作为教学遵循；加强"形势与政策"课建设，及时深入宣讲习近平新时代中国特色社会主义思想，特别是习近平总书记最新重要讲话精神，持续讲、深入讲、跟进讲，久久为功。完善思政课教师队伍建设的顶层设计。研究制定《新时代高校思想政治理论课教师队伍建设规定》，进一步明确思政课教师的职责要求、配备选聘、培养发展、管理考核等；贯彻落实《普通高等学院思想政治理论课教师队伍培养规划（2019—2023年）》，完善国家、省（市、区）、高校三级培训体系。在思政课教师队伍建设和管理上以及在思政课程创新设计和建设上，根据职业院校发展定位和意义，进行相应的重点式扶持，力求补齐短板、强其弱项。

第二，抓好师资创优，引导思政课教师做到政治要强、情怀要深、思维要新、视野要广、自律要严、人格要正，建设一支专职为主、专兼结合、数量充足、素质优良的思政课教师队伍。加快壮大高校思政课教师队伍。推动各职业院校按规定的师生比设置专职思政课教师岗位，在编制内配足，且不得挪作他用，并尽快配备到位；推动党政机关、社科研究机构、党校、讲师团等方面专家到职业院校思政课部（马克思主义学院）挂职兼职；推动职业院校在其他学科优秀教师中遴选合适人员培训后加入思政课教师队伍；统筹好地方党政领导干部、企事业单位管理专家、社科理论界专家、各行业先进模范以及高党委书记校长、院（系）党政负责人、名师大家和专业课骨干教师、日常思想政治教育骨干等队伍上思政课讲台。依托"全国高校思政课教师网络集体备课平台"，汇聚理论界优质师资，面向全国高校思政课教师开设"周末理论大讲堂"，重点开展马克思主义经典著作导读和习近平新时代中国特色社会主义思想研学，重点做好高水平开展思政课教师示范培训工作。此外，改革职业院校思政课教师评价机制。坚持以思政课教学为核心的科研导向，强化对思政课教学实绩和思想政治工作实践的基本要求，进一步提高教学和教学研究占比，坚决克服唯文凭、唯论文、唯帽子等问题；丰富科研成果认定形式，要将思政课教师在中央和地方主要媒体发表的理论文章纳入学术成果范畴。

第三，抓好机制创优，建立党委统一领导、党政齐抓共管、有关部门各负其责、全社会协同配合的工作格局，为职业院校思政课建设提供有力保障。首先，进一步落实思政课建设主体责任。实施"一省一策思政课"集体行动，针对各地实际，加强工作指导和政策资源支持，形成各具特色的工作方案并深入实施；健全部、省、校三级听课制度，实现高校党委书记、校长和分管领导对思政课必修课听课全覆盖，思政课教学科研二级机构班子成员对所有授课教师听课全覆盖，省级教育工作部门对属地高校听课全覆盖，加强对职业院校思政课进行指导。其次，全面开展优秀思政课示范课巡讲活动、优秀成果巡礼活动。组建"优秀思想政治理论课示范课百人巡讲团"，把习近平总书记在学院思想政治理论课教师座谈会上的重要讲话精神融入示范课，分类别通过多种渠道、多种方式开展活动，到包括职业院校在内的各地各校进行交流和共享，把好经验好做法"送上门"。再次，开展横向交流，促进各地各职业院校与思政课建设先进典型对标对表，深入推动思政课改革创新。最后，严格开展思政课建设专项巡察。坚持问题导向，抽调相关方面的骨干力量进行巡察，深入学院调研指导，督促各职业院校思政教育与专业院系同等配备办公用房和教学设备、基本图书资料、国内外主要社科期刊、声像资料、教学课件等。保障思想政治理论课教学科研机构正常运转，各项经费充足到位，确保专项经费安排使用明确，专款专用。

第二章

推动职业院校思想政治教育一体化建设

习近平总书记在学校思想政治理论课教师座谈会上强调："在大中小学循序渐进、螺旋上升地开设思想政治理论课非常必要，是培养一代又一代社会主义建设者和接班人的重要保障。"①2024年5月11日，习近平总书记对学校思政课建设作出重要指示指出，"新时代新征程上，思政课建设面临新形势新任务，必须有新气象新作为"，并明确强调"深入推进大中小学思想政治教育一体化建设"。②大中小学如此，职业院校思想政治教育亦是如此。如何在新时代推进职业院校思想政治教育一体化建设，切实提升教育质量，引导学生成长为德智体美劳全面发展的时代新人，需要深刻领悟一体化建设的科学内涵，明晰其背后的建设实质、达成目标、系统内容。推动一体化建设的总体布局，需要在教学目标、课程设计、教学内容、教材建设、队伍优化、资源供给、交流互动、领导保障等方面协同创新，实现职业院校思想政治教育一体化建设的整体性、系统性、立体化和时代化。

第一节　职业院校思想政治教育一体化建设的科学内涵

"一体化"作为一个被普遍使用的概念，在职业院校思想政治教育工作

---

① 张烁，谢环驰.用新时代中国特色社会主义思想铸魂育人 贯彻党的教育方针落实立德树人根本任务[N].人民日报，2019-03-19（1）.

② 习近平对学校思政课建设作出重要指示强调 不断开创新时代思政教育新局面 努力培养更多让党放心爱国奉献担当民族复兴重任的时代新人[N].人民日报，2024-05-12（1）.

中具有特殊指向性，主要是指把思想政治教育作为一项铸魂育人的系统工程，将中职、高职、职业本科、职业研究生不同学段具有相对独立性的思政课，从立德树人的整体性视角出发，统筹设计与安排、协同教学与育人、调和部分与整体、优化衔接与融合、规范内容与运行，在循序渐进、螺旋上升的过程中，打造各学段纵向衔接、横向贯通、有机融合、不可分割的立体化、协同性、链条式的思想政治教育课程体系、教学体系和育人体系。新时代推进职业院校思想政治教育一体化建设，必须站在立德树人根本任务和铸魂育人总体目标的战略高度，系统考察一体化建设的科学内涵，深刻领悟党和国家提出和推动一体化建设的实质指向、根本目标、系统内容和总体布局，从而推动各地区各部门和各学校目标明确、步调一致、有的放矢、富有特色地统筹推进一体化建设工作。

推进职业院校思想政治教育一体化建设，首先要从深刻理解和全面把握思想政治教育这一根本问题入手，明晰一体化建设的内在逻辑和精神实质。思想政治教育在我国教育事业中具有鲜明的特殊性和突出的重要性，"既有一般课程的科学性、系统性、规范性和知识性等特点，又有自身建设的政治性、理论性、思想性和价值性等特征，更有涵盖学生学习全周期、融入学生生活全领域、指导学生人生全过程等特性，是一门集思想性与理论性相统一、知识性与价值性相一致、历史性与时代性相融合、理论性与实践性相配合、阶段性与长期性相衔接的系统性育人课程，承担着新时代培养担当民族复兴大任的时代新人、培养德智体美劳全面发展的社会主义建设者和接班人的重要使命"[①]。虽然其他各类课程也承担着铸魂育人的重要使命、实现着立德树人的根本任务、彰显着价值引领和思想育人的作用，但是思政课更加旗帜鲜明地讲政治、深入浅出地讲理论、拨云见雾地讲信仰、与时俱进地讲理想、春风化雨地讲道德、循循善诱地讲担当，在学生的学习成长过程中始终发挥着不可替代的作用。尤其是思想政治教育贯穿中职、高职、职业本科、职业研究生学习的全过程，其长期性、相伴性和系统性是其他任何课程都无法比拟的，

---

① 李东坡，王学俭．新时代大中小学思政课一体化建设的内涵、挑战与对策［J］．新疆师范大学学报（哲学社会科学版），2021，42（3）：60-69.

这也决定了思政课在落实立德树人根本任务中的突出地位。大中小学思政课一体化建设的关键是辩证把握不同学段之间的关系，特别需要注重：不同学段课程设置的统一性与多样性的辩证关系、不同学段教学内容的连续性与阶段性的辩证关系、不同学段知识要点的重复性与递进性的辩证关系、不同学段教育规律的相同性与差异性的辩证关系。"解决好上述四对辩证关系，是推进大中小学思政课一体化建设的关键。"① 面对新时代职业教育由于具体学段教学任务不同、对思想政治教育认识程度不同，导致教学目标不一致、教材内容重复交叉、教师队伍良莠不齐、体制机制有待完善、领导保障有待健全、教学效果参差不齐等现实问题；面对世界百年未有之大变局、党和国家事业发展全局，思想政治教育建设必须站在为党育人、为国育才的战略高度，统筹谋划职业院校思想政治教育一体化建设，解决好当前客观存在的突出问题，改变各学段未有效衔接的现实局面，在明确目标、强化协同的过程中，实现职业院校思想政治教育一体化提质增效、系统化铸魂育人。

理解职业院校思想政治教育一体化建设内涵，要从其根本目标来思考。中共中央宣传部、教育部所印发的《新时代学校思想政治理论课改革创新实施方案》（以下简称《方案》）指出："树立正确的世界观、人生观、价值观，坚定对马克思主义的信仰，坚定对社会主义和共产主义的信念，增强中国特色社会主义道路自信、理论自信、制度自信、文化自信，厚植爱国主义情怀，把爱国情、强国志、报国行自觉融入坚持和发展中国特色社会主义事业、建设社会主义现代化强国、实现中华民族伟大复兴的奋斗之中。"② 《方案》所指从实质上说就是职业院校思想政治教育一体化建设的根本性目标，它符合新时代青少年健康成长的心理、文化、知识和理想诉求。推动大中小学思政课一体化建设，是提高学生思想水平、政治觉悟、道德品质、文化素养的重要途径，是学生养成高尚人格的内在要求，是深化教育改革的重要环节。③ 职

---

① 吴宏政.论大中小学思政课一体化建设中的几对辩证关系［J］.思想理论教育导刊，2021（11）：77-82.

② 中共中央宣传部 教育部关于印发《新时代学校思想政治理论课改革创新实施方案》的通知［EB/OL］.教育部政府门户网站，2020-12-22.

③ 谢晓娟，路晓芳.新时代推动大中小学思政课一体化建设研究［J］.学校党建与思想教育，2022（11）：71-74.

业教育各学段的思想政治教育工作都必须以这一根本性目标作为课程建设的总方向、总依据和总遵循，并结合各学段不同定位、不同特点、具体实际以及各学段学生的年龄特征、心理特点、知识水平和接受能力，在具体课程设计和教学过程中落实落细落小思政课建设根本目标，形成阶段性目标彰显特色、根本性目标指明方向，阶段性目标体现层次、根本性目标指向整体，阶段性目标注重需求、根本性目标强调指引，形成二者同向同行、整体深化的良好局面。从内容构成上讲，立德树人根本目标是一个立场明确、内容丰富、涵括性广、时代性强的科学系统的目标体系。它既包含政治要求和价值引领，强调教育引导学生树牢"四个自信"、树立正确的世界观、人生观、价值观，又蕴含理想信念和人生追求，强调教育引导学生坚定科学信仰、坚持共同理想、坚信中国梦，还突出道德规范和责任担当，强调教育引导学生自觉立德成人、积极立志成才、弘扬和践行爱国主义，更体现理论教育和实践养成，强调教育引导学生把理论学习与日常生活紧密结合，学思践悟习近平新时代中国特色社会主义思想。因此，其根本目标是检验职业院校思想政治教育一体化建设成效的根本标准，各学段思政课建设要始终把根本目标贯彻落实在课程设计、内容优化、教材建设的全过程，只有这样才能确保一体化建设的质量和水平。

当前在我国深化大中小学思政课一体化建设仍需进一步打开视野，实现从宏观抽象地描述概貌转向深入细致地剖析问题；从囿于教材、教师、教学、课程、内容等某一方面的讨论拓宽至探讨动力、机制、规律等整体性问题。最终在课程标准的完整性、课程内容的进阶性、课程评价的实效性这三个维度上实现新突破。①

由于职业院校具体学段教学任务不同、对思想政治教育认识程度不同，导致教学目标不一致、教材内容重复交叉、教师队伍良莠不齐、体制机制有待完善、领导保障有待健全、教学效果参差不齐等现实问题。职业院校思想政治教育必须站在为党育人、为国育才的战略高度，统筹谋划一体化建设，解决好当前客观存在的各学段脱节错位、模块分割、结构断层、内容交叉、

---

① 沈壮海，刘灿．多重视野中的大中小学思政课一体化建设及其突破［J］.马克思主义与现实，2023（2）：121–130.

沟通不畅、协同不足等突出问题，改变思政课教学在各学段未有效衔接的现实局面，在明确目标、规范课程、优化内容、强化协同、创新方法、强化队伍建设的过程中实现一体化提质增效、系统化铸魂育人。各学段都必须以这一根本性目标作为课程建设的总方向、总依据和总遵循，并结合各学段不同定位、不同特点、具体实际以及各学段学生的年龄特征、心理特点、知识水平和接受能力，在具体课程设计和教学过程中落实落细落小思政课建设根本目标，形成阶段性目标彰显特色、根本性目标指明方向，阶段性目标体现层次、根本性目标指向整体，阶段性目标注重需求、根本性目标强调指引，形成同向同行、整体深化的良好局面。

第二节 职业院校思想政治教育一体化建设的系统逻辑

一、职业院校思想政治教育一体化建设的价值逻辑

职业院校思想政治教育一体化建设是培养社会主义建设者和接班人的必然要求。2018 年 9 月 10 日习近平总书记在全国教育大会上的讲话中指出："我国是中国共产党领导的社会主义国家，这就决定了我们的教育必须把培养社会主义建设者和接班人作为根本任务，培养一代又一代拥护中国共产党领导和我国社会主义制度、立志为中国特色社会主义奋斗终身的有用人才。"[1] 青少年是国家的未来和民族的希望，青少年的成长和发展具有深远的"未来意义"，毫不夸张地说，青少年的价值观决定了国家和民族未来的价值观，关系到国家意识形态安全和社会发展、文化繁荣。因此，在"拔节孕穗期""小麦灌浆期"帮助青少年树立正确的价值观和理想信念，是中国特色社会主义现代化建设事业行稳致远的迫切现实要求。党的十八大以来，习近平总书记高度重视青年形成正确价值观、坚定理想信念、树立远大志向的问题；多次用

---

① 张烁，王晖.坚持中国特色社会主义教育发展道路 培养德智体美劳全面发展的社会主义建设者和接班人［N］.人民日报，2018–09–11（1）.

"扣好人生第一粒扣子"的形象比喻生动说明青少年树立理想志向，对于个人成长的极端重要性。青少年处于价值观形成的关键时期，最需要积极引导，思想政治教育贯穿青少年成长的各个时期，在价值观塑造方面发挥着不可替代的关键作用。职业院校思想政治教育一体化建设通过顶层设计，合理改进思政课不同学段的教育目标、教学内容等，使各个学段能够发挥出符合实际的优势，"提供既符合学生理解水平又符合思政课整体安排的思想政治教育养分"①以此增强青少年主流意识形态的认知、情感、价值、意志认同，进而自觉成为社会主义建设者和接班人。

职业院校思想政治教育一体化建设是推进思想政治教育内涵式发展的关键举措。思想政治教育贯穿职业教育各个学段，是育人主渠道和主阵地，实现一体化是内涵式发展的必然要求和必由之路。思想政治教育内涵式发展需要秉持全新理念。第一，增强优质理论供给，通过深挖理论基础，为思想政治教育增添理论厚度和重力，使其更具解释力、说服力和理论黏性。第二，增强事实供给。借助社会事实进行充分说理，挖掘相关联的政治、经济、文化、社会、生态等事实，并进行思政要素"盘活"，使其社会事实的支撑更加丰盈。第三，增强方法供给。思想政治教育既是知识教育，更是价值观教育，应采用适宜的教学方法，坚持分层分类、循序渐进的原则，充分考虑不同学段学生的认知特点和思想特点。思想政治教育一体化建设抓住了思政课内涵式发展的牛鼻子，不仅涵盖了内容建设，而且涵盖了教学方法建设，充分考虑不同学段的特点和规律，有利于实现不同学段的有序过渡和衔接。可以说，职业院校思想政治教育一体化建设高度契合了思想政治教育内涵式发展理路，是推进内涵式发展的关键举措。

职业院校思想政治教育一体化建设是实现思政课政治引领和价值引领的重要抓手。思想政治教育归根结底是意识形态教育，作为主渠道和主阵地的思政课具有鲜明的意识形态属性，是国家主流意识形态传播的极为重要的载体和路径。思政课的主要任务在于传播国家主流意识形态，并着力于在受教育者心中种下真善美、坚定的思想信念、崇高的理想追求的"种子"。在接

---

① 李伟.大中小学思政课一体化建设的逻辑理路［J］.河南社会科学，2020，28（8）：119-124.

受了有效的思想政治教育后，受教育者能够在内心形成认同，并自觉化认同为实践，从而形成国家和社会发展的精神力量支持和物质力量支持。思政课的特殊地位和重大使命，决定了必须坚持思政课在课程体系中的政治引领和价值引领作用。但是从思政课课程体系来看，不同学段的课程设置虽在课程目标和课程性质上具有统一性，但在教学内容和教学方式上又呈现出多样性特征，尚未形成相互衔接的整体，[①] 从而影响了思政课在整个职业院校课程体系政治引领和价值引领方面的发挥。职业院校思想政治教育一体化建设是坚持思政课在整个课程体系中政治引领和价值引领作用的重要抓手。其表现在：一方面，注重整体性。思想政治教育一体化注重整体建设，从根本上提升了思政课的地位和力量，相应产生了对其他课程的带动力、辐射力和影响力，进一步彰显政治引领和价值引领作用。另一方面，注重实效性。思想政治教育一体化建设注重实效性。一体化建设辐射职业教育体系中的各个学段，兼顾了不同学段的不同特点，着力提升学生道德追求和精神境界，使政治引领和价值引领作用具有现实依托。

二、职业院校思想政治教育一体化建设的现实逻辑

职业教育体系中不同学段思想政治教育各自为政现象较为突出。一体化建设是职业院校思想政治教育最大限度发挥合力的路径必然。然而，各学段各自为战的现象日益凸显，主要体现在五个方面：第一，课程内容脱节。如对同一个重要理论问题，中职学校德育课进行了讲述，但高职院校思政课教学在进一步深化上遗憾缺位。第二，课程内容重复。中职德育课与高职思政课内容重复较多，难度区分不明显或者只是一致性重复。第三，课程内容难易程度与学生认知特点和理解水平不匹配。中职德育课程的一些内容理论性过强、难度较大，课程内容编排没有充分考虑学生的认知特点和理解水平，这严重阻碍了学生学习思政课的积极性。第四，各学段思想政治教育严重缺乏交流。高职院校与高职院校，中职学校与中职学校的横向交流是有数量保证的，但高职院校与中职院校或者高职院校与职业本科以及职业研究生教育

---

① 陈鹏，刘侣萍.大中小学思政课一体化建设的价值意蕴、生成动因与创新展望［J］.学校党建与
思想教育，2023（19）：68-70.

的纵向交流严重不足，导致彼此对各自的思政课的授课方式、理念、模式和成效等存在较强的距离感。第五，各学段思政课教师之间的互动缺失。职业研究生、职业本科对高职院校思政课关注较少，而他们共同对中职学校的思政课漠不关心，这不利于把握学生身心成长规律的一贯性，而这些都是有序衔接和过渡必须掌握的元素。职业教育各学段思政课各自为战现象折射出的现实是不同学段思政课仅顾自身建设，没有看清内在的逻辑关联以及青少年思想品德形成发展规律，造成了一定程度的割裂，严重阻滞思想政治教育发展，而一体化建设是破解这一发展难题的良药。

职业院校思想政治教育"走到中心"还有一定困难和障碍。长期以来，一直强调思想政治教育的重要性，但职业院校思想政治教育仍有边缘化的趋势，而且这种趋势日渐明显，还远远没有"走到中心"。具体表现在以下四个方面：第一，教师配备的边缘化。思政课内容丰富，需要具备较高理论素养的教师承担这门课程，但由于思政课教师数量不足，教师配备很仓促，"赶鸭子上架"或者"充充数"的现象一直存在，使得思政课的教学效果大打折扣。第二，实践教学安排的边缘化。实践教学是思政课教学的重要组成部分，能够使学生获得深度体验，不断提升获得感。实践教学包括课堂实践教学、校园实践教学、社会实践教学以及网络实践教学等形式。不少职业院校的思政课实践教学未能有效开展，走马观花，不注重实效。第三，学生学习态度和兴趣的边缘化。在一部分职业院校的学生看来，思政课无足轻重，只要考前死记硬背就能蒙混过关，对思政课开设的意义缺乏深刻认识。第四，教师职业获得感的边缘化。教师职业获得感是教师成长发展的标志，也是教师幸福感的体现。思政课教师往往缺乏职业获得感，这一方面是因为思政课教师地位和重要性没有得到足够的尊重和认可，另一方面是因为思政课教师相关激励措施未能有效落实。

当前，职业院校在推进思想政治教育一体化建设过程中，普遍存在体制机制不健全的问题，在一定程度上影响了大中小学思政课一体化建设动态、持续发展。① 第一，缺乏统筹协调机制。职业院校内部各部门之间缺乏有效

---

① 陈吉鄂.大中小学思政课一体化建设的现实困境与优化对策［J］.学校党建与思想教育，2024（3）：82-84.

的统筹协调机制，导致在制定和实施思政教育方案时，难以形成合力。例如，思政课程的教学计划、教学内容和教学方法往往由马克思主义学院或思政课教师独立制定，缺乏与其他院系和部门的沟通和协调，导致课程设置和教学资源分配不合理。第二，资源整合困难。由于缺乏统筹协调，职业院校在整合思政教育资源时面临诸多困难。例如，不同院系和部门可能各自拥有一些优质的教学资源，但由于缺乏共享机制，这些资源难以得到有效利用。此外，职业院校在引进外部资源和开展校企合作时，也缺乏统一的规划和协调，导致资源利用效率低下。第三，政策落实不到位。虽然国家和地方政府出台了一系列政策文件，指导职业院校推进思政课一体化建设，但在实际执行过程中，这些政策往往难以得到有效落实。主要原因在于缺乏具体的实施方案和监督机制，导致政策执行力度不足，效果不明显。第四，评价机制不完善。职业院校在评价思政课一体化建设效果时，缺乏科学的评价机制。现有的评价体系往往偏重于理论知识的考核，忽视了对学生实际思想政治素质和实践能力的评价。此外，评价过程缺乏透明度和公正性，也影响了评价结果的可靠性和有效性。

三、职业院校思想政治教育一体化建设的系统内容

职业院校思想政治教育一体化建设作为一项系统育人工程，有其内在科学的内容规定性。要坚持问题导向和目标导向相结合，注重推动思政课建设内涵式发展。强调思想政治教育的内涵式发展，应从以下三个方面着手：

第一，重点在于各学段思想政治教育的闭环式改革创新，以思政课为主阵地，以思政课教师队伍为主力军，形成教学链条的闭环发展；以课程目标、课程体系、课程内容、教材体系、资源供给、工作机制、领导保障为主模块，形成课程改革创新的闭环发展，力求打造循序式渐进的授课形态、螺旋式上升的授课内容、阶梯式深入的价值引领、有序式配合的工作格局。最终形成一个更加完善、系统、有效的思想政治教育体系，为职业院校思想政治教育一体化建设提供有力支撑。

第二，以厘清职业院校思想政治教育改革创新的系统性内容构成为前提。

"新时代高校思想政治工作加强改进、创新发展的着力点是实现体系化。"① 系统性或者说体系性是职业院校思想政治教育工作实现创新发展的一把关键钥匙。无论是中职、高职、职业本科，还是职业研究生，都是思政课开展立德树人和铸魂育人的主阵地，任何一个环节的缺位、越位、失位，都会导致思政课整体育人链条的失序、紊乱和失效。要从整体性视角统筹思政课主阵地建设，每一学段的学校都要注重和强化思政课所在学段课程群中的主阵地地位，把思政课建设摆上重要议程、提到突出位置、建在关键环节。任何学段都要树立战略思维、系统思维和综合思维，科学审视本学段思政课的具体任务、阶段目标和学段内容，并与其他学段相配合，积极构建能够伴随学生成长、引导学生进步、影响学生一生的思政课主阵地。

第三，主模块的系统性构成。思想政治教育贯穿中职、高职、职业本科、职业研究生各学段，这一特殊性决定了其改革创新的内在模块必须形成一体化的推进机制和建设体制。要"正确把握学段与全程的关系，做好课程衔接工作"②，在课程目标、课程体系、课程内容、教材体系、资源供给、工作机制、领导保障等建设模块，深入探索和合理建构有层次、可衔接、相贯通、能配套、具融合的综合体系，打通学段、打破隔阂、打穿内容、打透过程，切实打造精品课、热门课、示范课。

第三节　职业院校思想政治教育一体化建设的方向原则

一、职业院校思想政治教育一体化建设的方向

厘清课程目标。课程目标体现课程的宗旨，课程目标是否合理关系着课

---

① 沈壮海，李佳俊. 论新时代高校思想政治工作体系的构建［J］.思想理论教育，2019（12）：11–16.

② 沈壮海，董祥宾. 论新时代思想政治理论课的改革创新［J］.思想理论教育，2019（5）：10–15.

程育人成效是否能够实现。思政课是落实立德树人目标的关键课程，厘清思政课课程目标是思政课一体化建设顺利推进的逻辑前提。在统筹推进大中小思政课一体化建设中，学校要制定明确的目标，体现其目标的一体化，即要坚持立德树人根本任务，用习近平新时代中国特色社会主义思想铸魂育人作为大中小学思政课一体化的建设目标，以增强政治共识、凝聚人心为导向。①思政课课程目标包括总体目标和具体目标。总体目标是针对职业教育各学段整个思政课而言的，思政课总体目标是培养德智体美劳全面发展的社会主义建设者和接班人，使其成为有坚定信仰、崇高追求、高尚人格和远大理想的高素质技能型人才。厘清思政课总体目标能够确保坚持社会主义方向和落实立德树人的根本任务。具体目标指的是各学段的具体目标。不同学段学生的知识储备、理解水平和接受能力是不同的，加之人的思想品德的提升是一个从低级到高级的渐进过程，决定了职业教育不同学段思政课的具体目标的差异性和递进性，因此，要对具体目标进行针对性和差异化设计，使得了解政治常识、提升政治素养、增强使命担当等成为实实在在的目标追求。具有层次性和差异性的具体目标能够确保各个学段的思政课各有侧重以及阶梯式推进。

加强内容规划。教学内容在解决培养什么人的重要问题上发挥着至关重要的作用。思政课教学内容事关学生思想品德的形成，是思政课一体化建设的核心要素。在思政课一体化建设中，应按照思政课的课程目标，加强教学内容建设。中职思政课重在打牢思想基础，注重体验性学习，在具体内容安排上，加强爱党、爱国、爱社会主义等方面的事实教育，引导其把党、国家和人民装在心中；强化思政课体验式实践教学，通过参观博物馆、纪念馆、科技展览等，进一步增进对党、国家、人民、社会主义的思想情感。此外，还要注重提升政治素养，注重常识性学习，在具体内容安排上，加强政党、国家、人民、民主、社会主义等概念的教育，增强对党、国家以及社会主义的政治认同以及争做社会主义建设者的思想意识；加强社会主义民主和法治教育，增强民主意识和法治观念。高职院校和职业本科思政课要凸显理想信念教育，重在增强大学生的使命担当，在具体内容安排上，加强马克思主义基本原理教育，使能够运用马克思主义的基本立场、观点和方法分析和解决

① 张帆，邵献平．大中小学思政课一体化建设略探［J］．学校党建与思想教育，2023（2）：56-58．

问题；加强四史教育，真正了解"为什么能，为什么行，为什么好"的问题。职业研究生思政课要凸显学理教育，注重研究性学习，在具体内容安排上，加强哲学理论、史学理论和政治学理论等的学习，不断提升理论思维能力；加强马克思主义发展史、社会主义发展史、中国共产党党史、中国共产党理论创新史、世界社会主义发展史等教育，坚定"四个自信"。

提升教师素养。办好思政课，关键在教师。思政课的性质、地位和作用对思政课教师素养提出了更高的要求：第一，提高政治素质。政治素质是个体在政治生活和社会关系中培养出来的一种素质，包括政治方向、政治纪律、政治鉴别力和政治敏锐性等内容。需要引导思政课教师站稳政治立场、坚定人民立场和捍卫教育立场，坚决贯彻党的教育方针、为人民服务以及为发展中国特色社会主义现代化服务。同时，加强思政课教师政治学习强度，不断提升思政课教师自身政治觉悟，使其在言行上与党中央保持高度一致，积极维护党中央权威和传播国家主流意识形态，为实现中华民族伟大复兴凝心聚力。第二，加强师德师风建设。习近平总书记明确指出："加强师德师风建设，培养高素质教师队伍，倡导全社会尊师重教。"① 师德师风体现了教师对教育事业的态度。需要实施师德师风建设工程，发掘思政课教师师德典型以及强化思政课教师师德监督和考核。此外，还应健全思政课教师师德建设长效机制，推动思政课教师师德建设常态化、长效化。第三，提高理论素质。理论素质指的是教师学习、掌握、运用和研究理论的能力和水平。马克思主义指出："理论只要说服人，就能掌握群众；而理论只要彻底，就能说服人。所谓彻底，就是抓住事物的根本。"② 只有具有较高的理论素质，才能把思政课讲深、讲透并使学生信服，不断增强学生的思政课获得感，否则将会使思政课停留在理论说教层面，难以使学生信服。第四，提高专业水平。一要制定专业标准。依据专业标准，设置新入职教师岗前培训、全员轮训以及骨干教师高级研修等系列培训，不断提升思政课教师专业素养。二要加强教材教法培

---

① 习近平.高举中国特色社会主义伟大旗帜 为全面建设社会主义现代化国家而团结奋斗——在中国共产党第二十次全国代表大会上的报告［N］.人民日报，2022-10-26（1）.

② 中共中央马克思恩格斯列宁斯大林著作编译局.马克思恩格斯文集（第1卷）［M］.北京：人民出版社，2009：11.

训。引导思政课教师准确把握职业教育不同学段思政课的课程目标及教学方式，提升教学针对性。三要发扬老中青传帮带优良传统。积极发挥老、优思政课教师的引领示范作用，做好青年思政课教师的培养工作。四要加强实践。为思政课教师搭建加快自身成长的平台和载体，鼓励思政课教师积极参与社会实践。向实践要成绩，向实践要成长。

强化机制建设。职业院校思想政治教育一体化建设关涉多个层面，从主体上看，涉及党政领导、教育职能部门、学校、教师以及学生等；从客体上看，涉及课程目标、教学内容、教师队伍、人才培养以及教学评价等，需要统筹各方面力量和资源强化机制建设。第一，建立组织管理机制。教育管理部门牵头成立一体化建设指导委员会，统筹推进一体化进程，制定一体化建设基本原则、实施方案。第二，建立资源共享机制。实现教学资源整合和共享。教学资源包括教学内容、教学方法、教学数据、教学名师、教学基地、学校文化、学校图书资料、学校网络资源等，职业教育各学段应做到教学资源的整合和共享，使教学资源最大程度得到丰富。第三，建立交流互动机制。搭建互动交流的平台，如研讨会、集体备课、学术沙龙、教学观摩、教学竞赛、读书会、合作教学以及科研项目联合申报等，加强各个学段思政课教师之间的经验交流。第四，建立评价反馈机制。制定合理有效的思政课一体化建设评价指标体系，评价指标包括课程内容适宜度、课程教材衔接度、课程教学方法匹配度、课程目标实现度、教师队伍成长度、教学管理严密度、教师满意度、学生认可度、人才培养质量提升度等；创新丰富评价形式，坚持知识评价和价值评价、过程性评价和结果性评价、显性评价和隐性评价、量性评价和质性评价、教师评价和学生评价相结合；及时反馈思政课一体化建设过程中出现的问题，以求尽快解决，不断提升思政课一体化建设成效。

二、职业院校思想政治教育一体化建设的原则

拓展职业院校思想政治教育一体化建设格局原则。科学合理的教育理念，是推动职业院校思想政治教育一体化建设的理论前提。面对一体化建设的复杂性挑战、现实性问题，必须打破传统的简单性思维和分散性思维，树立复杂性思维和系统性思维。任何事物都有一种开放包容的场域，会形成要素凝

聚力，多个相关要素的汇聚，"一方面维持复杂性的持续和发展，一方面赋予复杂性发展的内容性动力"[①]。因此，要从战略高度和宏观角度，着眼于一体化开放包容的场域，积极拓展一体化建设格局。一方面，形成全党全社会努力办好思政课的整体合力。地方党委积极主动承担思政课建设的主体责任，将一体化建设作为党的建设和意识形态工作的标志性工程，在工作格局、队伍建设、支持保障等方面干实事；学校积极主动承担思政课建设的直接责任，结合本校实际积极推动思政课内涵建设；党政机关、企事业单位和其他社会组织积极参与思政课建设，按照因地制宜、就近联系、有效对接的原则，提供实践资源。另一方面，形成协同性创新、特色鲜明的思政课发展格局。积极拓展思政课建设格局，从领导体制上成立一体化建设指导委员会，集中力量专门研究和制定推进一体化发展的政策、制度和机制；从工作体制上探索形成思政课学习实践情况的档案制度、追踪制度、查询制度，在全社会形成心理认同和情感认同，推动家庭、学校、社会共同积极参与、协同推进思政课的建设和发展。

统筹职业院校思想政治教育一体化学段衔接原则。思政课伴随学生成长发展的全过程，是一个跨学段、全周期的有机整体，贯穿职业教育各学段教育全过程。要深刻理解和全面把握一体化建设的要求和内涵，树立系统思维，打破学段区隔，坚持分层分类，统筹好教育目标一致性和内容梯度衔接性的关系，统筹好教育主体整体性和不同学段教学规律性的关系，统筹好教育对象发展性与教学方法持续性的关系，采取有效对策切实实现无缝对接。一方面，遵循人的认识发展规律和学生成长规律、教育教学规律，由浅及深、由表及里、由点及面地开展思政课教学，要紧紧结合学生的认知水平和生活学习实际，在职业教育体系的不同学段采用他们能够理解、能够接受、能够做到的方式、语言、形式授课，实现潜灌输、隐灌输、导灌输。另一方面，结合学生成长发展实际和思想心理需求，逐渐提高思政课教学目标、深化思政课教学内容、提升思政课教学要求，实现各学段思政课教学的步步升、节节高。中职阶段重在打牢思想基础，突出强调体验教学，注重常识讲授和行为

---

① 李东坡. 思想政治教育复杂性及其创新发展［J］. 教学与研究，2018（2）：34–42.

规范，帮学生扣好政治认同、家国情怀、道德修养、法治意识、文化素养的扣子；重在提升政治素养，突出强调知识普及，注重系统讲授和理性提升。高职和职业本科阶段重在增强使命担当，突出强调以理服人，注重理论讲授和实践践行，引导学生迈好矢志不渝听党话、感党恩、跟党走、争做社会主义合格建设者和可靠接班人的步子。真正把学段衔接落到实处，使其由理论设计成为现实操作，由此提高职业院校思想政治教育的实效。

注重职业院校思想政治教育一体化立体建构原则。育人之本，在于立德铸魂。以学生为中心是思政课真正感染学生的关键，要善于运用学生喜爱并接受的话语体系、方式方法和平台载体充分展现马克思主义的理论魅力，不断增强思政课的思想性、理论性、亲和力和针对性。职业院校思想政治教育一体化建设，要做好课程体系设置、课程内容优化和教材体系建设，注意一体化建设的用意和实质，既不能导致教学内容简单重复，又要在富有差异性的基础上相互配合、衔接贯通，实现思政课内涵建设的立体化呈现，让学生在每一个阶段，都有的学、喜欢学、主动学。因此，中职阶段在开设德育必修课的基础上，可选择性开设"新时代英雄""平凡英雄""我是好少年"等思政选修课，用身边人讲身边事，用小故事讲大道理；还可开设"大国青年""青年习近平""共和国的青年人"等思政选修课，激励青少年以青春梦激扬中国梦，立志为国做贡献，切实把思政课讲成梦想课、追求课、价值课。高职和职业本科阶段在开设规定的一系列思政必修课的基础上，考虑青年大学生成长和发展需要，探索开设"社会主义在中国""特色中国的'特'""说服人的马克思主义"等思政公开课，引导大学生坚定对马克思主义的信仰，坚定对社会主义和共产主义的信念，增强"四个自信"，厚植爱国主义情怀，用透彻的理论说服学生、用深邃的思想启发学生、用高尚的情怀感染学生，切实把思政课讲成理论大课、思想大课、人生大课。同时要注重在统一使用规定教材的基础上，结合教学和学生实际，积极编撰具有特色和创新意识的思政课辅修教材、辅修读本，创新话语形式和教学形式，提高思政课的吸引力，使职业院校思想政治教育整个立体起来。

推进职业院校思想政治教育一体化协调发展原则。合理定位中高职人才培养目标，构建一体化课程体系实现中高职教育顺利衔接，需要进行培养目标的定位，只有目标明确，才能做好衔接工作。中高职贯通下，思想政治课教学中职阶段的教学内容包括思想品质基础教育、经济政治常识教育、公民基本素质教育三部分。高职阶段教学内容包括职业环境教育、职业理想信念教育、职业规范教育、职业品质教育四部分。在中高职贯通背景下，应根据中高职德育侧重点，重新构建一体化课程体系，建立课程标准，确定课程内容，实现中高职的内涵衔接。重组中高职德育教学内容，突出职业导向性为实现中高职两个层次培养目标的有机统一，课程结构的科学合理衔接就处于核心地位，在高职教学计划中，与中职课程重复的内容要进行删减，剩下的教学内容根据实际情况进行重组。例如对于《职业生涯规划》课程内容的职业认知部分可以放在低年级学习，而职业指导部分在高年级学习更有效果。对于中高职德育课程存在的断层现象，学校可以采取选修课或者专题教学，使得德育课程有机融合。同时德育课程要体现出导向性和职业性，引导学生树立正确的职业观和择业观。建立中高职德育课程衔接教学的平台，实行多元化的德育课程评价标准。建议可由职业教育学会或职业教育与成人教育处等相关单位牵头，建立教学交流工作平台，通过平台定期可以召开会议，组织活动、技能比武等，加强中高职思政教师在教学及科研方面的交流与沟通。同时中高职贯通下德育课程应实施多元的评价方式，更加注重学生课内、课外学习和活动的参与情况以及综合学习目标任务的完成情况。

第四节　职业院校思想政治教育一体化体制机制建设

一、整体构建职业院校思想政治教育一体化建设的统筹机制

实现职业院校思想政治教育一体化建设的纵向衔接与横向贯通，需要打破教育行政部门层级与部门之间的壁垒，整体构建思政课课程教学管理统筹体制。具体来说，可从以下两个方面着手：

一方面，建立研究与指导统筹机构，建构顶层设计体制。统筹建立统领

思政课一体化建设的部门和机构，从国家层面出台统筹推进职业院校思想政治教育一体化建设的指导性文件。同时，针对有些省市缺乏省级研究与指导机构的现状，建议各省市建立"思政课一体化建设指导委员会"等相关机构，开展顶层设计，加强统筹管理。在此基础上，根据实际情况，召集专家重点研究和科学论证职业院校思想政治教育一体化建设内容体系的形成机理，并依托相关专业机构，编制"思政课课程一体化改革和建设方案"，从课程教材、教学研究、招生考试、质量评价、经费投入等方面统筹推进大中小学思政课一体化建设，将顶层框架具体化为符合各个学段思政课特点的要素谱系，有步骤、有计划地分层推进。

另一方面，明确管理部门功能定位，建立立体纵向的行政管理统筹机制。目前，与思政课相关的管理机构不少，但是各部门功能定位不够明确，从而导致管理成效不明显，因此需要准确定位，打破教育行政部门层级与部门之间的壁垒，建立思政课课程教学管理统筹机制。以广州市为例，可明确市教委德育处、市教委教研室、市师资培训中心、各中职学校德育处和包括广东轻工职业技术大学在内的高职及职业本科马克思主义学院（思政课部）等不同机构以及市、区、校不同层面在一体化建设方面的各自功能，充分发挥各部门作用，使各方力量各司其职、协同发力，形成一盘棋，提升工作的整合性与协同性。

二、多维建立职业院校思想政治教育一体化建设的协同机制

职业院校思想政治教育一体化建设应基于"大思政"格局开展课程建设，多维度建立协同机制。这包括以下几方面：各类课程与思政课的协同建设；整合校内外思政课教学资源，构建思政课小课堂和社会大课堂的协同育人共同体；夯实各学段思政课建设与学科发展之间的互动联动；为职业院校思政课教师"一体化"创设教研协同平台。

第一，建立各类课程与思政课相互配合的协同机制。一方面，使学科德育与思政课同向同行。要充分发挥课堂主渠道作用，针对不同学段学生和课程的特点，将德育内容有机融入各门课程的教学中，形成以思政课为关键，语文、历史课为骨干，其他课程为支撑的德育课程体系。同时，引导各学科

教师深入认识各学科不同学段之间相互贯通的德育内涵，了解各学段承前启后的德育要求，在学科知识传授中落实价值观的传递。另一方面，使课程思政与思政课同向同行。从一体化的视角看，课程思政是学科德育在高校的延伸和辐射。高职院校和职业本科课程思政应以增强使命担当为重点，正确处理好理论知识体系和价值体系之间的关系，寓价值引领于知识传授之中。在高职院校和职业本科阶段应建立以思政课为核心、综合素养课程为支撑、专业课程为辐射，各类课程与思政课同向同行、协同育人的思想政治教育课程体系。

第二，创设校内外思政课课程教学资源整合的协同机制。思政课一体化建设需要积极借助校外社会资源，因地制宜地"把思政小课堂同社会大课堂结合起来"①，构建校内外思政课教学资源共享体系与协同平台。首先，要整体思考校外活动的育人内涵，强化社会实践等课外活动的德育功能。整合教育系统内外各类资源，拓展教育空间，丰富教育内容与教育途径。其次，要充分体现分层分类的要求，在协同创新的基础上合力育人。考虑到校外教育资源的丰富性，广大青少年学生接受能力的差异性，校外教育资源配置与布局应当充分体现分层分类的教育原则，根据不同的年龄学段、内容层次，循序渐进、因材施教。再次，要实现校内外教育的有机对接，并在对接校内教育的基础上协调拓展。校外教育是校内教育的补充，校内外教育共同服务于全面育人的目标。校内教育主要是向学生讲授原理性、理论性的内容，校外教育要将这些原理性的内容以具体的方式展现出来。在保证校内教育有效开展的前提下，要充分利用社区、场馆、企事业单位、自然景观等资源开展校外教育，积极利用公益性的重大活动，进行资源布局和活动配套。

第三，夯实各学段思政课建设与学科建设的协同机制。目前，中职学校思政课与高职院校和职业本科思政课在学科归属上有所差异，中职德育课程往往被归为依托教育学一级学科为主导的德育学科，它与高职院校和职业本科思政课所依托的马克思主义理论学科存在一定的差异。以教育学—德育

---

① 廖怀高.创新田野教学模式，让思政小课堂同社会大课堂紧密结合［EB/OL］.光明网，2021–09–15.

学科背景为主的中职德育课与以马克思主义理论—思想政治教育学科为主的高职院校和职业本科思政课在学科归属上也往往并不一致，相互之间学术交集少、缺少学术对话。因此，有必要构建德育学科与马克思主义理论学科之间的学术对话和协同机制，提升马克思主义理论学科及相关学科发展的支撑效应。

第四，构建职业院校思政课教师的教研协同机制。职业院校思想政治教育一体化建设应由各学段共同合作完成，为此，需建立由高校马克思主义学院负责人、省级教研员等为主导的教研协同机构，定期开展教研活动，及时解决一体化实施中出现的问题。同时，要组织一批相对固定的专家、学者与优秀教师，定期开展学术研讨，从理论上深入研究实现大中小学循序渐进、螺旋上升地开设思政课的内在机理，教材内容一体化设置，不同学段的教育教学规律，思政课教师核心素养提升等问题，为推进大中小学思政课一体化提供学理支撑。

三、建立健全职业院校思想政治教育一体化建设的动力机制

职业院校思想政治教育一体化建设的可持续发展离不开动力机制的驱动。只有构建完善的一体化建设动力机制，才能提升各级各类学校与思政课教师推进一体化建设的积极性与创造性。

一方面，要将思政课一体化建设情况纳入学校办学质量评估体系。思想政治教育应贯穿于学校教育教学实践和管理领域的方方面面，全面交融、全程交互。职业教育体系中的各学段都应把思想政治教育作为一件头等大事、要事来抓，并且放在各项工作的首要位置加以部署，特别是要建立以党组织负责人、校长带头抓思政课一体化的管理机制，形成党委统一领导、各部门各方面齐抓共管的工作格局。学校党组织要强化政治功能，切实加强对学校思政课一体化建设的领导，建立由主要校领导作为思政课一体化建设第一责任人的评价指标。各级教育主管部门要将职业院校思政课一体化建设情况纳入学校党的建设工作考核体系、办学质量和学科建设评估标准体系。

另一方面，完善职业院校思政课教师一体化教学评价机制。办好思政课关键在教师，关键在发挥教师的积极性、主动性、创造性。大中小学思政课

一体化建设的关键环节是大中小学思政课一体化评价体系建设。[①]尽管在实践中各学段都不乏优秀的思政课教师，但通晓职业院校思想政治教育一体化的教师并不多。要理清各个学段思政课教学的重点，思政课教师要明确自己的课程教学在一体化的思政课教学链中所处的关节点在哪里，在教学中充分了解学情和前后学段的课程教学情况，明晰哪些知识点需要进行必要的反复和合理的重复。各地区、各学校要建立并完善课程教学督导机制，发挥教学督导在一体化教学评价中的积极作用，建立全程式的课堂教学评价模式。同时，要把思政课教师对推进一体化建设的贡献，如对其他学段教学目标与教学内容的了解程度、参加思政课集体备课频次、参与思政课一体化教学观摩次数、参加思政课教师研修活动等纳入业务考核范围，并逐步提升思政课一体化育人效果在绩效考核、职称晋升中的权重。最后，要构建职业院校思政课教师一体化教学考核评价体系。既关注思政课教师队伍的共性，强调考核原则目标的统一性，也尊重思政课教师队伍内部需求的多样性，突出考核管理的效率性。[②]将个体评价与团队评价相结合，既关注教师的个人教学能力和业绩，又强调团队合作和整体贡献，形成全面、公正、有效的评价体系。建立科学合理的评价标准和指标体系，完善评价机制和流程，加强评价结果的运用和反馈，通过考评融合实现大中小学思政课教师竞争力的有机共生，最终推动教师工作的积极性和创造性。使师资数量足、质量高的短板尽快得以补齐，并向着内涵式发展的道路不断推进，从而助力于职业院校思想政治教育一体化建设行稳致远。

总体来说，要抓好大方向、着眼大方面、把握基本盘。只有把职业院校的综合实力做强，思想政治教育一体化建设才有根基和可能性、必要性和现实意义。

第一，强化中职教育的基础性作用。把发展中职教育作为普及高中阶段教育和建设中国特色现代职业教育体系的重要基础，保持高中阶段教育职普比大体相当。系统设计中职考试招生办法，使绝大多数城乡新增劳动力接受

---

① 把好大中小学思政课一体化建设的评价"指挥棒"[J].学校党建与思想教育，2023（22）：2.

② 高静毅，张东方.大中小学思政课师资队伍一体化建设的实践审思[J].学校党建与思想教育，2023（19）：64–67.

高中阶段教育。全面核查中职学校基本办学条件，整合"空、小、散、弱"学校，优化中职学校布局。结合实际，鼓励各地将政府投入的职业教育资源统一纳入中职学校调配使用，提高中职学校办学效益。支持集中连片特困地区每个地市建好办好符合当地经济社会发展需要的中职学校。建立普通高中和中职学校合作机制，探索课程互选、学分互认、资源互通，支持有条件的普通高中举办综合高中。加大"三区三州"等深度贫困地区的普职融通力度，发挥职业教育促进义务教育"控辍保学"作用。

第二，巩固专科高职教育的主体地位。把发展专科高职教育作为优化高等教育结构和培养大国工匠、能工巧匠的重要方式，输送区域发展急需的高素质技术技能人才。不限制专科高职学校招收中职毕业生的比例，适度扩大专升本招生计划，为部分有意愿的高职院校毕业生提供继续深造的机会。推动各地落实职业学校毕业生在落户、就业、参加机关事业单位招聘、职称评审、职级晋升等方面与普通高校毕业生享受同等待遇。扎实推进中国特色高水平高职学校和专业建设计划，加强绩效考核与评价，建成一批高技能人才培养培训基地和技术技能创新平台。探索高职专业认证，推进专科高职学校高质量发展。

第三，稳步发展高层次职业教育。把发展本科职业教育作为完善现代职业教育体系的关键一环，培养高素质创新型技术技能人才，畅通技术技能人才成长通道。稳步推进本科层次职业教育试点，支持符合条件的中国特色高水平高职学校建设单位试办职业教育本科专业。推动具备条件的普通本科高校向应用型转变。根据产业需要和行业特点，适度扩大专业学位硕士、博士培养规模，推动各地发展以职业需求为导向、以实践能力培养为重点、以产学研用结合为途径的专业学位研究生培养模式。

也就是说，要大力促进不同类型教育横向融通。加强各学段普通教育与职业教育渗透融通，在普通中小学实施职业启蒙教育，培养掌握技能的兴趣爱好和职业生涯规划的意识能力。探索发展以专项技能培养为主的特色综合高中。推动中等职业学校与普通高中、高等职业学校与应用型大学课程互选、学分互认。鼓励职业学校开展补贴性培训和市场化社会培训。制定国家资历框架，建设职业教育国家学分银行，实现各类学习成果的认证、积累和转换，加快构建服务全民终身学习的教育体系。大力提升中等职业教育办学质量，优化布局结构，实施中等职业学校办学条件达标工程，采取合并、合作、托管、集团办学等措施，建设一批优秀中等职业学校和优质专业，注重为高等职业教育输送具有扎实技术技能基础和合格文化基础的生源。支持有条件的中等职业学校根据当地经济社会发展需要试办社区学院。推进高等职业教育提质培优，实施好"双高计划"，集中力量建设一批高水平高等职业学校和专业。稳步发展职业本科教育，高标准建设职业本科学校和专业，保持职业教育办学方向不变、培养模式不变、特色发展不变。一体化设计职业教育人才培养体系，推动各层次职业教育专业设置、培养目标、课程体系、培养方案衔接，支持在培养周期长、技能要求高的专业领域实施长学制培养。鼓励应用型本科学校开展职业本科教育。按照专业大致对口原则，指导应用型本科学校、职业本科学校吸引更多中高职毕业生报考。由此，职业院校思想政治教育一体化建设才有了足够往深处推进和高处爬坡的物质条件和坚实基础。

第三章

聚焦职业院校思想政治教育"三教"改革

2019年《国家职业教育改革实施方案》提出了"三教"（教师、教材、教法）改革的任务。"三教"改革中，教师是根本，教材是基础，教法是途径，它们形成了一个闭环的整体，解决教学系统中"谁来教、教什么、如何教"的问题。其落脚点是培养适应行业企业需求的复合型、创新型高素质技术技能人才，目的是提升学生的综合职业能力，这也是"双高计划"建设中"打造技术技能人才培养高地"的首要任务。职业院校在进行"三教"改革时，应把握好整体观、目的性、方法论这三个核心问题。"三教"改革是职业教育创新发展的新时代思路，也是职业院校思想政治教育的目标清晰、方向明确的路径探索。职业院校思想政治教育工作可以"三教"改革为重点，进一步抓好落实、推动创新、增强实效。

第一节　有效发挥课程建设的统领性作用

一、立足课堂实际深化课程改革

课程建设是"三教"改革的集成点。必须认识到职业教育与普通教育是两种不同教育类型，如果在课程上没有得到体现，职业教育的类型就不可能体现出来。因此只有持续推进课程体系改革，才能及时将行业的新技术、新工艺、新规范作为内容模块，融入教材中去，才能满足职业教育的需求。在"双高计划"建设背景下，需要重新审视思想政治理论课如何发挥引导引领作用，公共课如何开设，专业群的公共课如何与专业课程相融合，专业课程如何实现思政育人等。如果在课程层面，还是以前的学科体系结构，可想而知"三教"改革是不可能到位的，思政育人的价值也将始终处于"埋没"状态。因此，在"双高计划"建设中，只有将"三教"改革置于学校课程体系整体改革的背景下才有价值。课程建设要进一步融入思政元素，体现思想政治教育的大方向和主要目标。坚持课程育人理念。

教材编写者首先要树立起课程思政的意识，在教材大纲制定以及内容编写过程中除了要考虑相关课程的知识体系外，还要思考其价值导向，要结合专业发展历程和岗位现实需求，明确本课程及其具体项目或任务的思政育人目标，把党的最新理论成果和导向正确、积极向上的传统文化、工匠精神、劳模精神等融入教材建设。把社会主义核心价值体系、现代企业优秀文化理念融入人才培养全过程；紧跟产业升级，构建"智能+"特色专业课程，建立校企互通机制，将最新技术要求和岗位需求融入课程教学，确保课程内容的前沿性和职业性；与行业、企业或同行合作，基于工作过程或流程，以项目、案例、任务为载体开发和设计课程，打造底层可共享、中层可融合、上层可互选的"平台+模块"专业群课程体系。以"系统知识+复合能力"重构课程内容，采用模块化教学，认真分析对接岗位的能力要求，融入职业技能（资格）标准，体现教学内容的技能性、技术性和系统性，符合高素质技术技能人才要求，促进中、高职衔接，切实发挥高职教育的引领作用。大力推进教学资源库和在线开放课程建设，完善面向高端产业和产业高端的课程体系与教学内容，开发建设涵盖教学设计、教学实施、教学评价的数字化专业教学资源和服务实践教学的虚拟仿真资源，使思政育人元素有丰富基础并得到多角度、多层次激发。

二、探索教材方向内容体系创新

"教什么"是"三教"改革的时代命题。办好思政课，教材建设是基础。新时代为推动职业院校思政课内涵式建设、高质量发展，思政课教材必须强化政治意识、精品意识、服务意识、创新意识四大意识，推进思政课教材与课程改革同向同行。① 要将生源复杂、水平参差不齐的高职生"淬火成钢"，将其培养成合格的人才乃至大国工匠，既离不开名师的指引施教，也离不开对课程体系的精心构建，打造"拳头"专业和精品课程。教材是课程建设和改革的载体，是教学模式的重要支撑，在"三教"改革过程中，围绕产教融合，校企合作"升级"教材以推动教材改革是改革的重要一环。《国家职业教育改革实施方案》中提出：在坚持知行合一、工学结合的办学思路下，要建设一大批校企"双元"合作开发的国家规划教材，倡导使用新型活页式、工作手册式教材并配套开发信息化资源。基于职业教育领域的理论研究与实践探索，建立学校骨干教师、行业专家、企业一线技术骨干等参与的多元合作教材开发模式，共同开发高质量教材和案例库，将产业发展的最前沿和最鲜活的实践成果以及理论发展的最新成果和最新的导向纳入教材，研发"精品、系列、前沿、实战"的高质量教材是一个重中之重。

教材"赋能"，加快编写立体化新形态教材。应出台实施《教材管理办法》，通过教材建设助推教学改革。推动校企双元开发新形态教材，对体现工学结合、教学做一体化教学理念的特色专业教材给予重点支持，鼓励专业课教师使用新型活页式、工作手册式教材，建立起动态化、立体化的教材和教学资源体系，使专业教材能够跟随信息技术发展和产业升级情况，及时调整更新。鼓励教师教材开发融入对学生创新精神和自主学习能力培养的内容，使学生能够把所学知识灵活运用到实践中去，创造性地解决问题，提升其适应社会的能力。当前，职业院校尚缺乏适合于线上线下结合运用的"立体式"教材，因此，推进教材改革和创新，根本措施就是要推进课程建设，以课程建设为统领，按照更新教学内容、完善课程标准、编写或开发教材的逻辑顺序进行，同时，在实践中应把教材建设与教学改革结合起来，鼓励编写新形态教材。思政课教材的"立体式"建设，重在对"马工程"教材的内容整合，使之更符合职业院校学生实际和人才培养规律及时代要求。

就大方向来说，可以在不脱离教材大纲的前提下对教材内容或辅助性资

---

① 杨晓娟.新时代高校思政课教材编辑应强化四种意识［J］.中国编辑，2022（8）：66-69.

料进行相应的改革性探索，更好地促进思政课教材体系向教学体系转化。思政课可以尝试活页式教材的应用。思政课教师在选取案例时可以有针对性地定制和学生专业相关的案例进行教学，可以采用活页式教材的方法，在每个章节以活页的形式将相关案例或二维码等辅助性学习资料加入教材，让思政课可以贴近专业课，增强思政课的亲和力，充分体现思政课与职业教育的融合。还要实现教学设计的与时俱进。尽管思政课的教材内容会根据理论的发展定期或不定期地进行全国统一修订，但思政课教师可以根据各自学校学生的学情对教材内容进行精心设计，通过对教材内容的整合、归纳和提炼，比如可以以逻辑为主线重新编排教学章节或者以专题式教学整合章节内容等形式开展形象生动的课堂教学，做到"以教材统编为主、灵活设计为辅"。

作为思政课教师，要立足根本、深耕教材。《关于全面深化新时代教师队伍建设改革的意见》强调："推动思政教师队伍的专业发展，注重培养一批高素质、有文化、刻苦钻研的研究型教师。"[1]所谓的研究型教师，就是能深入地研读教材、恰当地把握教材、熟练地使用教材，把教材内容了然于心，明确每一个章节、每一节课程的教学目标，做好教学设计，这是讲好思政课的关键环节，也是从根本上提升教育教学质量和教育教学效果的关键所在。例如高职院校的"思想道德修养与法律基础"课程，课程目标是针对学生成长成才过程中面临的问题，开展马克思主义的世界观、人生观、价值观、道德观和法治观教育，帮助学生树立正确的"五观"，解决成长成才过程中遇到的各种问题。相应的教学活动则是围绕课程目标有针对性地展开。因此，立足根本，深耕教材，准确把握课程目标，制定合理的教学目标，是上好思政课的核心，也是有效提升思政课教育教学质量和教育教学效果的立身之基。

理论的产生有其复杂的社会文化背景，并不是凭空而来。理论的产生依靠社会现实的滋养，且又是对社会现实生活的高度概括和凝结。因此，在进行理论传播时，应结合实际，贴近现实、贴近生活、贴近学生，使用丰富的现实生活素材充实理论讲述。例如高职院校的"毛泽东思想和中国特色社会主义理论体系概论"课程，要讲好两大理论体系，尤其是中国特色社会主义

---

① 中共中央 国务院关于全面深化新时代教师队伍建设改革的意见［EB/OL］.中国政府网，2018-01-31.

理论体系，结合内容实际，把习近平总书记关心关注相关地区经济社会发展的内容，即区域战略地位、奋斗目标、发展路子、重点任务的重要论述融入课程讲授中，由此就实现了理论课程与现实素材的有机融合，使党的路线方针政策和习近平总书记重要讲话精神进教材、进课堂、进学生头脑的教学目标，也就实现理论性与现实性、时代性的有机结合。

三、深挖职业院校课程思政元素

作为教学内容的支撑和依据，教材通过"教什么"决定着学生"学什么"，关系着教育的意识形态导向和人才培养质量。因此，职业院校要严把教材质量关，确保教材内容鲜明的育人导向，并与时俱进地更新教学案例，优化内容供给。

一方面，融入思政育人元素，确保思想性。根据教育部《职业院校教材管理办法》，职业院校教材必须体现党和国家意志。职业院校的教材建设要坚持正确的政治方向和价值导向，坚守马克思主义在教材编写中的指导地位，坚持立德树人根本任务，全面推进社会主义核心价值观进教材，充分体现社会主义办学方向。一是坚持课程育人理念。教材编写者首先要树立起课程思政的意识，在教材大纲制定以及内容编写过程中除了要考虑相关课程的知识体系外，还要思考其价值导向，要结合专业发展历程和岗位现实需求，明确本课程及其具体项目或任务的思政育人目标，"实现教学目标一体化，保证教学目标的整体性和一致性"[①]，把党的最新理论成果和导向正确且积极向上的传统文化、工匠精神、劳模精神等融入教材建设，为课程思政实施提供行动指南。二是突出教材内容的德育主线。通过组建结构化教材编写团队，同职业教育教学专家、思政课教师、行业企业技术能手共同确定本课程的育人目标，共同梳理课程所蕴含的思政元素，共同发掘并优化课程思政案例。在教材主体内容、阅读材料、习题等各环节编写时，要将遴选出的与本课程相关的思想政治教育元素，形成知识、能力、课程思政于一体的内容体系，确保学生在学习的各阶段都能得到思想的引领。

---

① 赵静．新时代统筹推进大中小学思想政治理论课一体化建设探析［J］．思想理论教育导刊，2020（3）：117-121.

另一方面，动态更新育人题材，体现时代性。教材内容若得不到及时更新，势必影响新时代职业教育高素质技术技能人才的培养，因此要完善教材的动态更新机制。一是要坚持"动态开发"的原则，与时俱进更新教材内容，确保职业院校教材育人内容"够新"。具体而言，专业课教材不仅要实时纳入本专业的新工艺、新技术和新规范，而且要及时更新育人导向鲜明的教学案例，通过动态更新，确保教材专业知识的先进性，育人思想的时代性。二是开发新型活页式教材。新型活页式教材不仅对现有教材装订方式的简单改变，其"新"还体现在教材中加入了课程思政的内容，具备立德树人的教育功能。活页式教材通常以单个任务为单位组织教学，以活页的形式将任务贯穿起来，方便取出和加入内容，因而具有灵活性、重组性的特点，这一特点，方便教材内容的更新，为思政元素的融入提供了便利。因此，职业院校要组织开发新型活页式教材，并高度关注专业和行业的时事热点，探寻专业知识与社会热点事件以及思想政治育人资源的结合点，再将这些内容和案例及时有效地更新到教材中，确保育人题材的代表性和先进性，切实发挥教材的育人功能。

四、抓好重点突破打造一批"金课"

2022年4月25日，习近平总书记在五四青年节前夕考察中国人民大学，在观摩思政课智慧教室现场教学时深刻指出："思想政治理论课能否在立德树人中发挥应有作用，关键看重视不重视、适应不适应、做得好不好。"并"希望人民大学绵绵用力，久久为功，止于至善，为全国大中小学思政课教学提供更多'金课'"。①打造思政"金课"成了包括职业院校在内所有学校落实立德树人根本任务的内在要求，更是实现职业教育提质培优的现实需要，以及推进思政课教学改革创新的必然选择。②

国家精品在线开放课程等国家级的"金课"改革力度大、数量极少，主要起引领和示范作用。但要打造大批"金课"，实现在大范围内基本解决"三教"问题，就不能只有国家级"金课"一个标准，需要建立对应校级的合格

---

① 坚持党的领导传承红色基因扎根中国大地 走出一条建设中国特色世界一流大学新路［N］.人民日报，2022-04-26（1）.

② 易锦.建设高职院校思政"金课"研究［J］.学校党建与思想教育，2022（9）：65-68.

"金课"、省级的优秀"金课"、国家级的卓越"金课"的分级标准，特别是校级的合格"金课"标准，对于动员广大教师参与解决"三教"问题，形成课堂革命"不可逆"的态势，具有重大的"奠基"意义，既为"三教"问题的基本解决确立了基本遵循，也为进一步提升为优秀"金课"和卓越"金课"留足了空间，其"大范围、小幅度、渐进式、全方位"的对策，有利于减少改革的阻力。

第一，把握打造"金课"的三个关键。关键之一是要把握学习成果导向理念，课内要预设与专业岗位工作紧密关联的学习成果项目，以学生产出学习成果为重要教学目标，并将较为成熟的新技术、新工艺、新规范、新业态融入学习成果项目；关键之二是要通过教材更新和教法改革，使课程内容具有前沿性和时代性、教法体现先进性和互动性、学习体现探究性和个性化；关键之三是要适当提升课堂的学业挑战度，特别是课内每一项学习成果都需要研制相应的质量评判标准，必须对照质量评判标准各个条款，全部符合的学习成果作品才能过关，这种难度要求对工匠精神培养也极为有益。

第二，在常态纠偏中打磨"金课"。"金课"必须有不断提升的内生动力，为此需"研制能够在教学实施中实现常态纠偏的诊断工具、纠偏规范和纠偏标准"[①]，从而构建能激发"金课"不断自我进化的内在机制，培育大批教师成为具有"自醒、自律、自查、自纠"习惯的"金师"，这是基本解决"三教"问题的关键性因素。目前在课堂中实现常态纠偏的技术手段和技术条件已经具备，例如，借助国家资源库云课堂平台进行学情调查设置和处理，根据所学内容、所掌握的内容、未掌握的内容等进行"选项式"分类管理，即可自动获得基于课堂教学规范和标准的课堂实施效果的分析数据，帮助教师持续找到多轮次的精准纠偏和持续改进的建议措施。

第三，净化"金课"实施环境，离不开学生的投入。优化学生成长成才的育人环境，对于"金课"的更大范围的实施极为重要。一是要贯彻好教育部取消清考、淘汰"水课"的举措，创造一个"让管理严起来、让毕业难起来、让质量提起来"[②]的净化环境。"水课"一般教学内容陈旧，与新技术、新工艺、

①　张铮."三教"改革呼唤打造大批"金课"［N］.中国教育报，2021-03-02（7）.

②　张铮."三教"改革呼唤打造大批"金课"［N］.中国教育报，2021-03-02（7）.

新规范相脱节，需要在审查标准、规范和制度下进行整改或者进行淘汰。二是要尽快建立和完善学分银行，提高专业技能学分和创新选修学分的可兑换性，为学生提供更加宽容的及更加多元的成长成才环境。三是要推进课程学习评价改革，研制学习成果质量评价指标、课堂活动评价指标、课余学习评价指标、课程思政教育效果指标以及工匠精神培育效果指标等，大幅降低考试评价的权重，真正使学生和教师在忙起来中共铸"金课"。四是整合社会力量。在全社会范围内普及与推广思政"金课"的概念，让学生在社会环境中也能感受到思政"金课"的存在与魅力。[①]"政校企社"协同发力，让更多的有利要素参与到思政"金课"建设进程中来，让思政"金课"的实施环境得到最大限度的净化与拓展。

第二节　着力提升教师发展的关键性作用

"谁来教"是"三教"改革的灵魂之问。打铁还需自身硬，要培养高素质的技术技能人才，必须有一支高素质的教师队伍。办好思政课，关键在教师。没有一支政治强、情怀深、思维新、视野广、人格正、自律严的思政课教师队伍，有效率的、高品质的职业院校思想政治教育工作是很难展开的。职业院校思想政治教育增效，要借势"三教"改革之风，在师资队伍增质提优上做足文章、做大文章、做好文章。

一、不断推动教师队伍内涵建设

一方面，多措并举解决思政课教师队伍"量"的问题。在教师队伍数量方面，根据教育部《新时代高等学校思想政治理论课教师队伍建设规定》中"严格按照师生比不低于1：350 的比例核定专职思政课教师岗位"的要求，

[①] 魏志祥，张雨清.大中小学思政课一体化视角下高校思政"金课"建设的路径选择［J］.中国高等教育，2023（18）：40-43.

各地高职院校普遍存在着数量不达标的问题。因此，多措并举做好思政课教师的公开招聘、自主招聘、绿色通道引进及与思政课教学内容相关学科优秀教师转岗等工作，对于教师队伍建设至关重要。同时，结合新入职教师和相关学科转岗教师情况，完善思想政治理论课教师任职资格标准和选聘办法，把好思政课教师的选聘入口，在考虑教师数量问题的同时，从教师的教学业务能力、学科专业水平和后期的培训培养情况等方面进行综合考虑，加强思政课教师队伍能力建设。

另一方面，内外兼修解决思政课教师队伍"质"的问题。一是要做好"备教材、备教法、备学生"的三备工作。所谓的"备学生"，就是要结合学生的实际备学情，做好课前的学情分析。备学生，要备学生的已有知识基础，在教学过程中，将讲授的知识与学生已有的知识储备进行有机结合，激发学生学习的兴趣。只有确定了学生的已有知识基础，才能够较为准确地确定教学的重点、难点，从而确定教学方法，做好教学设计。还要备学生的学习能力，即在课堂教学过程中，学生独立获取知识和技能的能力。要结合学生获取知识和能力的速度、运用知识和能力解决实际问题的能力等方面因素，设计教学任务的难度、深度和广度。通过对学生学习能力的分析，了解学生之间的能力差异、因势利导、有的放矢。因此，职业院校的思政课教师，应该放下固有的偏见，从学生的实际情况出发，结合学情做好思政课的教学工作。二是要通过思政教师专项培训、教师素质提升计划、"青蓝工程"、教学团队、课改小组等方式，加大思想政治理论课教师培训培养力度，提升思政课教师的业务素质和业务能力。

二、壮大教师队伍中"双师型"力量

"双师型"教师是职业院校师资队伍的灵魂，是"三教"改革主抓的核心，是教师改革的"牛鼻子"。职业院校思想政治教育工作离不开一支优秀的教师队伍，因其人才培养定位的特色，更离不开数量充足的、质量上乘的"双师型"思想政治教育者。因此，壮大教师队伍中"双师型"力量是教师侧改革的首要目标和迫切任务。具体来说，可以进行以下两方面尝试：

一方面，建立"提升工程"。一是专任教师双师素质提升工程。制订教职工全员培训计划，提升教师教学能力。定期选派专任教师轮流到企业挂职或研修锻炼，提升自身实践教学水平。二是兼职教师教学能力提升工程。规范兼职教师的聘用、管理和考核，聘用企业骨干、行业带头人、技术能手到校担任兼职教师，把指导学生顶岗实习的企业技术人员纳入兼职教师管理范围，建立"校企互聘互兼"双师素质培养模式。重点要加强师资培训工作。构建中国特色职教师资培训体系，全面开展教师培训。坚持和完善国家示范引领、省级统筹实施、市县联动保障、校本特色研修的四级培训体系。国家级、省级培训由省级职业院校教师素质提高计划项目管理办公室具体组织实施，全面落实教育部规定项目，打造省级特色项目。市县加大经费投入和政策保障，负责本地区"双师型"教师培养和教师队伍建设，不断发现典型，及时推广经验。职业院校根据学校专业建设和教师发展需求，开展灵活多样的校本特色研修。还要围绕职教发展重点任务，提升"双师"职业能力。首先要强化教师企业实践，全面落实《国家职业教育改革实施方案》提出的"职业院校、应用型本科高校教师每年至少1个月在企业或实训基地实训"[①] 要求。其次，要注重教育理论研修。通过选派青年教师赴职教师资培养高校进行不少于半年的访学研修、在教师培训项目中设置职业教育理论必修模块等方式，使教师掌握职业教育基本理论，提升职业能力，指导教学实践。

另一方面，实行"养成工程"。一是高层次人才养成工程。引进重点建设专业急需的高层次人才，加大对专业领军人才、高技术技能人才和具有博士学位优秀人才的引进力度，培养"教练型"教学名师和专业带头人。二是青年教师能力养成工程。为新入职教师配备导师"一对一"指导；定期组织新教师开展职业教育教学能力培训和测评活动，测评不通过的暂缓上岗；加强对中青年骨干教师的跟踪培养和动态管理，促进形成合理的师资梯队；定期举办教学能力大赛、青年教师教学比赛、说课比赛等，推动教师自我加压，增强使命感，把提高教育教学水平和专业实践水平作为自我成长的自觉动力。首先，要大力弘扬教师是教育发展第一资源的理念，强化教师职业自豪感、使命感和责任感，激发教师内生发展动力，积极践行终身学习。其次，要制

---

① 国务院印发《国家职业教育改革实施方案》［EB/OL］.教育部政府门户网站，2019-02-13.

定相应政策，将教师参训情况作为重要指标纳入学校年度办学质量绩效考核；将教师参训项目和时长记入个人档案，并作为评先树优、年度考核、职称晋升的重要参考依据。最后，要注重对培训项目的研究，特别是开发设计适合中职教师职业需要的培训项目，科学配置培训内容，遴选优质培训机构，加强项目指导管理，开展受教师欢迎且有价值的培训。这些"双师型"教师因其综合素养高，既有扎实的专业技能，又有过硬的政治修养，完全应该也很有可能在思想政治教育工作中发挥专业性价值，以校内兼职思政课教师或者课程思政的方式进行文化育人、实践育人、思政育人，推动"一校一品"思想政治教育工作模式落地和高素质技能型人才培养目标的实现。

三、加大专业课教师育人文化建设

职业院校教师育人文化稀缺是多方面因素造成的。首先，职业院校的办学文化给教师带来了巨大影响。职业院校长期以培养中低层次的技能人才为己任，聚焦工作技能的养成，这样的办学文化是控制每一位教师缄默而强大的力量，是专业课教师教育理念产生偏失的深层根源。就教师个体而言，专业课教师专注于专业知识与技能的教学，对学生思想品德、价值观、人格等进行教育的能力不足，而且在他们的思想意识中认为这是文化基础课教师、思政课教师承担的任务。其次，由于学生品德、价值观、人格等方面的成长难以进行量化考核，缺少对专业课教师的利益驱动。概言之，在多种因素的制约下，专业课教师通常没有意识到自己在促进学生全面发展中应扮演的角色，也缺失相关的能力，更谈不上积极投入。因此，专业课教师也要将思想政治教育作为课程创新的重要内容，加强自身人文素养的熏陶和育人水平的锤炼，自觉将专业知识体系与思想政治教育相结合[①]，加大专业课教师育人文化建设对于职业院校思想政治教育工作具有十分重要的现实意义。

培育专业课教师的育人文化，具体来说：一是开展培训。培训是强化育人文化的切入点。对专业课教师育人知识与能力的培训不能采用知识讲授模式，而应采用案例教学模式，从实际问题出发，以案例为载体，从知、情、

---

① 刘师妤.科学家精神融入高校思想政治教育的实践路径［J］.学校党建与思想教育，2024（8）：42-44.

意、行多维度注入育人的原则和内容，做到培训内容的可知、可感、可评、可用，从而唤醒和发展教师的育人意识。另外，对职业院校的领导和有关管理人员也应进行培训。领导及管理人员是职业院校办学文化建设的"关键少数"①，应通过培训强化其文化领导力，从而撬动对职业院校传统办学文化的改良。二是优化考核方式。教师在教学中是否贯彻了育人的教育理念，虽然无法通过检查教案、抽查试卷等方式进行考核，但可以通过学校督导，如常态化听课的方式，现场考核并给予指导。三是加强不同层面育人文化的互动。文化包括物质文化、制度文化、精神文化三个主要层次，育人文化亦是如此。对于专业课教师来说，育人的信念、价值观等难以准确把握，学校可以通过有形的物质文化与制度文化建设来实现整全育人理念的具体化、形象化、人格化，包括校园环境美化、校史馆和特色博物馆建设、编撰优秀校友故事、以学生为本的制度设计等，让育人文化变得具体可感，潜移默化地培育、滋养教师的育人文化。

四、形成课程思政教师集群效应

第一，强化教师的课程思政意识。保持思想政治教育意识是做好课程思政的必要条件。高职院校要坚持教育者先受教育的理念，通过开展课程思政相关培训以及组织教师集体研讨，促使教师高站位认识课程思政的时代价值，从而树立起课程思政的正确认识，切实担负起育人和育才的重要职责。具体来讲，高职院校人事部门要做好教师培训计划，将"课程思政"列为教师入职培训和在岗培训的重要专题之一，通过专家讲授、集体研讨和自主学习，使教师对中央关于加强课程思政建设、关于贯彻立德树人根本任务、关于思想政治理论课改革创新等相关文件有较深刻的认识和把握。通过培训，使教师意识到意识形态工作的重要性以及加强"课程思政"建设的必要性和迫切性，深切地理解并认同专业课程具有不可替代的育人价值，专业课教师具有不可推卸的育人职责。

第二，形成教师课程育人自觉。我国教师教育课程在价值选择中存在一

---

① 赵蒙成，马雷鸣. 职校"三教"改革应强化育人文化建设［N］. 中国教育报，2021-03-16（5）.

系列"二律背反"现象，比如，强调教师对于外在知识和技能掌握的技术价值与注重教师专业情意、专业精神、专业自觉发展、教师内在素养的人文价值之间的冲突；过于强调教师专业化特征与促进教师综合化发展之间的失衡；教师专业标准与资格制度等外在约束标准与教师精神、教师标准、教师能力等专业指标发展之间的矛盾，影响了教师教育课程整体的育人功能的发挥。①立德树人是教育的根本任务，这就决定了所有教师不应只是知识和能力的"授业者""解惑者"，还应成为品德和价值的"传道者""引领者"。提高教师对课程思政教学改革的积极性主要有以下途径：一是加强师德师风建设。高职院校要完善师德师风考核评价制度，明确课程思政不是对教师增加的额外工作量，而是教师的分内职责，并且课程思政不但不会影响专业课的正常教学，而且还能起到促进作用，从而消解部分教师对于课程思政教育理念的错误认识，进而自觉地杜绝教学过程中"教书不育人""重技能轻素质"等现象。二是增强教书育人使命。通过系统的培训和学习，提高教师对"教育"本质的理解和教师职责的认知，从而增强育人责任感和使命感，时刻绷紧对学生进行价值引领这根弦，主动承担起课程思政教学改革的重任，积极探索知识传授和价值引领的统一路径，并将课程思政理念内化到日常的课程教育教学活动中，全心全意做好学生健康成长的指导者和引路人。

第三，全方位提升教师课程思政建设能力。课程思政建设的导向在于重视价值观育人目标维度的实现，以及破解其面临的现实难题，这是改进和完善思想政治教育工作、实现知识教育与价值观教育的辩证统一、培养堪当民族复兴大任时代新人的必然要求。②传道、授业、解惑，要求专业课教师不仅要有扎实的专业知识功底，而且要有深厚的思想理论素养，以及对时政热点和社会问题的回应能力，显然，单靠一个教师的力量是不够的。因而高职院校要组建"课程思政"研究团队，建立课程思政集体教研制度，通过集体研讨，全方位提升教师对课程中所蕴含的思政元素的挖掘能力和融合能力。一是对思政元素的挖掘能力。专业课教师和思政课教师充分交流，通力研讨，

① 闫建璋，朱豆豆.多元融合：我国教师教育课程价值观的未来趋向［J］.课程.教材.教法，2023，43（9）：145-150.

② 张波.培养完整的人：课程思政导向的价值观育人［J］.教育研究，2023，44（5）：92-102.

在交流中拓宽知识视野，提高思想素养，在研讨中加强对中国特色社会主义理论体系，以及与学生专业相关的职业道德和岗位要求的把握，在此基础上，具备分析、挖掘所教授课程中所蕴含的思政元素，如敬业坚守、精益求精、家国情怀等能力。二是思政元素与课程的融合能力。教师要持续不断地学习先进教育理念，提高课程育人的水平，并针对课程特点开发教学资源，做好教学设计，以学生易于接受的方式回应学生思想领域及价值选择上出现的疑惑，不断增强课程思政的魅力和感化功能，实现专业课程的思想引领和价值引导。

第三节　积极增强教法创新的促进性作用

一、激发传统课堂教学的活力

课堂教学是育人主阵地和主渠道，具备其他任何教学方式所没有的优势，无论现代教学怎样创新，这一点都是不会动摇的。换句话说，传统课堂教学的重要性不会被取代，但会也应该吸收各种现代创新要素，从而疏通堵点，激发活力。在职业院校"三教"改革的大背景下，思想政治教育工作应继续提振课堂教学的价值，并积极探索新方式。可广泛采用项目制、情景式教学，深化校企联合培养。也可以采用问题探究法、体验式教学法、互动式教学法、分众式教学法、任务驱动式教学法、新闻案例式教学法等，同时整合学校、家庭、社会和地域红色资源，通过"互联网＋思政课教学"协同育人平台，将社会和家庭优质教育资源引入课堂教学，实现身临其境的教育体验。

第一，教师要自觉贯彻课程思政教育理念，将体现爱国主义、爱岗敬业、勇于奉献、吃苦耐劳等价值理念的案例整理汇编成课程思政素材库，并结合专业知识结构和课程体系进行整体设计，结合教学内容和典型工作任务进行系统融入和精巧渗透，实现思政与课程的深度有机融合，凸显专业课程的育人功能。教师还要加强对学生的了解，结合学生的思想动态和个性特点进行课程设计，优化课程思政内容供给，并通过生动活泼的教学形式将思想政治教育元素自然地融汇于教学中，让理论更接地气；要确立巧妙、自然、富有感染力的授课形式，如不同的问题可结合时事热点、国家发展及名人轶事进行讲解，通过摆事实，讲道理，产生思想的碰撞和情感的沟通，以情感人，以文化人，提升思政教育的针对性和亲和力。

第二，打造"行走课堂"教学方式。高等职业院校的思想政治理论课不仅担负着理论传授的重担，更承担着实践解惑的重要职责。因此，把思想政治教育融入社会实践、志愿服务、实习实训等活动中，创设形式多样的"行走课堂"，是实现思政课知行合一目标的重要手段。"行走课堂"不仅仅是授课方式的一种转变，更为重要的是也突破了传统讲授与社会实践之间的割裂感，让学生在知行统一的环境中接受教育，实现思政课的教育目标。"行走课堂"就是要把课堂教学延伸到社会实践中，把马克思主义的基本原理同中国特色社会主义相结合，让学生在实践环境中感受和体悟所学习的理论知识，并加深对其的认识和理解，提高自己认识问题、分析问题和解决问题的能力，从而实现知行统一的目标。"行走课堂"作为思政课的重要实践环节，不是脱离实际的"行走"，其作用表现在：一是用实践验证了课本讲授的理论知识；二是把课本中所学的知识和产生的困惑，通过亲身实践来寻找答案。无论是哪个方面，都是对学生思考能力的一种锻炼。"行走课堂"引入多种评价机制，重视培养学生的社会实践能力和对所学知识的综合运用能力，充分肯定了学生的主体性，让学生从社会实践中主动地探寻想要获取的答案。

第三，实践对分课堂模式。所谓对分，就是把课堂时间一分为二，一半课堂时间分配给教师进行讲授，另一半分配给学生以讨论的形式进行交互式学习。这里的交互式学习讨论，是在教师讲授的基础上进行的，是在教师对所学习的理论知识进行精讲后，有目的、有计划地设计出来的，强调学生的学习获得感，让学生的每一节课都有收获。对分课堂在高校思政课堂教学中的运用，显著提高了学生的自信心和参与度，实现了高校思想政治课教育观念由被动向主动的转变，能够让思政课教学质量得到飞跃式的改善。[①]课堂教学

---

①　王仙先.对分课堂教学模式在思政教学中的创新策略：评《对分课堂：中国教育的新智慧》[J].科技管理研究，2022，42（1）：228.

是高等学校对大学生进行思想政治教育的主阵地、主课堂、主渠道，在课堂教学中，以讲授为主的教师满堂灌式的教学方法，已无法适应学生多元获取知识信息的需要。如果教师只是一味地用理论讲授的方式授课，即使任课教师的学识渊博、理论功底深厚，依然难以与学生产生共鸣，从而造成教师独角唱戏的授课效果。尽管教育目标是让职业院校的思政课堂充满生机和活力，但并不是用"说说闹闹""唱唱跳跳"的形式来替代严肃的理论课堂，而是要在结合学生喜闻乐见的教学形式的基础上，对所要讲授的理论知识有效传授，让理论知识与完美的教学形式进行有机结合，从而绽放出绚丽的花朵。从这个角度来说，对分课堂理念在职业院校思政课教学改革中的作用是明显的。在学生参与交互式学习讨论之前，还完成了一个理论学习的重要环节，即把所学的理论知识与自身原有的知识基础相结合，内化为自身知识体系的过程。在传统的讲授式学习中，这个过程是学生被动完成的，学习自主性好的学生能够完成知识内化的过程，而自主性较差的学生，则直接放弃了这个内化的环节，教师的讲授对学生的学习也就起不到任何作用。在对分课堂中，学生的知识内化过程是主动完成的，因为要参与交互式学习讨论，就必须先完成知识内化环节，从而实现了"1+1>2"的教学效果。

第四，开辟面向企业的任务型教学模式。教法改革，核心是课堂教学模式改革。为了培养符合行业企业需要的高素质技术技能人才，使职业院校教学过程与企业生产过程相对接，学校大胆改革"以教师为中心、书本为中心"的传统课堂教学模式，全面推行面向企业真实生产环境的任务式教学模式，广泛采用项目化、情境式教学，将企业真实生产案例搬进课堂，让学生在完成工作任务和解决工作难题过程中，积极思考，获得分析和解决问题的能力，锻炼其快速成为"职业人"的基本素养，打造"学生主体、教师主导"的高效课堂。面向企业的教学模式，可以使学生以第一视角体验工匠精神，感受中国制造业的精细化和大发展，体会改革开放四十多年来的伟大变化，从而增添民族自豪感和国家荣誉感。

二、加快信息化教育方式变革

当今，信息技术、大数据、物联网等新时代革命在不断引领中国经济快速转型以及产业升级，传统的教学方法已不大能满足产业发展的实际需要。2021年，中央网络安全和信息化委员会印发《"十四五"国家信息化规划》，明确推进信息技术、智能技术与教育教学融合的教育教学变革，发挥在线教育、虚拟仿真实训等优势，深化教育领域大数据分析应用，提升教育信息化基础设施建设水平，构建高质量教育支撑体系。2022年教育部制定《教师数字素养》标准，旨在扎实推进国家教育数字化战略行动，提升教师利用数字技术优化、创新和变革教育教学活动的意识、能力和责任。2024年1月，世界数字教育大会在上海举行，教育部部长怀进鹏表示将实施人工智能赋能行动，促进智能技术与教育教学、科学研究深度融合。随着国家教育数字化战略行动的深入开展，信息化教育方式的变革浪潮正在重塑传统教学模式。在"三教"改革的"教法"改革过程中，推动职业院校加快信息化时代教育变革，建设智能化校园，统筹建设一体化、智能化教学，管理与服务平台至关重要。并且新时代大学生具有诸多"新"特点，其中最明显的就是信息化程度深。他们时刻处于信息包围之中，如果不能把信息化教育方式运用到思政课教学中来，就会明显与大学生群体打成两截。可引入现代技术，比如，3D及VR体验、人机互动游戏等方式吸引学生，把思政教育搬到网上，搬进企业里，使思政课堂"动"起来，就能充分调动学生学习的积极性、主动性、创造性，在潜移默化中提高思政课的吸引力和实效性。具体来说，可从以下三个方面进行探索：

第一，要用好"三微"等自媒体。自媒体时代与传统媒体时代形成了鲜明对比，在自媒体时代，人人都可成为信息制造的主体，人人也都拥有"麦克风"，获取、制造、传播、评价信息是一件再容易不过的事情。信息制造和传播表现出平民化甚至全民化的倾向，对大学生的影响是不言而喻的。自媒体时代的信息传播彻底颠覆了信息单向流动的机制，呈现出涟漪式、扩散式的传播形式，表现在信息传播速度快、更新速度快、信息获取渠道宽泛、信息交互能力强等方面，这些特点对于学生获取有价值的信息而言，是十分有益的。教师要依托"三微一端"开展教学，致力于抢占新媒体的育人场域，在自媒体时代始终站在思想教育的制高点。此外，在利用自媒体工具时，还要关注实际授课的效果，加强教学互动和教学的阶段性反馈工作，防止出现学生只"娱乐"而未"受教"的局面。

第二，要用好 VR 技术，开展实景式体验教学改革。VR 即虚拟现实，主要是指借助计算机、传感器等设备、技术，创设一个三维仿真环境，从而带来一种身临其境的真实体验感。VR 技术应用在思政教学中，主要是通过创设具有典型意义和作用的思想政治教育虚拟仿真场景，针对学生开展目的明确的思政实践教学。这一方式主要是解决思想政治理论课授课时，很多典型场景无法身临其境，教育效果大打折扣的问题，通过虚拟现实技术，能够增强学生的体验感和获得感。同时，这也是思政实践教学改革的一个迫切需要。尽管在目前的思政实践教学中，教学形式和组织方式也呈现出多元化的趋势，但确实未能实现有效的实践教学改革，教学效果不理想。因此，VR 实践教学是顺应信息时代下的新媒体环境发展需求及学生的接受方式、生活方式发生重要变化而创设的实践教学形态，它符合思想政治教育时代发展规律及新生代学生思想品德发展规律。较之其他实践教学方式，它具有无可比拟的实践优势。要整合社会、校际、学校自身的优势资源，切实使实景式体验教学发挥应有的作用。

第三，实行线上线下混合式教学模式。教法改革核心是课堂教学模式改革，为培养符合行业企业需要的高素质技术技能型人才，使职业院校教学过程与工作过程有效对接，必须改革传统课堂教学模式，大胆推行线上线下混合式教学模式改革，充分发挥学生的主体地位。首先，学习内容模块化，课程模式多样化，建立适合不同专业群特点的课堂教学内容和模式。其次，课程教学手段"智能化"，推行线上、线下课堂和计算机软件实训课堂"三个课堂"教学模式。其中，线下课堂教授基本理论，进行小组合作讨论、教师答疑解惑；线上课堂传授基本知识、基本技能，促进拓展学习；计算机软件实训课堂完成综合技能训练，提升实践能力，为专业学习和数学建模竞赛等服务。同时，通过升级线上课堂，搭建智慧学习平台，实现"三个课堂"实时连接、资源共享、相互促进，建立师生互动、深度参与的"以学习者为中心"的职业教育课堂教学模式，有利于实现学生的自我教育，而自我教育"是思想政治教育价值的重要途径之一，在自我认识的基础上才能自我发展，进而通过自我调节实现自我价值"①。总之，不断创新课堂教学手段和教学模式，改造提升一体化教室环境，运用信息化手段实施云班课教学、云教材开发，实现线上线下混合式教学，依托平台进行自我诊断改进，实现现代化的课堂教学和管理，有效提高课堂教学质量。

三、突出思政育人的核心理念

职业院校育人的逻辑落脚点在于有理想、有情怀、有信仰、有精神、有修养的高素质技能型人才。素质居第一位，技能居第二位，或者说两者是相统一的。高素质托举高技能，高技能养成高素质。因此，职业院校"三教"改革应始终把教法的思政育人理念的挖掘和培养作为首要任务。从这个角度来说，课程思政是重要载体。教师课程思政的教学方法影响着学生对课程中思政元素的兴趣，进而影响着课程思政的建设效果。推进教法改革，就是要创新课程思政的教学方式方法，有针对性和有策略地将思政元素无缝链接到专业课程知识的讲授中，实现润物无声。

一方面，精准赋予课程意义，突出价值引领。教师要用好课堂教学"主渠道"，将思政教育内容融入专业课程教学过程中，使课堂教学内容上"有货有料"，形式上"学生爱听乐听"，实现知识传授和价值引领的同频共振。一是提升课堂思想性。教师要自觉贯彻课程思政教育理念，将体现爱国主义、爱岗敬业、勇于奉献、吃苦耐劳等价值理念的案例整理汇编成课程思政素材库，并结合专业知识结构和课程体系进行整体设计，结合教学内容和典型工作任务进行系统融入和精巧渗透，实现思政与课程的深度有机融合，凸显专业课程的育人功能。二是增强育人亲和力。教师要加强对学生的了解，结合学生的思想动态和个性特点进行课程设计，优化课程思政内容供给，并通过生动活泼的教学形式将思想政治教育元素自然地融汇于教学中，让理论更接地气；要确立巧妙、自然、富有感染力的授课形式，如不同的问题可结合时事热点、国家发展及名人轶事进行讲解，通过摆事实，讲道理，产生思想的

---

① 张亚丹. 大学生思想政治教育价值论［M］. 北京：人民出版社，2017：133.

碰撞和情感的沟通，以情感人，以文化人，提升思政教育的针对性和亲和力。

　　另一方面，注重师生交流拓展，激发情感共鸣。在课程思政教学中，教师应成为学生构建认知信息的合作者、促进者和引导者，不但要将思政元素与专业知识相结合，还能够在课堂充分实现结合之后的认知信息传递。可以从三个方面实现课堂教学如盐入味、润物无声。一是开展探究式学习活动。坚持以学生为中心的理念，教师布置课堂任务，以任务驱动教学，并启发学生思考；学生组建研究小组，互帮互助，在问题讨论和批判中，产生思想碰撞的火花，深化价值认同，在交流展示的过程中，展现思想正能量，引发情感共鸣。这种教学模式实现了教师的"启发式"教学和学生的"探究式"学习的统一，在启发和探究过程中，使学生感受到团队合作、踏实创新等品质的重要性，提升课程思政对学生的吸引力和说服力。二是采取多元化教学手段。引入翻转课堂、慕课和微课等新型教学手段，采用任务驱动教学等能够突出学生主体性的教学方法，促进学生课前的自学和课堂上的分组讨论，并根据学生表现，进行有针对性和个性化的价值观引导。三是运用最新的信息技术。通过现代信息技术，如视频、VR 等，为学生全方位呈现真实岗位工作流程和行业最新技术变革，多方位刺激学生感官，使学生在轻松愉悦的氛围中感受工匠品质和劳模精神，思想得到洗礼，价值观得到熏陶，从而达到课程育人的效果。

第四节　正确规范教评反馈的引导性作用

一、建立科学的教学评价与反馈改进机制

　　构建科学的教学评价体系与良性的反馈改进机制是高校思政课建设的重要环节和进一步提升高校思政课教学质量的必然要求。为推进"三教"改革，巩固改革成果，确保"三教"质量稳步提升，需要建立科学的教学评价与反馈改进机制。在这一过程中，要按照宏观上深入把握指导思想、中观上正确

处理内部张力、微观上大力落实思路细则的三重逻辑予以展开。[①]从学校整体教学体系来看，应从学校、专业、课程、教师、学生五个层面，按照决策指挥、资源建设、支持服务、质量生成、监督控制等五个系统，以校本数据平台为依托，建立全覆盖、网络化的"五纵五横一平台"内部质量保证体系。

第一，创新教师评价机制。实行教师分类管理，建立健全分类设岗、分类评价、分类晋升等岗位聘任与职称评聘制度，改进教师评价办法，把评价教书育人成效与服务社会绩效结合起来，把专业知识传授与立德树人导向结合起来，把评价课堂教学效果与参与专业建设贡献结合起来。职业院校思政课教师或者思想政治教育相关工作者评价应在大方向正确的前提下，进行标准和具体细则创新，力求科学有效。

第二，建立教材选编与监管机制。充分发挥学校教学指导委员会、教学督导与评价部门在教材建设、教材选编、教材使用与监管中的作用，让规划教材、特色教材、优秀校本教材、具有浓郁德育精神的教材进入职业教育课堂。使教材充满"思政味"，让育人文化成为教材选编和监管的主导性文化，坚持育人文化下的德技并修，避免有"技"无"德"。此外，完善教法评价机制。以是否调动了学生学习的主动性、积极性和创造性，是否激发了学生兴趣、潜力和特长，以学生的德技提高的程度为最终评价标准。切实使全校担负好育人和育才的重要职责，引导大学生树立崇高的理想信念，形成正确的价值取向。

第三，针对教师教学过程和学生学习过程即时性监控难、教与学质量公平性评价难等问题，各职业院校可以通过实施信息化实验实训室和信息化教室等教学场所的智能化改造，开发教育教学信息平台，打造线上线下联通、课内课外衔接、实体课堂虚拟课堂相互支持的教学实训环境，推动课程教学资源线上与线下、近程与远程、动态与静态的结合。更大程度上实现思想政治教育线上与线下、过程与结果的有机统一，为思想政治教育"三全育人"拓宽场域、夯实基础、拓深境界。

第四，全面提升管理信息化水平、资源信息化水平、教师信息化应用能

[①] 赵志业，赵延安.新时代高校思政课教学评价体系构建的三维探究［J］.中国大学教学,2023（4）：53-60.

力和学生信息化能力，促进教学全员、全过程、全方位信息化"三全管理"落地生根，形成了"教学资源可追溯、教学与学习过程可跟踪、教学效果可评价"的质量控制体系，解决了信息技术环境下"教师怎么教、学生怎么学、考试怎么考、质量怎么评"的问题，全面推动"教学革命"和"学习革命"，人才培养质量全面提升。完善创新型人才培养管理和评价办法，健全学分积累与转换制度，构建递进式学生科研创新体系，打通毕业设计、"双创"项目与教师项目间通道，推动学生早进实验室、团队、课题，推动学习方式向工学结合、学研融通、工创一体拓展，综合评价学生的专业实践能力、岗位应用能力与科研创新能力，使思政育人、实践育人、科研育人在信息化"翅膀"的驱动下更加具有时代性和现实性。

二、建立教学环节、学习环节、评价环节"三环联动"

职业教育现代化与产业数字化转型对技能人才培养提出了新的时代诉求，国家更需要具有知识整合与建构能力、掌握技术重混的实践技能、能够创造性地解决复杂问题、具有高度创新能力的大国数字工匠。[①] 这就要求职业院校思想政治教育工作要以提升创新型人才培养质量为主线，通过以上建立"资源可追溯、过程可监管、结果可评价"的质量控制体系，学校教学环节、学习环节、评价环节"三环联动"，是解决"三教改革"中"教法是路径"的难点问题。这是能更大程度反映思想政治教育工作实际情况的综合性评价方法，值得在具体的工作流程中加以尝试和进一步探索。

第一，将评价考核和评价引导相结合。通过建立"三层注重、闭环督导"的教学督导机制，改革教学质量过程评价，促进教学质量的提升。督导团从教师教学督导、学风学情督导、教学管理督导三个层面开展闭环督导工作。督导工作应有明确目标和具体路径，并充分体现工作侧重点。通过闭环反馈，可有效全面地发现问题，并提供可行性指导，建立起优秀教师"传帮带"的机制，帮助授课经验欠缺的教师查找不足、分析原因，提高教学水平。

第二，将周期评价和即时评价相结合。借助"双高"提升信息化水平项

---

① 陈衍，王佳倩．强国背景下推进中国式职业教育现代化的时代趋向、逻辑取向与行动路向［J］．现代教育管理，2024（4）：119–128.

目，实施大数据分析与决策平台优化升级工程，推动职业教育诊改工作，实现学校、专业、课程、教师、学生360度实时画像。实施"智慧课堂2.0"建设和应用工程，探索基于大数据的教学评价新模式，实现课堂教学质量数据化评价，并且构建智能化的在线学习支持服务系统，建立教学资源即时更新机制，通过实时反馈，助力教学质量的提升。周期评价和即时评价相结合的评价方式最能体现思想政治教育的发展规律和特点，在大数据的数据收集、处理和分析的强大优势下，思想政治教育的周期评价和即时评价相结合的评价方式能够发挥出更大价值。

第三，将内部评价和外部评价相结合。以内部评价为基础，将自我评价与日常工作紧密结合，依托大数据职业能力服务系统，开展专业群建设诊断与改进，充分激发内部活力。引入第三方质量评价，追踪就业质量、发展状况等数据，与内部评价形成反馈机制，相互促进，相互作用。在内部评价与第三方评价、定期评价和专项评价的协同作用下，指引和规范产教深度融合，促进质量提升。

第四，把标准统一和个性发展相结合。成立专门的学分银行管理中心，对学生通过多渠道、多形式、多层次获取的学习成果进行认定、积累、转换和互认，助力学生个性化发展。通过评价改革，实现了评价主体多元，利益相关方满意，评价方式更加科学，教与学反馈更加精准，评价导向更加合理，社会吸引力不断增强。如此，职业院校思想政治教育工作才能在更加全面、更加多样、更加彰显主体价值的道路上增量提质。

第四章

用好职业院校思想政治理论课育人主阵地和主渠道

"办好思政课，是我非常关心的一件事。"①党的十八大以来，习近平总书记站在党和国家事业发展全局的高度，围绕办好思政课发表一系列重要讲话，作出一系列重要指示批示，提出一系列重要部署，为办好新时代思政课提供了科学指引和强大动力。②思想政治理论课在职业院校立德树人中发挥着主阵地和主渠道作用，用好这个主阵地和主渠道，打造坚实的思想政治教育战斗堡垒，思想政治教育工作就有了现实依托。思想政治理论课不仅是知识的传授，它更是学生世界观、人生观和价值观的塑造与深层次引领，引导其在复杂的社会环境中坚持正确的政治立场和价值取向，防止在多元化的价值观冲击中迷失方向。只有通过加强思想政治教育工作，职业院校才能培养出具有高度时代感、责任感、使命感的现代工匠和时代新人，落实好立德树人根本任务。

第一节　加大职业院校思想政治理论课课程建设

一、把握职业院校思想政治理论课课程建设方向

思想政治理论课作为落实立德树人根本任务的关键课程，是高校思想政

---

① 习近平.思政课是落实立德树人根本任务的关键课程［J］.奋斗，2020（17）：4-16.

② 齐鹏飞.充分发挥思政课主渠道主阵地作用［J］.红旗文稿，2022（10）：14-17.

治工作实现思想引领和价值引导的主要阵地，是职业院校高素质人才培养课程体系中的"领头羊"。推动职业院校思政课建设，就要坚持用习近平新时代中国特色社会主义思想铸魂育人，对标培育时代新人的要求，引导青年学生增强中国特色社会主义道路自信、理论自信、制度自信、文化自信，奋进新征程、建功新时代。

在深刻理解"两个大局"中高质量建设思政课。当前，国际局势正在发生深刻变化，党和国家各项事业发展面临的形势日益复杂，"前进道路并不平坦，诸多矛盾叠加、风险隐患增多的挑战依然严峻复杂"[①]，需要完成的任务十分艰巨。在此背景下，更好推动职业院校新时代思政课建设，必须全面把握世界百年未有之大变局和中华民族伟大复兴战略全局，在深刻把握"两个大局"之间的内在联系中，在辩证认识国内外发展大势中，锚定培养德智体美劳全面发展、能担当民族复兴大任的时代新人这个总目标，将青年学生的成长成才放在社会主义现代化强国建设新征程中来谋划和推进。要认识到，"两个大局"是相互交织、相互影响的。推动中华民族伟大复兴既是世界大变局的有机组成部分，也是其重要推动因素；世界大变局则为实现中华民族伟大复兴提供了条件和机遇，也带来了一些风险和挑战。概言之，是危与机并存、危中有机、危可转机。对此，我们要抓住和用好各种于我有利的因素，清醒认识内外部各种不利因素的长期性、复杂性。既要为思政课教学不断注入丰富的时代内涵、深刻的思想内涵、鲜活的实践内涵，推进思想政治工作因事而化、因时而进、因势而新，使新时代思想政治工作始终保持生机活力，又要积极引导青年学生用全面、辩证、长远的眼光看待形势变化，认清规律、识变应变，增强机遇意识、忧患意识，把爱国情、强国志、报国行自觉融入坚持和发展中国特色社会主义、建设社会主义现代化强国、实现中华民族伟大复兴的奋斗之中。

第二，在拓展"两个视野"中建设思政课。引导学生全面客观认识当代中国、看待外部世界，引导学生全面了解党史、新中国史、改革开放史、社会主义发展史，是推动思政课建设守正创新的发力点。要不断拓宽高校师生

---

① 习近平.在党的十八届五中全会第二次全体会议上的讲话（节选）[J].求是，2016（1）.

的国际视野。高校学生经常会把国外的事情同国内的情况联系起来，这个过程就会产生一些疑惑。学生的疑惑就是思政课要讲清楚的重点。对此，思政课教师要有宽广的国际视野，否则就难以引导青年学生理性认识热点问题和复杂问题，只有结合国际形势发展与当前时代主题、现实要求，善于利用国内外的事实、案例、素材，才能在比较中回答学生的疑惑。青年学生也需要不断拓宽自己的国际视野，善于在批判鉴别中明辨是非。要不断拓宽高校师生的历史视野。历史不仅是对过去事实的真实记载，而且是对过去经验的科学总结。在思政课教学中，要教育引导学生心怀"国之大者"，善于从历史的长镜头中进行整体观照，与历史对话、以历史为镜，帮助学生用理性擦亮自己的眼睛。要充分运用丰富的历史文化资源，善于运用历史人物、历史故事、历史素材，以及采用丰富多样的教学手段，增加历史现场感和画面感，帮助学生开阔视野，增添培根铸魂的"营养剂"。党的历史是高校思想政治教育最生动、最有说服力的"活教材"，要紧密联系中国共产党和中国人民的奋斗历程，向青年学生诠释好"中国共产党为什么能"的深层逻辑和成功密码，帮助学生深刻理解"过去我们为什么能够成功、未来我们怎样才能继续成功"的根本原因，引导学生进一步认识红色政权来之不易、新中国来之不易、中国特色社会主义来之不易。青年学生也要深刻领悟马克思主义中国化的内在道理，深刻领悟为什么历史和人民选择了中国共产党和社会主义，进一步坚定"四个自信"。

　　第三，在转化"两个体系"中建设思政课。实现教材体系向教学体系的有效转化，是推动新时代思政课建设守正创新的关键环节。一方面，要坚持教材体系的思想性、理论性、深刻性、时代性，全面准确把握教材的编写用意、逻辑结构和价值主线。既不能脱离教材体系，也不能将教材内容机械地照搬为教学内容。要在融会贯通的基础上钻研教材，对教学中涉及的重点、难点问题进行深入研究，适当补充内容，及时更新和编写疑难解析、案例分析、经典导读等辅助教材，用透彻的学理分析回应学生，用彻底的思想理论说服学生，用真理的强大力量引导学生。另一方面，要紧密结合当代大学生的思想特点、群体特征，实现教学理念创优与教学方式创新。思政课教材体系具有逻辑严密、叙事宏大、理论深刻、话语严肃等特点，在向教学体系转化中应辩证处理"教什么"与"怎么教"之间的关系，认真锤炼教学语言，精心设计教学场景。要善于把"宏大叙事"具象为可感可知的"具体情境"，把马克思主义基本原理转变成学生深刻认同的生动道理，实现"有意义"和"有意思"的融合。要适应学生求新求变的心理，用好案例式教学、讨论式教学、情景式教学等方式，增强教学的互动性。需要注意的是，"形式上的生动"不能替代"灵魂上的触动"，不能冲淡思政课教学的"原味""真味"，要做到既让思政课教学接地气、聚人气，又能强骨气、提底气。

二、一体构建职业院校思想政治理论课课程

职业院校思想政治理论课要在现有的基础上实现突破，取得思政育人新成效，就需要在内容上进行丰富、在体系上进行整合、在方式上进行创新，进一步强化基础课程，注入新鲜血液，实现一体构建。

第一，对思政课程一体化设置，为学生提供更多、更好、更有趣、更有用的思政课程选择。一方面，在上好思想政治理论课主干课程的同时，加大课程开发力度。有针对性地挖掘新课和传统文化、专业课程育人新内涵。可重点开设《数学及数学文化》等课程，加强人文历史基础知识、哲学思维方法、科学精神的传授，注重学生人文素养和科学精神的培养，对学生的全面发展具有不可替代的作用。可开设"名家讲人文"等文化素质大讲堂系列讲座，满足学生对人文知识的渴求，满足学生的个性化需求，提升学生文化素养。可以在专业课程中渗透人文内容，探索技术与艺术的融合，在专业教学中融入美学的内容，提升学生的人文素养和人格品位。另一方面，心理健康教育贯穿学生思政课学习全过程，用心理学方法带动思政课教育教学，以思政理念引领心理健康教育教学工作，相得益彰，有序运行。心理健康教育和思政教育都是德育的重要组成部分，在帮助学生认识客观世界、改造主观世界、丰富精神世界、塑造健全人格、促进社会和谐发展方面，有着很强的互补作用。在教育教学中，各职业院校可将心理健康课程与思政理论课程和实践教学进行一体化课程设计，将毛泽东思想和中国特色社会主义理论体系概论、思想道德修养与法律基础、形势与政策、心理健康教育、实践教学等5门必修课程分学期交叉开设，环环相扣。

第二，理论知识模块化，开展问题导向的专题教学。模块化（MES）原是以技能培训为核心的一种教学模式，也称之为"任务模块"。为了便于学生系统掌握理论知识，可结合职业院校学生特点，对思政课程内容进行模块化设计，在模块之下开设教学专题，每个专题下设计"以问题为导向的课堂教学"。例如，将《毛泽东思想和中国特色社会主义理论体系概论》课程设计为"站起来——毛泽东思想""富起来——邓小平理论""强起来——习近平新时代中国特色社会主义思想"三个教学模块，在每个模块下设计若干专题，让学生带着问题去学习，由问题引导，突出重点内容。用好研讨式教学方法。研讨式教学方法实质是重构教学主客体关系，引入"翻转课堂""研讨教学"等新的教学理念，通过开展课题研究、现场展示、互动讨论等多样化的手段实现线下课堂教学的总体性创新。研讨式教学方法赋予传统的思想政治理论课课堂更多的交流互动的教学功能，改变了思想政治理论课教师高高在上的"知识灌输者"角色，实现了由"知识传输者"到引导学生开展研究式和讨论式学习的"课程导师"的身份转变。在研讨式教学中，学生也不再是"被动受教者"，而是课堂教学的"主动参与者"和教学内容的"积极研究者"。研讨式教学方法符合混合式教学的核心理念，是开展思想政治理论课混合式教学的必要途径，它不仅有利于培养学生的分析能力和研究意识，激发学生的学习自主性和积极性，而且有利于教师及时掌握学生的学习情况和思想动态，为教学内容和方法的改革创新提供依据，从而提升思想政治理论课教学的针对性和有效性。融合职业素养教育，拓展思政课程教学内容。

第三，实践活动体系化，统筹安排实践教学主题活动。实践教学就其实质来说，是理论教学的继续、扩展和深化；就其意义和特点来说，也与职业院校学生的实际情况相契合。各职业院校应高度重视实践教学工作，着力建立与理论教学相对应的实践教学体系，统一管理实践活动，与学生处团委密切结合，主题相同的活动合并开展，按照课程，由教研室统一发布，教师全程指导参与，学生理论社团承办，避免了缺乏内涵、各自为战、重复劳动、浪费精力的现象。思政课实践活动按照不同主题分类开展，贯穿学生学习全过程，每个教研室每学期主办一场第二课堂活动，学生全员参与。如可以开展关于坚定信心、居安思危主题活动，做"践行社会主义核心价值观先锋"

演讲，世界精神卫生日主题教育宣传，中国近现代史知识竞赛等；还可以开展"高举旗帜、红色记忆"第二课堂活动，"走访红色基地、践行爱国理念"；也可以把寒暑假和"五一""十一"小长假利用起来，开展如"深入基层、体验民情"主题社会实践活动。寒暑假社会实践活动主要依托立项课题、重大活动、重大事件、重要节庆日，紧密围绕一个主题、集中一个时段，进行社会调研等主题实践活动。

三、将职业素养教育有机融入思想政治理论课课程中

职业素养是指包括职业道德、职业习惯、团队合作和吃苦耐劳等内在精神和气度。各职业院校可依托职业教育资源优势，服务学生职业发展，如可开展"职业素养教育公益教学点"，引导学生"修职业之道，证素养之悟"，拓宽学生的知识视野，丰富思想政治理论课课程内容，紧密结合知识能力培育与价值观培育、解决思想问题与解决实际问题、服务学生与学生自我服务多个方面，加快"学生"到"职业人"的角色转变，为适应职业岗位需要打下良好基础。好的思政工作应该像厨师用盐，不能让学生光吃盐，而是将盐溶解到各种食物中自然而然地吸收。

第一，理解职业素养教育与思想政治理论课的相关性。职业素养是一个人的内在修养，它决定了一个人的人生高度。它包括了一个人的学习能力、人际交往能力、团队协作能力、专业知识运用能力等。职业素养对大学生来说至关重要。职业素养教育包含职业意识、职业道德、职业态度、职业作风等要素，旨在使学生获得系统化的基础知识及专业知识，加强学生对专业的认知和知识的运用，并使学生获得学习能力、培养学习习惯，进而形成独立性、责任心、敬业精神、团队意识、职业操守。通俗地说，就是使大学生能够勇于正视职业世界的机遇和挑战，正确认识、准确把握大学生就业形势，了解职业发展的趋势，为选择并迈向正确的职业发展道路奠基牢固的基础。教会大学生从平时小事做起，努力培养吃苦耐劳的创业精神和敢于突破、不怕吃苦、勇于创新的奋斗精神，认识到只有奋斗了才没有遗憾，才会更接近目标，好处不会凭空出现的，奇迹是在奋斗的基础上产生的。从职业素养教育的内容可以很明显看出，其与思想政治理论课在本质上是一致的，都以

立德树人为人才培养的逻辑落脚点。所不同的是，职业素养教育目标性更强、更细、更直接，而思想政治理论课更抓"整""统""大"。将职业素养教育有机融入思想政治理论课课程中，能够增强其层次感、亲和力、实际效能感，其意义是明显的、方向是明确的。

第二，树立职业素养教育融入思想政治理论课课程教学的正确意识，抓好统筹工作，形成协同合力。各职业院校应充分认识到职业素养教育的重要性，可根据自身校情、学情，统筹考虑制定课程标准和大纲，进行符合教学规律、学生需要和社会需要的职业素养教育。"把培养德技兼备的高素质技能人才放在首位，在立德树人、以技化人目标的牵引下，加强技能人才职业素养教育，筑牢技能人才培养、大国工匠培育的基础。"[①]一是加强组织机构建设，政府相关部门应探索建立职业素养培养指导机构，做到有人管、有人抓。同时要制定培养技能人才职业素养的倾斜政策，引导技工院校建立专门的职业素养教研机构，形成培养职业素养齐抓共管的工作格局。二是整合社会教育力量，充分发挥社会团体、群团组织、公共服务机构等社会组织的教育功能，大力宣传和普及职业素养相关知识。同时要发挥家庭在职业素养培养方面的引导作用，形成学校、社会、家庭三维职业素养培养的施教网络。三是加强校园文化建设，形成职业素养培养的良好氛围。技工院校应在做好校园文化建设的基础上，多渠道、全方位地培育蕴含职业素养教育的校园文化。

第三，在职业院校思想政治理论课课程体系中专门开设职业素养教育课程。具体来说，一是完善专业培养方案，把职业素养教育纳入课程体系。技工院校要把职业素养教育提上议事日程，开设《职业素养概论》等课程，真正把职业素养教育纳入课程体系，把工匠精神、职业操守、人文素质、文明礼仪等贯穿教学全过程。二是开展职业理想教育，把爱岗敬业精神培育放在首位。技工院校要在开展职业规划教育的基础上，针对学生的具体情况因材施教地帮助他们根据社会发展需要，结合专业就业形势、个人职业发展目标，制定出适合自身实际的职业生涯发展规划，从而把职业理想教育融入整个过程之中。三是加强人文素养培养，把职业习惯教育贯穿始终。技工院校要通

---

① 周建松.系统构建立德树人德技并修人才培养体系［N］.中国教育报，2021-11-16（5）.

过职业素养课程学习，培养学生的职业意识，为形成职业责任、职业作风、职业态度打下良好的基础。同时，要加强友好合作等良好职业习惯的养成，将学生培养成为德技双全的技能人才。

第四，畅通教师补充渠道，加大师资培训力度，构建提高技能人才职业素养的师资培育机制。一是加强学习、修身养性，提升技工院校教师的职业素养。技能人才的职业素养主要来源于技工院校教师的传授。这就要求技工院校教师首先要具备所授专业的职业素养。因此，必须大力提升技工院校教师的职业能力和职业认知。二是破除陈规、消除障碍，畅通技工教育的后备师资渠道。要从制度建设入手，彻底打破技工院校在选拔师资上的政策障碍，进一步拓展补充技工教育的后备师资渠道。特别要建立企业与技工院校之间的人才双向流动制度，把生产一线、科研一线的优秀人才引进到技工院校。三是加大投入、强化培训，提升现有技工教育的师资水平。要进一步加大财政投入，强化技工院校教师培训工作。在采取多种形式培训的同时，还要有计划地安排专业教师到企业挂职锻炼，全方位提升现有技工教育的专业师资水平。

第二节　改进职业院校思想政治理论课教学方法

课课堂教学是职业院校思想政治教育的主场域和主阵地，与其他课程相比，思想政治理论课教学具有一定的特殊性。它不仅要完成理论知识讲授的教学任务，还要实现情感教育和价值引导的教学目标。这就需要教师在进行理论讲解的同时，还要善于和学生面对面地进行交流，要实现"晓之以理"与"动之以情"相结合，既要"以理服人"，又要"以情感人"，最终达到释疑解惑和价值引导的教学效果。思想政治理论课的这一特殊性，决定了课堂教学始终是思想政治理论课无可替代的重要教学空间。当前高校思想政治理论课教学确实面临一系列问题，如说理讲解不透彻，教学过程形式化；理论与现实脱节，缺乏对社会现实问题的关注，教学内容表面化；照本宣科，脱离学生思想实际，教师自说自话；教学方法千篇一律、千人一面，缺乏针对性、落后僵化。职业院校办好思想政治理论课，必须聚焦问题、直面短板、疏通堵点，在课堂教学中做好创新化、精细化工作。

一、探索专题式教学模式

职业院校思想政治理论课现行教材按照"05方案"编写，体系明确，内容精炼，但不免存在着部分教学内容陈旧、重叠和知识点跨度较大的问题，影响了教学效果。解决这个问题，可在教学内容上探索"教材式教学向专题式教学"的转变。例如，东北师范大学根据课程中的基本理论，提炼出重点和难点，并以问题为核心、综合教材内容后率先研究和开辟了专题式教学，把5门思政课程作为一个整体来统筹，设计了45个专题，使教学从原来的注重知识体系的完整性，转向注重专题教育的针对性。专题式教学，"将教学目标的实现，学生思想层面存在的理论困难、现实困惑与教学内容设计紧密联系在一起，主题鲜明、重点突出、教学针对性强，很好地解决了课程的吸引力问题"[1]。从专题设计的版块来看，这种方式非常具有针对性和现实性。中国人民大学着力推进思政课改革创新，举全校之力打造高水平思政"金课"，讲深、讲透、讲活，成为每位思政课教师的自觉追求。具体而言，在"习近平新时代中国特色社会主义思想概论"课程中通过集体备课凝聚多方智慧，"中国近现代史纲要"课程将"教学重难点"同"学生关注点"紧密结合，"思想道德与法治"课程则推动思政小课堂与社会大课堂相结合。[2]这些学校的典型做法有力地推动了"教材式教学向专题式教学"的转变。

专题式教学，顾名思义，指的是根据教学大纲的基本要求，根据学生学习的具体情况，按照课程内容的内在联系和逻辑关系对教学内容进行梳理、提炼、整合，形成既先后连接又相对独立的系列专题。围绕着专题确定教学方案、组织教学活动是专题式教学的主要特点。专题式教学模式，不仅在教

---

[1] 曾毅.思政课也能"活"起来：东北师范大学思想政治理论课改革有实效［N］.光明日报，2013-07-04（5）.

[2] 赵婀娜.探寻思政"金课"的密码：记中国人民大学思政课改革创新［N］.人民日报，2022-06-03（4）.

学内容上改变了按教材章、节、目进行授课的传统授课方式，从学生的学习、生活、思想实际和社会热点问题中去捕捉、提取、总结和确立教学专题、重新编排教学内容、建构新的教学体系，它打破了过去一门课程完全由一位教师承担的教学模式，改为由学有专长或专事研究的不同教师实施专题教学。专题式教学的优势是很明显的，它既不会脱离教材，又能够"搞活"教材，突出重点；既可以发挥教师各自的优势，又能够把个人优势集合成综合优势；既可以形成多样化的教学风格，又能够"抓住"学生。总之，探索专题式教学模式对改善思想政治理论课线下课堂教学的"窘境"是有价值的。

思想政治理论课开展专题式教学并不是一件说到就能做到的事，需要在探索上下点功夫，把握几个重要原则和方法：

第一，要注意所确定专题的全面兼顾。开展专题式教学的首要前提就是确定专题，筛选和确定专题具有极端重要性。确定专题时要从整体性、完整性和育人性上出发。所谓的整体性就是既要让学生理解、掌握并运用所学的理论知识，培养学生的理论思维，更要让学生掌握体现在所学理论知识中的立场、观点和方法，提高学生分析、观察和解决问题的能力。为了吸引学生的注意力而断章取义、舍本求末是最不可取的。所谓的完整性就是要立足于教材，不唯教材但也不离教材。教学大纲和教材有着严密的逻辑体系，专题的选择应取自于教材又丰富了教材，避免逻辑不清、内容破碎。所谓育人性就是要求专题确定时要牢牢把握高校思想政治理论课教学的立德树人的根本任务，要守好思想引导和价值塑造的底线。思想政治理论课教学的根本目标在于培养社会主义事业的建设者和接班人，专题的选择和确定必须要以这一根本目标为统摄，既要强调知识性和学术性，更要突出育人性。这样才做到不离本根，枝叶茂荣。

第二，要注意处理"单个"和"整个"的关系。专题式教学集单个教师的优势为课程的整个优势，使每一堂呈现给学生的课都是专业的精彩的课。但处理好单个和整个的关系是一个很具挑战性的问题。在专题式教学中，教师往往只关心学生对自己专题的学习情况，轻视专题外的问题，而且教师上完一个专题后就完成了"任务"，导致师生接触很少，教师对学生总体情况的了解十分有限，根本上与思想政治理论课教学的育人宗旨相违背。因此，专题式教学要加强课程学习的统筹设计，"作业如何布置与批改，实践环节怎样设计与安排，如何实施课程考核，学评教怎样进行"① 等问题都必须有明确规定和实施，单个专题授课教师与整个教学群体之间应厘清关系、明晰权责。

第三，要注意专题式教学的落细。专题式教学模式是思想政治理论课线下课堂教学的一种新尝试，其理念是新的，方向也是可取的。但要真正做出实效，就不能停留在宏观层面，而是要落细。具体来说，首先，加强思想政治理论课教师集体备课。专题式教学更考验教师之间的合作，主讲教师团体是一个整体，应就"如何照应本门课程内在逻辑体系的完整性和各个专题之间相互衔接的合理性，如何进行专题内部结构的设计布局，如何吸纳、取舍、运用有关资讯和音像资料，如何突出和彰显主题，如何及时沟通学生的学习情况，如何有效落实课程教学的总体要求"② 等问题加强沟通与交流。其次，加强专题设计的规范化建设。每个专题的教学目的、教学方法、专题名称、主要内容、专题间的衔接等，都要精心设计、周密安排。专题内容的组织要处理好知识性与思想性的关系，内容的深刻性与趣味性、灵活性的关系，重点、难点与热点的关系。专题教学方法的选择要结合传统教学手段和现代教学手段，发挥学生的主体性，牢抓方法的有用性。最后，完善专题教学评价体系。专题式教学的评价主要看专题设计是否合理，教学内容安排是否科学，教师的教学态度是否认真，教学方法是否得当等。通过这些方式，专题式教学才能在落细中不断落实。

二、活用研讨式教学模式

传统的思想政治理论课课堂教学多采用"老师台上讲，学生台下听"的灌输式讲授方式。师生之间缺乏有效的课堂互动，有些教师会组织一些诸如提问、答疑等课堂互动，但也多半是形式创新而已，深度交流因传统师生关系的限制而无法实现。这种情况的长期存在使得思想政治理论课非但不能达

① 荆钰婷，谭劲松.高校思想政治理论课专题式教学模式新探［J］.思想理论教育，2010（23）：54-57.

② 荆钰婷，谭劲松.高校思想政治理论课专题式教学模式新探［J］.思想理论教育，2010（23）：54-57.

到育人的目的，反而还会使学生产生逆反心理。虽然思想政治理论课教师队伍不断深化教研教改，但思想政治理论课被贴上的"枯燥乏味""填鸭"和"照本宣科"等标签一直去不掉，一些高校思想政治理论课课堂到课率一般、抬头率不高、点头率更少。解决这个问题，需要在讲授方式上探索"灌输式讲授向研讨式讲授"的转变，帮助学生由被动的知识接受者转化为主动的学习参与者，提升课堂教学中学生的参与度，用研讨式教学手段助力思想政治理论课线下课堂教学主渠道作用的发挥。清华大学、北京大学、复旦大学等高校在思想政治理论课中探索和运用了研讨式教学方法，取得了不错的成绩。实践证明，研讨式教学方法在理念和操作上都具有可行性。

　　研讨式教学方法实质是重构教学主客体关系，引入"翻转课堂""研讨教学"等新的教学理念，通过开展课题研究、现场展示、互动讨论等多样化的手段实现线下课堂教学的总体性创新。研讨式教学方法赋予传统的思想政治理论课课堂更多的交流互动的教学功能，改变了思想政治理论课教师高高在上的"知识灌输者"角色，实现了由"知识传输者"到引导学生开展研究式和讨论式学习的"课程导师"的身份转变。在研讨式教学中，学生也不再是"被动受教者"，而是课堂教学的"主动参与者"和教学内容的"积极研究者"。研讨式教学方法符合混合式教学的核心理念，是开展思想政治理论课混合式教学的必要途径，它不仅有利于培养学生的分析能力和研究意识，激发学生的学习自主性和积极性，而且有利于教师及时掌握学生的学习情况和思想动态，为教学内容和方法的改革创新提供依据，从而提升思想政治理论课教学的针对性和有效性。

　　研讨式教学是基于线上教学和线下教学相融合进行的"翻转教学"。这种"翻转"表现在两个方面，一是教学内容上的翻转，避开重复线上教学中的知识点，围绕重难点设置主题进行课堂讨论；二是师生互动方式的翻转。学生从线上教学中的接受者变成了线下课堂的"探索者"，教师从"主讲者"变成了组织者、聆听者和引导者。研讨式教学有一定的实施程序，具体来说可分为前期准备、过程实施和总结评价三个部分。

　　第一，前期准备。前期准备环节包括划分小组和设计论题。针对小组划分，全班学生每5人自由组合成课题小组，每个小组推选组长1名，负责该课题组的组织、分工、协调等工作。再由学习委员和各小组组长组成中心小组，负责各课题小组之间以及课题小组和任课教师之间的联络、协调和信息反馈等工作。小组的划分可根据学生规模的不同，具体选择方案。研讨式教学可分为小班研讨和大班研讨两种。比如清华大学思想政治理论课的研讨式教学通常在30人左右的小班中进行，通过"老师＋助教"式的团队合作方式开展。各高校应根据校情、学情具体选择，不可盲目套用。针对论题设计，应根据思想政治理论课的教学内容，教学目标，理论重点、难点、疑点以及社会上的热点，筛选出若干论题。论题的选择既要紧扣教学内容，还要有新意，更要难易适度，高度控制在学生踮一踮脚够得着的程度。

第二，过程实施。研讨式教学的实施过程主要包括论题研究及小组讨论、课堂讨论两个部分。在论题研究和小组讨论环节，各小组按照设定的研讨计划进行合理分工，集体协作。每一位组员围绕自己所负责的子课题按照任课教师传授的方法进行独立探索，综合利用各种方式查找与课题相关的文献资料，并消化吸收、归纳演绎相关知识，形成自己的观点。每个小组在其组员个人研究的基础上定期进行交流、讨论、共同探究。教师要以平等身份深入到每一组的讨论中去，鼓励每个学生发表自己的意见，经过交流讨论形成对研究对象的基本认识。教师要对学生研讨中遇到的问题进行适当、适时、适度地指导。在课堂讨论环节，各小组推举1名代表，用15分钟左右的时间向全班同学汇报本小组的课题研究情况，尤其是本小组研究得出的主要观点以及独到见解。汇报形式可以由学生自行选择。学生汇报结束后，由教师和同学有针对性地进行提问。这一环节学生是课堂讨论的主体，教师要以鼓励和肯定为主，并对典型问题进行指导。

第三，总结评价。总结评价具有激励、导向、奠基等作用。总结评价是研讨式教学最后一个环节，是提升认识层次、理论高度的重要步骤，研讨式教学要把总结评价工作做扎实，以客观、公正、科学的评价形成良好的研讨学习风气。每一次研讨结束后，教师都应对学生表现、研讨内容进行科学评价，进行高度概括性地总结。"应引导学生作出恰当的价值判断，引导学生辩证地从历史与当前、全局与局部、主流与支流等多个角度和侧面分析问题，帮助学生认清事物本质和发展趋势，增强学生分析问题和解决问题的水平和能力。"①同时，还应在总结评价后，引发学生的延伸式思考和深层次体会，使学生每一次研讨都有每一次的收获，每一次研讨都能更上一个台阶。

三、进行有效的课堂管理

思想政治理论课课堂教学与课堂管理相互影响，共同作用和规定着思想政治理论课课程实施的实效性。当前，高校思想政治理论课基本采用大班教学模式，一个教学班级学生数量少则七八十，多则一百多。这样的大班教学为课堂管理出了难题。课堂管理有效与否，直接影响着思想政治理论课课堂教学能否顺利开展以及能否取得成效。以往的思想政治理论课课堂管理权在教师手中，教师靠威权或奖惩方式实行课堂管理。事实证明，这种课堂管理方式效果不好，学生即便到课率很高，抬头率却无法保障。在混合式教学模式下，学生是主体，这不仅意味着教学目标转向了能力发展和兴趣培养，还意味着"教学设计的价值取向发生了变化，相应的教学模式、策略和方法也需要发生变化"②。这里的变化理应包括课堂管理的变化。

在思想政治理论课课堂管理创新上，清华大学进行了探索，形成了重要经验。为了满足学生对于课堂互动的新要求，教师们采用"教学相长"的课堂教学管理模式，充分发挥学生"反哺"老师的主动性。通过为每位同学建立一个"教学相长"管理手册的方式，使每一位同学的观点和心声都能被倾听。任何一个学生对课堂有任何问题和想法都可以在管理手册上进行体现，在这里，学生成了参与课堂管理的"新力量"。学生不再是服从者和局外人，积极性自然就高了起来。清华大学的经验为高校思想政治理论课课堂管理提供了方向和思路。教师要认识到提高思想政治理论课教学实效性，光靠研究教材和教法是不够的，还需要在课堂管理上用些精力和智慧，以优质的课堂托举高效的教学。

第一，实现由"纪律管理"到"学习管理"的转变。传统的课堂管理大

---

① 聂智.论高校思想政治理论课基于问题导向的研讨式教学模式的建构［J］.思想理论教育导刊，2017（9）：126-129.

② 冯晓英，王瑞雪."互联网+"时代核心目标导向的混合式学习设计模式［J］.中国远程教育，2019（7）：19-26，92-93.

多是纪律管理，即教师花费大量的时间来维护课堂的纪律。在纪律管理方式下，课堂是安静的，课堂秩序仿佛井然有序，实际上学生各干各的事情，认真听课的学生少之又少。这样的"有纪律"的课堂实际上与教学宗旨完全相悖。搞好课堂教学，教师首先就要树立科学的课堂管理理念，"应通过与现实社会生活相融通的教学内容组织以及与当代大学生成长方式相呼应的教学方法应用，以增强高校思想政治理论课程的吸引力与参与性，从而使教育对象的知识兴趣、成长愿望以及积极情感成为课程学习的根本动力而不是外在的纪律约束，大学生的课堂问题行为就能得到最大限度的抑制和消除"[1]。简而言之，就是化外在管理为内在管理，化纪律管理为学习管理。

第二，实现课堂中学生的自我管理。学生的自我管理远比教师外在的纪律施压效果要好得多。实现学生的自我管理，关键在于让学生全程参与到课堂教学中来，消除学生中普遍存在的"我是被迫来听课的""这门课听不听都行""反正我不听课也能及格"等观念。具体来说，一方面，加大过程评价在整个考核评价中的比重，通过课程学习过程评价的具体实施使学生确立平时成绩的评定与课堂学习有效参与高度相关的观念，使学生认识到来不来听课或者到了课堂上听不听课是大不相同的。另一方面，增强课堂的积极吸引力。如果说考核评价是消极吸引力，则课堂教学紧密贴近学生、贴近生活、贴近实际就是积极吸引力。教师要不断探索把学生的成长环境、生活习惯和交往方式等因素与课堂教学相融合的方法，使学生"不请自来"。

第三，实现协同管理。课堂管理是一个系统，好的课堂管理，一定是各子系统内部以及系统间协调的结果。协同管理是课堂管理的必不可少的长效性的方式。课堂管理的协同，一方面在于资源整合，另一方面在于行动协调，通过资源整合和教育教学行动的协调，系统内部才能免于松散和混乱。在资源整合方面，应建立大学生思想政治教育日常工作与思想政治理论课互动联通机制，推动学生党建、班团建设等工作与思想政治理论课的融合，"可把学生党员或积极分子、班团干部在思想政治理论课的课堂表现和学习成效作为

---

① 韦世艺.高校思想政治理论课有效课堂管理：内涵与动因［J］.高教论坛，2017（8）：98-100，109.

学生党干考评的重要依据"①。在行动协调方面，高校思想政治理论课的不同课程、不同教师在课堂班级氛围和整体性学风建设上应保持观念上高度一致和行动上的步调趋同。只有这样，思想政治理论课的课堂管理才能实现劲往一处使、力往一处用，最终打造既有纪律，又有活力；既热热闹闹，又有条不紊的生动课堂。

第三节　深耕职业院校思想政治理论课线上教学

线上教学是激发职业院校思想政治理论课活力的重要手段。线上教学的开展把教师的"教"与学生的"学"从时间和空间的局限中解放出来，随时随地学习、自由自在选择资源的极大优势使学生的主体地位得以保障，学生的学习更加自由、个性，更具针对性。基于职业院校学生特点，思想政治理论课线上教学更具现实意义。当然，由于发展时间短、技术水平不同步、学习运用滞后等问题，线上教学还存在一些短板需要尽快补齐。

一、积极开发线上教学平台

线上教学平台是开展线上教学的基石和载体，为高校思想政治理论课混合式教学的推进提供了必要媒介，离开了这个基石和载体，一切都无从谈起。当前国内外诸如 edx、Coursera、学堂在线、智慧树、雨课堂、课堂派等线上教育平台的发展已较为成熟，同时 SPOC 平台使用起来也比较方便。部分高校利用这些平台"玩"出了花样，打造出深受学生喜爱的思政精品课。但多数学校的线上教学平台与学生的学习需求实现不了"无缝连接"。开发什么样的线上教学平台或选择什么样的线上教学平台，是思想政治理论课混合式教学实施首先要解决好的问题。高校应根据自身特点，打造具有本校特色的线上教学平台，同时积极参与高校间的平台交流和共享，在资源的共享中实现

---

① 韦世艺.高校思想政治理论课有效课堂管理：内涵与动因〔J〕.高教论坛，2017（8）：98–100，109.

最优选择。作为线上教学先行者和引导者的清华大学以"学堂在线"为载体，为众多高校部署虚拟私有云平台，让清华大学优质课程资源众校共享就是一个鲜活的例子。有些高校依托清华大学共享平台也取得了不错的成绩。开发线上教学平台可供选择的渠道是多样的，具体来说包括三种主要方式。

第一，开发集中统一平台。线上教学对传统教学模式是一种颠覆性革命，其技术具有很强的复杂性，需要投入巨大的人力物力财力，所以开发集中统一平台是首要选择。国内高校可以通过名校牵头、区域联合、多校共建的方法，开展思想政治理论课线上教学平台建设的合作，完善思想政治理论课慕课制作体系，发挥高校各自的学科和教学优势，组建专业化的线上教学平台开发团队，共同攻克技术难题，突破技术障碍。在实现教育资源优势互补的同时，充分发挥先进科学技术的积极作用，以移动互联网、大数据、云计算等先进技术为依托，积极建设集易用性、支持性、适用性和可访问用户等功能特点合一的区域性和全国性的思想政治理论课慕课平台，实现教学资源、教育技术和优秀师资的共建共享。比如可建立全国统一的高校思想政治理论课慕课中心，由中心统一建成和管理全国的高校思想政治理论课慕课平台，进行覆盖全国的、具有引领作用的高校思想政治理论课示范教学，各参与共建主体共同致力课程建设和推广，共同分享课程发展带来的红利，形成良性的互联互动、合作共赢的关系。

第二，协调自建平台和统一平台。线上教学平台的选用是一个"技术活"，不少高校思想政治理论课开展混合式教学都面临着这一问题。很多线上教学平台实际上都有其优势，易用性和适用性都有保障，但不同的学校在选择平台时必须综合考虑学校自身的条件和学生的具体情况。资源优势明显的院校可发挥自身优势，开发线上教学平台，既可以满足本校的特色需求，也可以以优质资源输出共享的形式助力他校的思想政治理论课教学工作。多数院校资源优势较小，可采用统一平台和自建平台相结合的方式。集中本校力量啃一块骨头、发展一个特色、创一两个精品。对此，学校应进行政策倾斜和资金扶持，为自建线上教学平台提供充足的物力、财力保障。突出解决好无线网全校覆盖、线上教学设备供给、网络提速等关键性问题。此外，学校自建平台的开发要"反复征求各方意见，针对经过多角度模拟预演和科学论证的技术方案和系统设计，开发便捷实用、用户黏度高的网页和手机 APP"①。平台的开发和运用应严格规范，注重数据的完整性、有效性、安全性和深度化。

第三，提高线上教学平台品质。随着现代信息技术的发展，多种社会力量也投入到思想政治理论课线上教学平台的开发中来，有些社会企业按照市场化和商业化运作模式，以实现利益最大化为本，追求短、平、快，出现不规范、低质量等问题。为此，学校方面可与相关企业签署订单式开发协议，牢守品质关，在外观设计、内容整合、功能扩展等方面提出具体标准。比如可根据思想政治理论课属性，要求线上教学平台更富有创意感和时代感，在具备信息发布、资源共享、视频观摩、在线互动等基本功能的同时，还应添加教学管理系统、成果展示系统、动态监管系统等多样化的技术模块，强化系统的教学功能。确保开发出来的线上教学平台品质高、效果好。开展思想政治理论课混合式教学，不仅要依托新平台开发，还要利用好已有的平台。思想政治理论课教师应认识到移动教学平台的发展潜力和重要价值，用好微信、微博、QQ 等移动平台，建立"微课堂"，"赋予其教学功能，在移动课堂中设置课程导学、课外阅读、教学调研、教学互动等部分教学内容，从而有利于发挥移动互联平台信息量大、形式生动、使用便捷的强大优势，适应学生的学习特点"②。移动"微课堂"能够增强思想政治理论课的教学黏性，使学生随时随地学习，符合思想政治教育的"三贴近"原则，有利于提高思想政治理论课的教学品质。

二、打造线上教学精品内容

信息时代，内容为王。线上教学平台设计得再精美、功能再齐备，如果没有一批精品内容进行填充，也只能成为"花架子"。因此，职业院校思想政治理论课线上教学要把内容建设当作一切工作的重点，在打造线上教学精品内容上下一番实功夫。目前，思想政治理论课网络教学资源不是太少，而是

---

① 冯淑萍."互联网 +"时代高校思想政治教育模式创新［J］.思想教育研究，2017（8）：111-115.

② 杨志超.建构思想政治理论课混合式教学模式的现实思考［J］.思想理论教育，2017（11）：63-68.

太多，各种视频资料充斥各个线上教学平台，学生在进行选择时往往无所适从。面对海量、重复、枯燥的教学视频，"快进"或只为"刷存在感"成为一些学生的在线学习方式。在信息爆炸时代，赢得学生要靠"精品"，不靠"走量"。这就要求在制作线上教学内容时把握好原则、选择好方法、形成共建合力。

第一，把握好内容制作原则。对多数职业院校而言，思想政治理论课线上教学平台应把统一平台和自制平台结合起来，在充分利用好统一平台上的优质资源的基础上，可结合学校情况和学生需要自制线上教学资源，打造具有地方特点和学校特色的"校本课程"。无论是选择统一平台上的教学资源，还是自制教学资源，都要把握好一定的原则。就选择统一平台上的教学资源而言，可根据课程的具体需要，选用"中国大学慕课""学堂在线""爱课程"等各大平台的视频资源，一定要结合自身课程教学大纲、培养目标、师生水平等，选取合适的章节内容，不可全盘照搬复制。就自制教学资源而言，思想政治理论课教师可利用知识碎片化原理，合理分割各章节内容，包括重点难点专门解析、仿真实验教学、实验实录、实践拓展、野外观察等，制作成完整的视频体系，与理论课程有机结合，供学员随时随地重复观看。

第二，选择好内容制作方法。线上教学文字资源与长篇大论的教材不同，必须提纲挈领、直击要点、重点突出；线上教学视频资源多采用短视频方式，要求内容凝练、知识完整、长度适中。这是线上教学内容制作首先要把握的基本方法。其次，线上教学资源的制作要坚持以问题为导向。比如线上教学视频制作应紧紧贴近学生的实际和需求，思想政治理论课教师在制作视频前必须做好调研工作，获取学生最迫切需要解决的问题，视频中重点详细分析1~2个问题，使学生一看就能被吸引并且有所得。对于基础性知识或者已有相关讲解视频的课程内容，思想政治理论课教师在内容制作时应该避开，避免重复性低效工作。再次，内容制作要注意细节问题，依照10分钟注意法则理论，教学视频时间长度应少于10分钟；按照知识碎片化的时代特征，教学视频要"小巧"，存储空间小，方便收藏和下载；依照系统化学习原则，教学视频内容要浅近，能起到承前启后、提点总结的作用。最后，教师要提高视频制作技术。力求把视频声音的清晰度、视频的节奏、视频的背景和动画选择、视频的后期处理等工作做得更好。

第三，形成内容共建合力。线上教学精品内容的打造不是思想政治理论课教师的"独特待遇"，线上教学视频制作以及运行和维护是一项系统而又复杂的工作，思想政治理论课教师的"单打独斗"是远远不够的，它需要学校层面包括学院、教务处、培训中心等多方机构和管理人员、技术人员的相互配合和支持。线上教学既需要教师、助教对课程内容、进度的设置和审核，也需要专业的技术团队做后期的制作和维护。就线上教学而言，思想政治理论课教师的主要任务是知识点的圈定、视频教学环节设计、课程的教授、线上线下答疑解惑、组织学生学习讨论，另外可以完成相对简单的编制课程要点、上传课程视频等任务，但对于较为专业和复杂的课程网络设计运行、网络后台检测、平台管理与运营等任务一时胜任不了。如果没有专业的技术操作和运行管理团队，线上教学内容制作的可持续性得不到保障。因此，职业院校有必要聘请和组建专业的技术团队，进行技术上的整体性把关和系统性管理，形成线上教学内容共建合力。

三、优化线上教学程序设计

职业院校思想政治理论课线上教学是教学手段的创新，其优势更体现在教学程序设计的创新上。传统思想政治理论课教学程序很简单，大体上分为教师课前备课，学生课中听讲或夹杂少许课堂讨论，教师课后布置作业三个环节。混合式教学模式的引入，使思想政治理论课教学程序有了优化的可能性条件。同时，也能够避免单纯线上教学带来的"浅层学习"与"高耗低效"困境，最终达成构建情境感知"身临其境"、交互碰撞"相辅相成"、体验获得"身心在线"、反思成长"三省吾身"的深度学习愿景。[1] 在混合式教学模式下，思想政治理论课线上教学程序可设计成课前、课中、课后连贯一体过程。课前，思想政治理论课教师在线上教学平台推送资源，学生自主完成线上学习；课中，线上线下教学相结合，尤其要发挥多种智能教学平台，辅助线下课堂教学的开展；课后，思想政治理论课教师在线上发布学习任务，学

---

[1] 杨一丹.深度学习场域下的高职院校"线上线下混合式教学"常态化构建［J］.江苏高教，2020（6）：77–82.

生结合任务进行巩固式学习和拓展式运用。具体来讲，思想政治理论课线上教学程序可做以下设计：

课前教学程序设计。课前阶段也就是准备阶段，是线上教学开展的前提，准备充分不充分，设计合理不合理，直接关系到线上教学的整体实效。思想政治理论课教师可通过线上教学平台推送学习资源、学习任务单、课前测试。学习资源可以分阶段推送，尽量不要一股脑全部抛给学生，减少学生的自主学习厌倦感。比如在展开对"中国近现代史纲要"课程中"洋务运动"相关内容的教学时，教师可把资源的推送分解成三个阶段，第一阶段推送"洋务运动发生的背景"，第二阶段推送"洋务运动的主要内容"，第三阶段推送"洋务运动的历史意义"。每一个阶段的起始结束由相关的测试和反馈决定。在这个阶段，学生通过自主学习或协作学习等方式在教学平台完成自主学习任务，并完成课前测试。学生在课前自主学习过程中遇到的一切问题都可以推送到教学平台"讨论答疑"版块，思想政治理论课教师要及时答疑解惑，并将具有代表性的问题进行搜集整理，为下一阶段的教学活动奠定基础。

课中教学程序设计。课中教学阶段是混合式教学模式线上线下教学相结合的主要表现阶段，它不是简单的"先学后教"，也不是集中的线上问题线下解决。课中教学的主要目的是完成知识的内化，"非常强调学生自主探索学习，强调自我组织、自我负责，教师在其中起引导和促进作用"[1]。基于线上教学平台，可以开展形式多样的课堂教学活动，如测试、问卷、讨论答疑、头脑风暴、小组探究、成果展示、课堂讲授和总结评价等。还可以通过"点赞""摇一摇""抢答"等形式活跃课堂气氛，激发学生学习兴趣。课堂测试和问卷活动为精准教学的实施提供了可能，让教师准确把握学生对知识的掌握程度，对于共性问题可以集体讲授，对于个性问题可以进行个别化指导。讨论答疑和头脑风暴可以调动学生的积极性，加深学生对知识的掌握。讨论答疑可解决学生学习过程中遇到的问题，头脑风暴则能培养学生的发散思维。小组探究是通过小组成员之间高效合作来探究和解决问题。通过小组探究不仅提高了学生解决问题的能力，也锻炼了学生的协作能力，同时有利于培养学生的创新性思维。小组分组一般为4人，可以把不同学习风格、不同学习成绩的学

---

① 罗映红.高校混合式教学模式构建与实践探索［J］.高教探索，2019（12）：48–55.

生分到一组，发挥每位组员的长处，更有利于小组完成探究任务，实现要素组合的最优化。

课后教学程序设计。课后阶段，教师通过线上教学平台布置作业，包括课后测试、个人作业或小组任务，学生先进行课后总结，然后独立完成个人作业或通过小组合作来完成小组任务，并发布到线上教学平台。课后测试由线上教学平台自动完成，并进行学情分析。个人作业或小组任务由教师或教学助手来评分或评价，也可以由组际或组内学生来评分或评价。课后阶段的任务相比于课前和课中的任务具有进阶性，一般为综合性强、难度稍大的任务，以提高学生应用知识解决问题的能力。比如，在学习"毛泽东思想和中国特色社会主义理论体系概论"课程中"邓小平理论"一章时，课后作业可设计成"分析邓小平推进改革开放的策略及其在新时代全面深化改革中的价值"。这一作业来源于教材和课中教学环节，但又超出所学，其综合性强，需要学生查阅资料、好好思考或者协作讨论完成，它有利于提高学生运用所学知识分析和解决现实问题的能力。在这一阶段，"建议教师设计和组织一次线下活动，针对线上活动中学生的成果和问题，进行评价、反馈和总结，帮助学生进一步提升，完成最后的知识建构"[①]。把学生完成线上作业和教师再一次组织线下教学活动结合起来，更能够把课后教学环节做出实效。

四、完善线上教学体制机制

体制机制保障是最根本的、最可靠的保障。线上教学是一个新鲜事物，尚处在发展阶段，而且由于其具有发展迅速、不易管理的特点，伴随发展而来的是一系列亟待解决的问题，如基础设施跟不上发展速度、安全监管缺位、数据建设和管理严重不足、传统教学理念和评价方法转型较慢等。解决好这些问题，是推进高校思想政治理论课线上教学健康发展的必然要求。当然，问题较多，头绪繁芜，短时期内不可能面面俱到，一步到位，可从一些关键点、紧迫点着手。

完善线上教学管理机制。高校思想政治理论课线上教学工作是一个包括

---

① 冯晓英，孙雨薇，曹洁婷．"互联网+"时代的混合式学习：学习理论与教法学基础［J］．中国远程教育，2019（2）：7-16，92.

了众多要素的系统性程序。为适应混合式教学模式改革的需要，高校应把推动线上教学作为学校思想政治教育工作的重要方面，专门组建学校思想政治理论课领导小组，领导小组由校党委书记、二级学院党委书记担任。在领导小组的领导下，由马克思主义学院、学生工作部、校团委、教务处、校园网管理部门等共同协调参与思想政治理论课线上教学建设与管理工作。第一，加强校园网建设。充分利用大数据技术，大力提高校园网支撑网络教学的服务能力，实现校园网与校外专业网络教学平台的互联互通。第二，发挥新技术在线上教学中的作用，利用大数据了解学生的学习轨迹，以便有针对性地开展教学工作。第三，通过完善教师教学质量评价机制、教师线上教学工作绩效考评机制，加强线上教学团队的建设，建立起权责明确的线上教学管理体系。

完善线上教学评价机制。线上教学实际是对传统师生关系的重要调整，随着一系列新的教学方式的开展，教与学在整个教学过程中的占比，教师与学生的角色定位不断发生变化，这就决定了传统的教学评价机制也需要因势而新。为适应思想政治理论课线上教学，提高线上教学质量，完善评价机制成为基础性、保障性工作。一方面，采取定性与定量相结合的方式，将评价标准细分、建立层次分明的评价体系。对于内容明确、可量化的部分采用定量的方式，比如在线上教学平台讨论模块中，可根据学生回答问题的数量和质量等具体情况给予相应的评分。这部分内容是完全可以量化的。对于没有明确答案的部分可采取定性的方式，把学生在课堂的表现、参与学习的质量重点纳入评价指标中。另一方面，采用过程性评价和终结性评价相结合的方式。过程性评价注重教学的过程而非单一的考核结果，既包括教师的评价也包括学生互评、自评等。在过程性评价中，学生自评、互评为主，教师评价为辅。在终结性评价中，可具体划分比例，比如学生的在线自主学习占50%，学生的讨论区参与自评和互评占30%，作业和考试占20%。如此产生的评价结果将会更具客观性和参考价值。

完善学分认证机制。学生学习的动机很大程度上来自于学习成果的认定。如果长时间得不到认定，学生的学习积极性必将因为缺乏激励因素而大打折扣。对于线上教学而言，这一点更为明显。据此，可在线上学习学分认证方面做出努力。教育部《关于"十三五"期间全面深入推进教育信息化工作的指导意见》中明确提出"要充分发挥资源平台建设和网络学习空间的作用，完善以网络学习空间为基础的学分认证、学分互认、学分转换机制"。2022年3月，《教育部等五部门关于进一步加强普通高等学校在线开放课程教学管理的若干意见》明确要求各高校必须制定本校在线开放课程教学管理办法及学分认定管理制度。完善学分认证机制，一方面抓好校内课程学习认证和校外课程学分认证两种方式。对于高校自建平台或是通过购买其他服务机构平台的校内课程，由学生经过统一注册账号，选择学校规定的课程，完成规定的学习任务，通过测试合格后即可获得相应的成绩和学分。对于校外课程，可由学生自行学习并把学习所得进行系统性总结，把学习总结报告报备给学校相关部门。学校相关部门结合学生校外线上课程学习效果和学生学习报告进行综合考察，决定学分认证与否。另一方面，相关部门可通过建立学分银行、个人学习账号和学分累计制度的形式，把学分认证工作做细、做活、做实。

第四节 聚焦职业院校思想政治理论课创新重点

一、以提升学生思想政治素养为主要导向

职业院校学生总体具有较高的思想政治素养，政治观比较积极、正确，对于重大政治问题能够保持理性的认知，政治立场也足够坚定，对中国共产党和中国特色社会主义有很高的认同度，绝大多数学生能够相信党和政府，同时对于政治参与有一定的积极性。但是也有部分学生在理论层面对重大政治问题认同度比较高，在实践中采取具体行为的意愿度则有所下降，这表明许多职业院校学生对于一些重大政治立场、观点的认同主要停留在认知层面，进行政治实践、参与政治的意愿不足，知行难以合一。因此这部分学生展现的认同更多是一种消极性认同，并非发自内心并愿意积极践行，不能排除随大流，甚至是"两面人"的可能性。在立德树人的背景下，提高学生思想政

治素养是职业院校思政课创新的主攻方向，也是检验创新成效的关键性指标。

第一，在职业院校思政课教学中丰富思想政治素养的内容，改进方法。目前职业院校的思政课主要游离和漂浮在理论层面，并没有根据学生的需求特点、紧密结合现实形成完整、系统的思想政治观培育教学体系。因此学生在接受完思政课教育之后，对于政治理论知识的理解并不深刻，难以形成积极、持久的政治情感，能够自愿主动进行政治参与的则更少。为破解这一难题，思政课必须按照习近平总书记所强调的："做好高校思想政治工作，要因事而化、因时而进、因势而新。"[①] 一是提升思想政治观培育内容的时代性和有效性，不能落后于现实，照本宣科，而是要立足国际视野、结合时事政治、联系国家政策等给予学生足够的信息量，有效引导学生通过理性分析后从内心深处予以认同。二是善于运用对比讲解方法，在详细讲解我国政治体制的同时，对于主要西方国家政治体制的生成背景、优势劣势等内容也要进行分析，不能一味回避或者简单否定了事，这样的结论呈现方式对于现在思维活跃的大学生而言并无多少说服力。三是由于思政课的本质在于讲道理，在课堂上教师相对而言处于强势地位，在讲课时遇到关键思想政治问题、敏感政治问题等要能够心平气和与学生沟通，适当采取辩论、问答等互动形式，注重论证的逻辑严谨性、论据真实性、解答多样性等，彻底把道理讲透，让学生心悦诚服。

第二，增强思想政治教育与社会发展实际的结合度。思想政治教育是上层建筑领域的内容，因而不能脱离社会发展实际，只有实践才是检验真理的唯一标准，因此要提升职业院校学生思想政治教育的有效性，必须紧密与我国社会发展的实际情况结合起来。目前职业院校学生基本都是"00后"，他们的成长正好伴随着我国经济社会高速发展的时期，享受着较为优越的生活和教育条件，没有经历过物质短缺等苦难磨炼，对于国家过去经历的一些困难，他们并没有比较深刻的感受，一路走来都比较顺风顺水，也理所当然地认为未来路上也会一如既往的顺利繁荣。但是目前世界正经历百年未有之大变局，我国的对内改革也进入了深水区，需要啃硬骨头，对外开放也遭遇以美国为

---

① 张烁，鞠鹏．把思想政治工作贯穿教育教学全过程 开创我国高等教育事业发展新局面［N］.人民日报，2016-12-09（1）.

首的部分西方国家强行脱钩、结盟围堵等情况，再叠加曾经新冠疫情对我国经济社会、民生的冲击，我国社会的确出现了一些暂时性的问题。思想政治教育必须要对这些问题进行正面回应，及时了解社会变化情况给大学生造成了何种思想冲击，对现实问题，尤其是一些负面问题，要按照马克思主义的立场、观点和方法予以解剖，帮助学生在大是大非面前站稳政治立场，端正政治认知，对负面思想进行消毒，避免学生陷入不良社会思潮和西方意识形态陷阱之中。

第三，拓宽职业院校学生政治参与的实践路径。政治观培育遵循的路径原则是从理论出发，通过激发学生政治情感、增加政治信任，最终指导政治实践，可见最终的落脚点在于有效的政治实践上，同时如果学生没有政治实践的机会和平台，最终也会对所学的政治理论产生怀疑、从而动摇政治信任和立场等，这样整个政治观培育就出现了崩塌。拓宽职业院校学生政治参与的实践路径，一是要以校内实践为主，妥善利用好班级、学生会、学生社团等组织，开展民主选举、民主监督、民主管理、民主评价等政治实践，但切忌以硬性规定的方式强迫学生参与。二是为学生积极搭建校外实践平台、创造实践机会和条件，例如与学校所在地政府、社区，学生家乡所在社区街道、村镇等搭建实践平台，让学生参与到一些实际政治活动中去，在实践中运用所学的政治理论知识，同时社会实践要注重调查研究，让学生能够走进乡村田间、走进寻常百姓家、深入群众，多进行问卷、访谈式研究，减少开会、参观式做法，增强学生对中国社会实际情况的了解程度。三是对学生的政治参与行为也要加强指导，不能放任自由，特别是对于一些受到境外势力煽动、资助的"运动"必须揭穿其虚假的表象，避免学生成为被他人利用的工具。此外，对于升旗、重大节日纪念日活动等政治仪式要保持严肃对待，对于网络上政治情感表达要引导学生理性发言等。

二、以培育社会主义核心价值观为关键任务

尽管党和政府高度重视社会主义核心价值观的培育和宣传工作，但是人们践行社会主义核心价值观的程度是否能够达到党和政府所提出的理想状态则是一个应然和实然之间的问题，特别是现在社会处于高速发展之中，人与

人之间的交互活动变多，社会结构日益复杂，各种利益和矛盾交织纷乱，道德和认知价值观也变得更为复杂多元，而当代职业院校学生对于社会主义核心价值观的认同度会深刻影响到他们践行社会主义核心价值观的内在动力。思想政治理论课作为立德树人的主渠道和关键课程，肩负着培养能够担当民族复兴任务的时代新人的艰巨任务，必须在课程中积极引导学生认同社会主义核心价值观，进而自发主动践行，以实干彰显时代新人的风范。

第一，以满足学生个体发展需求为培育基本点。在职业院校学生群体中开展社会主义核心价值观培育工作，必须以职业院校学生成长成才的实际需要为依据，一方面结合时代的具体需求，另一方面也必须充分尊重学生的自主精神，坚持以学生为本的价值理念，让社会主义核心价值观能够与大学生内在需要相契合，从而形成推动职业院校学生践行社会主义核心价值观的内驱动力。一是要深入调查，了解职业院校学生个体发展的真实需要，教师不要先入为主，完全将自己的所思所想强加到学生身上。找准这个切入点，有利于激发职业院校学生内心的积极情感，从而增强他们对社会主义核心价值观认同感，让他们明白社会主义核心价值观所倡导的价值理念正是他们学习成长和日后成功所必须具备的基本素质。二是职业院校育人主体在开展社会主义核心价值观教育时，不能停留在空洞的宣讲、灌输层面，而要将社会主义核心价值观的每个价值理念能够对国家、对社会、对学生产生何种作用，既从理论上进行分析，也要结合实际案例予以阐述，要贴近学生真实生活，让学生感到熟悉。三是对于职业院校学生要进行适当的激励鼓励。有效的激励能够给人一定的满足感，从而调动人的积极性和主动性。学校应该尽可能为学生提供支持和帮助，满足其对社会主义核心价值观的需求，并对其给予适当的激励和持续性的鼓励，以此强化学生需要和社会主义核心价值观之间的联结程度，让学生将自己的人生与社会主义核心价值观紧密联系在一起。

第二，以认知认同为主线引导学生积极践行。认知构成认同的前提，更是行为的先导。要想职业院校学生成为社会主义核心价值观的积极践行者，一是要帮助他们树立对社会主义核心价值观正确而全面的认知。在当前的全媒体环境下，大学生获取信息的渠道大大增加，同时由于互联网的特点，信息也变得良莠不齐、真假难辨，而大学生所处的年龄段又具有思想活跃、猎奇心强、情感易冲动等特点，同时由于他们尚处于学习的阶段，知识结构不完整，思维模式未成熟，距离理性客观还存在一定差距，因此容易从偏激、狭隘的角度观察社会和事务。进而形成错误认知。当前有少数职业院校学生对于我国社会主义核心价值观的部分价值理念存在着认同度不高，甚至是否定性的看法，当然一方面是社会主义核心价值观在实现程度上的确不够尽善尽美，需要进一步提高，但是部分学生观察不够全面、结论过于武断也是客观事实。二是必须加强职业院校学生的马克思主义教育，使学生们能够掌握马克思主义的基本立场、观点、方法，从而可以客观地、全面地、理性地、发展地、联系地、系统地看待问题、分析问题、解决问题，能够透过现象看到本质，最后科学准确地认识自己、认识社会、认识国家、认识世界，避免思维简单化、行动非理性。三是不能仅仅依靠说教的手段增强学生的认知和认同，还应该邀请践行社会主义核心价值观的榜样模范亲身宣讲，在学生群体中树立典型、开展评优评先活动，让同学们见到一个个鲜活的、真实的案例；以及在教育方面要动员社会、学校、家庭同向发力，发挥协同效应，避免内耗冲突式教育。

第三，以社会实践为标准检验培育成效。社会主义核心价值观不仅要武装职业院校学生的头脑，更要推动实践，最终实现内化于心，外化于行。而社会实践正是同学们全面践行社会主义核心价值观的重要途径和最终归宿，也只有通过实践才能最终评价职业院校学生对于社会主义核心价值观的理解和认同程度，以及衡量职业院校社会主义核心价值观的培育成效，因此各职业院校要充分重视社会实践的重要性，努力为学生创造社会实践的机会，全面提高学生的实践能力和综合素质。一是要科学合理地安排职业院校学生社会实践的内容和形式。以让学生受教育、长见识、做贡献为出发点，根据职业院校学生的年级、专业、个性化需求等开展形式多样、内容丰富的社会实践活动，避免搞一刀切、重复性、低获得感的活动。二是由教育主管部门牵头，整合学校、企业、社区、乡村、社会团体等资源，联合创建社会主义核心价值观实践基地、打造实践项目，为职业院校学生提供稳定的实践平台，为学生践行社会主义核心价值观提供场所。三是要利用好党团活动、学生社团、志愿者服务等平台载体，将社会主义核心价值观全面融入其中，充分发挥教育作用，让学生在日常活动中能够感受到社会主义核心价值观的力量。四是要注重学生的日常修养教育和管理工作，要树立良好的道德情操和保持言行举止得体，教育和带动学生养成优良学风、朴素的生活作风，在细节之处考验职业院校学生对于社会主义核心价值观的践行情况。

三、以大力开展网络思政教育为重要工程

目前职业院校学生都是互联网的原住民，他们在网络素养方面呈现良好态势，主要特征包括上网目的积极多样，但娱乐化倾向较为明显；网络对正常的学习、生活影响总体较小；在获取信息方面主要依赖于微博、微信等软件平台；对于网络热点问题并无较强的参与意愿；网络安全意识较强，政治立场比较坚定。尽管如此，但互联网作为学生学习生活中不可替代的一部分，已经成为职业院校思政育人工作的"最大变量"，网络思政教育只能加强不能放松，必须进一步提高和改善当前职业院校学生网络思政教育成效，筑牢网络意识形态防火墙。

第一，利用 AI、VR 等最新技术推动网络思政教育个性化、智能化发展。目前大数据、人工智能等新技术日趋成熟，并且在许多职业院校当中已经有一定程度的运用，这些新技术的出现也为网络思政教育提供了新思路和新途径。特别是职业院校学生具有思想动态难以把握、三观尚未定型、容易受到外界影响等特点，传统的思政教育和学生管理方式难以精装、即时地解决学生遇到的困惑和问题，学生意识形态安全预防工作难度极大。但是目前可以通过大数据等技术对学生的日常行为进行分析，把握其言行之中的高频词语、高频行为、热门话题、热门场所等，再利用人工智能技术等有针对性地描绘出每位学生的性格、兴趣、立场等精细化图谱，提前预判学生在思想道德、心理健康、学习生活、意识形态方面可能存在的问题，对其精准投送思政教育素材、采取帮助措施、进行行为干预等，构建育人管理端口前移的智能引导管控体系，将过去"大水漫灌"式的网络思政教育模式变革重塑为"重点滴灌"，满足职业院校学生个性化、动态化、多元化的需要。一是职业院校要系统整合校内外各种资源，充分采集学生在学校、在家庭、在社会的数据，构建庞大的数据库，为每位学生打造个人数据袋，记录其学习、成长、生活

的痕迹。二是要构建数据处理平台，对所搜集的学生数据进行统计、比较、分析、应用等，透过数据探寻大学生思想、行为的本质规律，为教育者提供数据支撑和决策参考。三是要建立处理跟踪反馈机制，对于采取对策进行教育的学生，要及时记录其学习成效，对其变化要进行提炼总结，用以检验教育方式方法的有效性，甚至可以采用 AI 技术提前对不同教育方法的演化情况进行模拟实验，挑选效果较好的路径形成固态案例作为应对突发情况的预案，充分利用网络思政教育降低职业院校学生出现极端事故的风险。

第二，优化网络思政教育内容，契合职业院校学生期待需要。互联网上的信息更新迭代速度很快，因此网络思政教育的内容也必须保持高度的动态化，否则陈旧的话语体系和过时的教学内容根本无法对学生产生足够的吸引力，也无法满足学生的实际需求，最终网络思政教育只能流于形式化。新时代优化网络思政教育内容，一是要继续强化我国根本政治原则和重要内容方面的教育，相关调查显示当代职业院校学生对于党的领导、爱国主义、中国特色社会主义等有着较高的认同，在这方面要不断加大教育、宣传的力度、广度和强度，持续夯实学生正确政治观的基础，同时加强网络道德教育，提升大学生道德素养和网络责任意识，对抗网络虚拟性造成的道德感、责任感淡化趋势。二是要旗帜鲜明地回应学生在网络上遇到的困惑性、敏感性话题，互联网的平等性、开放性等特点使得任何人都能在网络上发表言论，许多极端言论和错误思想也借助网络大行其道、扰乱思想，许多大学生由于知识结构不完整，对事物的理解能力不够透彻，容易受到一些似是而非言论、观点的蛊惑，从而在重要政治理论、原则、价值取向、道德规范等方面产生困惑和动摇，这就要求教育者不能无视这些现象，要从时政热点、网络法治、网络道德等方面及时解答和消除学生容易出现的思想混乱。三是要重视微博、微信等微媒体的内容，顺应媒体融合的时代趋势，根据教学内容的特点对这些媒体资源内容予以整合，同时也充分利用这些平台对于学生的影响力，用学生喜闻乐见的方式和渠道开展思政教育。

第三，净化网络空间，营造良好的网络思政教育环境。对于网络空间的净化管理，国际上通行的做法是"屏蔽"和"疏通"两种，"屏蔽"就是由网络管理部门对信息进行筛查、把关，对于违法、有害信息不予发布，"疏通"

是指管理部门为公民回避不良信息提供帮助，包括申诉、举报等手段也属于此类。环境对人有着很大的影响作用，特别是职业院校学生在虚拟的网络空间中停留的时间很长，网络空间的净化与否对于网络思政教育的成败十分关键。一是要在学生群体中培育意见领袖，让他们积极传播社会主义意识形态和弘扬正能量，利用朋辈的影响力，引导其他同学坚持正确的网络舆论导向，同时也有利于激发大学生的主体性和主动性，使之自动成为不良网络信息和错误言行的防火墙，在实践中不断提高学生的甄别能力，能够自我进行思想塑造和净化。二是要加强对网络的监管力度和网络法治教育，打造权威、客观、准确的网络思政教育信息传播品牌和网络文化品牌，不断创作学生感兴趣的网络信息产品，用正面积极的思想引导学生远离网络垃圾，打造红色网络阵地并不断扩大其影响。同时，网络不是法外之地，但学生法治意识薄弱就很容易在网络上触碰红线，造成难以挽回的损失，对此职业院校必须加强法治教育，将文明上网纳入课程体系，制定相应的网络管理条例和行为准则规范学生的上网行为，并予以检查考核。三是由于部分同学的网络安全意识薄弱，近年来境外敌对势力利用网络对我国职业院校学生群体进行渗透的现象时有发生，对此职业院校要积极拓展课外空间，开展形式多样的网络安全教育活动，例如开设网络安全知识专题讲座、定期开展网络安全培训、举办网络安全知识大赛、学生现身说网络安全活动等，培育学生维护网络安全的内生动力。

第五节　实施职业院校思政德育导师制育人工程

一、实施职业院校思政德育导师制的重要意义

作为一项人才培养的基本制度，我国的导师制主要是在研究生教育中实施。导师全面负责研究生的学习、生活和科研活动，对研究生的思想、学术水平、科研能力有很大影响。教育部《关于全面落实研究生导师立德树人职

责的意见》明确研究生导师提升研究生思想政治素质、培养研究生学术创新能力、培养研究生实践创新能力、增强研究生社会责任感、重视对研究生人文关怀等七项职责；要求研究生导师引导研究生正确认识时代责任和历史使命，指导研究生确定研究方向开展研究，帮助研究生提高提出问题、分析问题和解决问题的能力，引导研究生做好职业生涯规划等。"思政德育导师制"是突破专业壁垒，形成优质资源共享机制的需要。① 从而实现所有教师都承担育人职责，所有课程都有育人功能，所有教学活动都有育人效果。"思政德育导师制"就是从马克思主义学院、思想政治理论课教学部选拔出优秀的思政理论课教师与各系对接，担任各系学生的思想政治导师，指导辅导员、班主任开展理论研究与实践，参与大学生党建与思想政治工作。其目的是促进思政理论课教师和辅导员队伍优 势互补和能力提升，强化思想政治工作的人才支撑，提高大学生思想政治教育的针对性，合力推进大学生思想政治教育工作的实效性。遴选思政理论课教师担任思政导师，是思想政治理论课堂教学的"主渠道""主阵地"与辅导员"指导者""主力军"相结合，是思政理论课教师的理论素养与辅导员队伍的工作经验和能力相结合的一种协同创新模式。

第一，思政德育导师制有助于整合教育资源，拓宽高校思想政治教育的内容和形式。辅导员与思政理论课教师作为大学生思想政治教育工作队伍的主体，在育人上具有不可替代的作用。思政理论课教师是党的理论、路线、方针、政策的宣讲者，是大学生健康成长的指导者和引路人；辅导员是"学生日常思想政治教育和管理工作的组织者、实施者和指导者"。双方工作内容和侧重点不同，但从本质上说，日常思想政治教育与思想政治理论课教学是大学生思想政治教育不可分割、辩证统一、相互促进的两个教育途径。首先，二者在教育的指导思想、目标任务、价值导向等方面具有一致性，都是以马克思主义科学理论为指导，引领大学生成长为德智体美劳全面发展的社会主义事业的合格建设者和可靠接班人。其次，二者是同一种教育的不同方面，是一种教育下的不同分工，二者相互影响、相互促进，共同指向立德树人总

---

① 袁玉芳.课程思政视域下高职院校思政导师制的实践探究［J］.学校党建与思想教育,2022（12）：81–83.

目标。由于管理体制、人才培养模式等原因，职业院校思想政治教育工作常常被人为割裂开来，形成了两支平行的思想政治教育工作队伍，一方负责日常管理，一方承担马克思主义理论教学。二者在工作中往往各自为政、自行其是，影响了思想政治教育合力的形成，使思想政治教育的效果大打折扣。思政德育导师制的实践与探索，在一定程度上克服了职业院校思想政治教育两条线、两张皮的局限性，有效地整合了教育资源，从理论与实践上拓宽了思想政治教育的内容和形式，有利于促进学生正确人生观、价值观、世界观的形成。

第二，思政德育导师制有助于思政理论课教师更好开展教学活动和教学改革。学情分析是教师开展教学活动和教学改革的前提和关键，是思想政治理论课教学取得成效的生成点。思想政治理论课教师为实现有效教学和高效课堂，在理论和实践上做了许多艰苦的探索，但实际教学效果与理想的教学目标依然存在差距。根本原因在于对教学对象缺乏深入了解，教学改革看似完美，实际上是一厢情愿，不能反映学生的真实意志和要求，不能及时回应学生的关切。备教材，更要备学生。"思政德育导师制"让思政理论课教师走下讲坛，参与到学生的日常生活中来，拉近教师与学生的距离，使教师对学生的实际情况了解更加全面，师生之间由过去的单向灌输变为双向交流，改变了教师只教不导的状况，使得"以学生为本""因材施教""人的全面发展"的教学理念得到凸显，全面提升学生综合素质的教育目标得到实现，担任思政德育导师的教师的教学活动和教学改革得到不断调整和完善。

第三，思政德育导师制有利于促进思政理论课教师和辅导员之间的优势互补，协同育人。职业院校学生理论基础较弱、学习主动性不强等特点对辅导员的综合素质提出了很高的要求。他们不仅要管理好学生的日常学习与生活，更要做好学生的思想政治教育工作。从目前的情况来看，辅导员队伍不仅师生比不达标，而且一些高校忽视辅导员应该具备思想政治、教育学、心理学、管理学等专业背景，导致辅导员队伍知识结构不合理，非专业化程度偏高，因专业知识的匮乏无法真正做到对学生进行正确的引导和帮助，更多时候还会陷入日常琐事的羁绊中无法脱身。"思政德育导师制"要求思政理论课教师以兼职辅导员的身份参与学生的日常管理，双方在合力育人上优势互补，协同推进。一方面，思政德育导师在人数上弥补了辅导员队伍的不足，而且从专业上给予辅导员以理论上的指导，有效地提升辅导员专业素质，让一些辅导员能逐步向专业化和职业化方向发展。部分辅导员能走上讲台独立承担思想政治理论课的教学，以自身丰富的实践经验拓展了思想政治理论课教学内容。另一方面，思政德育导师在与辅导员的联动上，密切了师生关系，把握学生思想动态，提高了教学的针对性和实效性。

第四，思政德育导师制是高职院校提升专业教师课程思政能力，构建全方位育人格局的需要。《高等学校课程思政建设指导纲要》指出："全面推进课程思政建设，教师是关键。要推动广大教师进一步强化育人意识，找准育人角度，提升育人能力，确保课程思政建设落地落实、见功见效。""让所有高校、所有教师、所有课程都承担好育人责任，守好一段渠、种好责任田，使各类课程与思政课程同向同行，将显性教育和隐性教育相统一，形成协同效应，构建全员全程全方位育人大格局。"职业院校主要承担着培养高端技术型人才的教育任务，在专业设置上突出市场性，在课程内容上突出应用性，在专业教师选聘上突出专业技能和工作经验的考核。在实际的教育教学中，专业课教师往往偏向于学生专业技能的知识传授和培养，在立德树人方面的意识和能力相对薄弱。例如，部分专业课教师认为课程思政就是专业课与思政课的简单相加，既不懂得如何发挥专业课的思政功能，也不知道如何把专业课中的思政元素融入课堂教学，导致课程思政的目标无法真正落地落实、见功见效。教育者先受教育，思政导师制不仅是课程思政教师培养模式的一次实践探索，也是对专业课教师进行思想政治教育的一种新尝试，对提升专业课教师课程思政的意识和能力以及专业课教师自身的思想政治素养具有重要作用。思政导师通过指导课程思政建设，把专业课教师纳入大学生思想政治教育工作队伍当中，使各类课程与思政课程同向同行、相得益彰，形成思政课教师、专业课教师、辅导员、学生工作队伍合力育人格局。

对于各职业院校来说，培养担当民族复兴大任的时代新人，关键要把立德树人作为立校之本，把思想政治工作贯穿教育教学全过程。积极整合高校思政教育资源，实施思政教育全程导师制，增强教师与学生的互动性，有利于实现全员全程全方位育人，是落实立德树人根本任务的创新举措。思政导师制，即以思政课教师为各系思政导师，由马克思主义学院组织集体备课、轮番讲练，熟练掌握理论核心要义，然后面向全院多渠道开展新思想宣讲，助推理论内化于心外化于行。这是激发职业院校思想政治理论课活力的重要探索，具有重要的现实价值和实践意义。各职业院校可以立足现实，坚持思政德育导师制的总原则，打造落地有效的思政德育导师制育人工程，丰富"样本"。

二、实施职业院校思政德育导师制的主要原则

第一，坚持广覆盖面原则。开展实施全员德育导师制育人工程，各职业院校应从学校层面组织动员全校思政课教师、干部教师、辅导员、团委老师等担任导师，以大一新生为受教育主体，以每月一次的导师课为抓手，每名导师在思想引导、专业辅导、生活指导、心理疏导等方面为学生提供专业化、亲情化、系统化、个性化的指导帮助。导师和辅导员一起为新生上好"大学第一课"，变辅导员"独角戏"为全校干部教师"大合唱"，把思想政治工作贯穿于教育教学全过程，实现全员育人、全过程育人、全方位育人，使党建工作更有力度、思政工作更有温度、人才培养更有厚度。

第二，坚持高位推动原则。坚持社会主义办学方向和公益性原则，紧紧围绕立德树人根本任务，坚持因事而化、因时而进、因势而新，不断提升思想政治教育亲和力和针对性，形成了理事会高度重视、党委统一领导、党政齐抓共管、各职能部门积极参与的大思政（全员育人）工作格局。强化制度保障。结合校情实际，学校召集师生座谈调研，和学校领导一起研究制定了实施学生学习生活导师制的一揽子规章制度，明确了工作的目标要求和推进步骤，为导师制的实施统一了思想认识、创造了良好环境、提供了有力保障。强化组织保障。一是校领导高度重视。二是各单位大力支持配合。各单位充分调动教师的积极性，从处长、院长、教授到普通教师全员齐上阵，主动承担起学生健康成长的指导者和引路人的责任；学工部具体组织实施，负责导师遴选考核、资料收集、宣传推介、总结表彰等。按照每个导师指导10~12名新生的任务，实现对大一新生的全覆盖。各二级学院开拓思路，勇于创新，把导师制工作落细落实，抓出成绩，抓出特色，通过举办导师座谈会、导师

公开课等树立先进导师典型，引导导师以德立身、以德立学、以德施教，进一步凝聚育人合力。

第三，坚持落实落细原则。找准工作抓手，夯实工作基础。导师制的组织实施以导师课为依托，学工部根据学生成长规律和思想政治工作的新形势新要求提出关于每月导师课主题的指导意见，每位导师结合学校意见、学生需求、专业特色等，精心设计并完成了内涵丰富、形式新颖的导师课授课任务。让形式多样的爱国教育、传统文化、思想教育贯穿于导师课的主旋律中，心理团辅、专题讲座、志愿活动、内容丰富的身心之旅是导师课不变的主题。为跟踪评估导师制的实施效果，学校可组织召开了多次学生座谈会，并对所有参与学生进行问卷调查，倾听学生心声，改进工作方法，不断探索更加贴合学生、更好服务学生的途径。应要求导师之间互相观摩学习，每学期不少于2次，定期举行优秀导师公开课、导师交流会等活动，充分发挥先进典型的引领示范作用，形成全员参与、全情投入的良好工作氛围。学工部充分发挥新媒体优势，建设了导师制QQ、微信、微博的新媒体宣传矩阵，筹拍精品导师微课。同时，策划制作专刊，刊登工作中的典型案例和工作论文，通过多种途径传播先进文化，弘扬社会主义核心价值观，不断增强思想政治工作的吸引力，务求使工作行走在实处和细处这条道路上。

第四，坚持师生共进原则。思政德育导师制应追求理想的境界，即学生和老师共同努力、共同进步。学生要能够明白并且形成导师制对他们的成长提供了必要的帮助的正向反馈。如果没有达到，则思政德育导师制应积极进行调整，以求实际效用。老师也应该从中获益，即在思政德育导师制下，老师的获得感、幸福感、成就感比以前更强。据此，在导师课外，导师们可以主动建立QQ群、微信群，并关注学生微博等，利用自媒体和新媒体，与同学们聊在一起；空闲时郊游、聚餐，和同学们玩在一起；指导学生参加校园文化活动提升实践能力，与学生学在一起。导师们应将学生当作自己的家人一样真情付出，学生在导师制中实现了"快成长"，导师在工作中享受获得感。全员德育导师制真正实现了教学相长。导师制将思想政治教育的大水漫灌改为精准滴灌，导师根据学生的实际情况可以精细引导、辩证施教，学生因为

"亲其师"进而"信其道",师生双方平等交流、相互沟通、相互启发、相互补充,在这个过程中教师与学生彼此间进行情感交流,从而达到共识、共享、共进,实现教学相长与共同发展。

三、实施职业院校思政德育导师制的可能路径

第一,引入思政德育全程导师制。由思政导师对学生开展一对一的思想引导和心理引导,帮助他们树立正确的世界观、人生观和价值观。"教师的职务是用自己的榜样教育学生。"作为和学生接触最亲密,也是最受学生信赖的思政导师,必须身正为范、为人师表,用自身的人格魅力、严谨的治学态度和精益求精的敬业精神,对学生产生潜移默化的影响。高校的思想政治教育工作是一项复杂的系统工程,思政导师要对青年大学生加强思想引导,加深他们对习近平新时代中国特色社会主义思想的学习、理解,使他们学会用马克思主义立场、观点、方法观察问题、分析问题、解决问题,坚持用科学的理论培养人,用正确的思想引导人。及时对学生的心理健康状况进行评估,有针对性地疏通学生心理问题,增强学生自信心和心理承受力,建立起预防教育为主、防治结合的心理健康教育方式。

第二,加强对思政德育导师制工作的组织领导和协调统筹。各高校要加强组织领导和统筹协调,形成"党委统一领导、党政齐抓共管、教务部门牵头抓总、相关部门联动、院系落实推进、自身特色鲜明的课程思政建设工作格局"。思政导师制的顺利实施,需要党委牵头,各部门齐抓共管。党委可在课程思政建设领导小组下设思政导师管理机构,其机构成员由教务处负责人、马克思主义学院分管教学副院长、二级学院(教学系)分管教学副院长(副主任)等相关人员组成,负责统筹协调相关事宜。机构可授权马克思主义学院负责遴选教学经验丰富、责任感强、学术造诣深的思想政治理论课教师担任导师工作,"定期对课程思政教师进行培训,指导建立具有专业特色和思政特点的课程思政资源库、课程思政网络学习平台"[①];要求各二级学院(教学

---

① 袁玉芳. 课程思政视域下高职院校思政导师制的实践探究[J]. 学校党建与思想教育, 2022 (12): 81-83.

系）负责为思政德育导师提供工作平台和环境，主动加强与遴选导师的工作联系，及时沟通、交流，使思政德育导师尽快融入协同育人工作。在思政德育导师制健全的基础上，必须加强思政德育导师的常态化管理，以更好地推进课程思政建设。如在加强思政德育导师与专业课教师的常态化、制度化交流机制方面，要制定集体备课制度，定期开展思政德育导师与专业课教师的集体备课和经验交流活动；制定听课制度，使思政德育导师和专业课教师互相听课、评课；制定课程思政公开课制度。常态化、制度化的交流机制不但可以增进二者之间的相互了解和感情，消除专业隔阂，也有助于专业课教师课程思政意识的培养塑造和思政育人能力的淬炼提升。

第三，推广"云课堂"思政教学新模式。传统的思政课理论教学方式相对单调，手段较为单一，吸引力和针对性不够强。当代大学生是在网络环境下成长起来的，被称作"网络原住民"。运用互联网手段开展思政课教学，是提高思政课吸引力和感染力的重要途径。高校思政导师应转变思维、更新理念，熟练运用新媒体技术，在传统课堂中有机融入流行文化元素，把高校思想政治教育变成青年大学生喜闻乐见的形式，有效激发学生的学习兴趣和积极性，把"灌输式"的学习方式转化为"互动式"的学习模式，做到守正创新、推陈出新。比如，通过建立手机"云课堂"，思政导师把精心准备的各种与思政课程相关的视频资料，分时段发布到教学群中，让大学生利用闲暇时间进行自主学习，并就相关内容提出一些具体问题，引导学生深入思考。线上自由交流、广泛讨论，线下课堂发表见解，线上线下相结合，理论与实际相结合，营造宽松愉悦、充满活力的教学场景和氛围，使思政教学更具亲和力和渗透力。线上"云课堂"已成为课堂教学的重要辅助手段，不仅能够提高大学生学习思想政治理论课的积极性，而且有助于推动思想政治教育教学方法创新。

第四，落实思政导师办好思政教育的激励举措。为了适应新形势新要求，高校思政课程应与时俱进，及时调整教学内容、创新教学方法。文以载道，"亲其师，才能信其道"[1]。思政导师既要靠真理征服人心，也要靠人格魅力感

---

[1]　张烁，鞠鹏 . 把思想政治工作贯穿教育教学全过程 开创我国高等教育事业发展新局面［N］. 人民日报，2016–12–09（1）.

召人心。有效激发思政导师做好思政教育工作、创新思政课程的积极性、主动性和创造性，关键要健全相关工作制度和激励措施。一方面，要坚持导向性和可操作性相结合原则，完善考核机制和评价方式，引导思政导师将思想政治教育工作中的"软任务"变成"硬指标"，由"务虚"变为"务实"，经常关注学生思想动态，定期开展谈心谈话，及时解决学生学习、生活和心理上的问题。另一方面，落实奖惩措施，建立通报和奖励制度。强化投入保障。为全面促进优良校风学风的形成，激励导师在立德树人和人才培养中发挥重要作用，学校可以设立专门的生活导师专项资金，按照每个月每位导师200元的标准发放导师津贴。同时，学校每学年对优秀生活导师进行表彰，由学工部等主管部门通过查看导师课、抽样调查和召开座谈会等方式进行考核评比，做到方法简便易行，不过多占用导师的时间和精力，保证导师功夫下在分内而不是分外，对考核优秀、表现突出、成效显著的学习生活导师给予表彰奖励。引导广大思政导师提升自我、修炼内功，自觉做到政治强、情怀深、思维新、视野广、自律严、人格正，以高远的理想信念、良好的道德品德、高尚的思想情操，去影响和感染学生的品格成长。

总之，融合"思政导师制"是鉴于以往思政课中教师"讲完就走"，不能深入了解学生的思想和生活状态而提出来的。思政导师制，即以思政课教师为各系思政导师，由马克思主义学院组织集体备课、轮番讲练，熟练掌握理论核心要义，然后面向全院多渠道开展新思想宣讲，助推理论内化于心外化于行。首先，与辅导员队伍紧密结合，以日常教育为切入点，参与基层学生思想政治教育工作，传导新思想；其次，联合院团委从"青马班"选取优秀成员组建理论社团，专题培训后走进学生群体，传递新思想；再次，思政导师融入专业团队，推动"思政课程"向"课程思政"转化，将习近平新时代中国特色社会主义思想渗透于专业教育；最后，开展各类主题实践活动，校内以道德讲堂为宣传媒介，校外以主题实践为载体，双向引导学生感知习近平新时代中国特色社会主义思想的魅力和深刻内涵，达到知行合一。

第五章

开辟职业院校思想政治教育多元"课堂"

职业院校思想政治教育工作是一项关涉多种要素的系统性工程，其实效的彰显必然是多种合力协同下的产物。因此，促进职业院校思想政治教育增效，需要调动多种要素，开辟多元"课堂"。具体包括"大思政"视域下整合职业院校思想政治教育、创新推动职业院校大德育工作、着力用好职业院校实践育人手段、发挥职业院校文化育人功能、大力促进红色资源思政要素有效开发、深化职业院校课程思政建设、落实落细职业院校劳动教育等。

第一节 "大思政"视域下整合职业院校思想政治教育

"大思政"的核心内涵是"一体化领导、专业化运行、协同化育人"的思想政治工作理念和体制机制。2020年9月习近平总书记在湖南考察时指出："把课堂教学和实践教学有机结合起来"[①]。在2021年看望参加全国政协会议的医药卫生界教育界委员时，强调要善用抗疫这堂"大思政课"，指出："思政课不仅应该在课堂上讲，也应该在社会生活中来讲。"[②]习总书记重要指示为新时代开好"大思政课"提供了重要的遵循，也指明了学习的方向。"大思政"主要是指在思政课堂教学过程中，借助课堂教学方式，然后辅之以一定的课

---

① 岳月伟，李学仁．在推动高质量发展上闯出新路子 谱写新时代中国特色社会主义湖南新篇章［N］．人民日报，2020-09-19（1）．

② 杜尚泽．"'大思政课'我们要善用之"（微镜头·习近平总书记两会"下团组"·两会现场观察）［N］．人民日报，2021-03-07（1）．

外教学方式，将课堂教学和课外教学结合在一起，突出学生的学习主体地位，有效强化思政教学效果，从而促进学生思想道德品质和人文素养的有效提高。"大思政"有利于改变职业院校思想政治教育长期以来的低效局面，为其思政育人开辟新境界。

一、"大思政"视域下调整职业院校思想政治教育建设方向

注重技能培养是职业教育的优势和特色，课程和教学资源更多地投入在专业教学、实践教学和校企合作领域，德育工作和人文教育方面的资源投入相对不足，这种现象被称为"重武轻文"。思想政治教育工作除了按国家政策文件规定开足思政课之外，德育工作分散在学生管理、社团活动、校园文化和社会实践等方面，尚未形成完整的育人体系。为提升职业院校学生思想道德水平，凸显"成才"与"育人"的协调发展，培养高素质的建设者，需要推动现有的思政教育体系走向大思政人才培养体系。大思政"按照价值引领、能力达成、知识传授的总体要求，以立德树人为根本，以理想信念、社会主义核心价值观教育为主线，以构建全员、全程、全方位的思政工作育人格局为导向"[①]，使职业院校思想政治教育有了补短板、扬优势的新机遇。

第一，突出构建全员育人格局。普通本科高校都已基本成立马克思主义学院，承担教学教研工作，教研室设置也较为完善，工作推进体系较完整。而一部分职业院校思想政治教育工作归属于公共基础系（部），一部分职业院校设置了思政课部，由学校招聘具有思想政治教育背景的教师进行思政课教学，专门性的教研室和教研机构基本未设置或完善。由于没有专门的思想政治教育教学研究机构，职业院校学校层面虽然在党中央统一部署下，高度重视思想政治教育工作，但在推动思想政治教育工作上大部分仍然觉得吃力，思政课程教学研究力量不足，深层次问题无法解决，缺乏有效机制保证育人效果。为夯实思政育人基础，职业院校应一定程度转变方向，改变单纯"补短板"思维，由内部充实向外部突破转变，着力构建思政育人的整体格局，将所有部门、所有师生纳入思政教育的总范畴中，实现全员育人。在学校所

[①] 惠朝阳. 高职院校构建"大思政"课程育人模式的探索与实践［J］. 中国职业技术教育,2020（5）: 57-60.

有课程中推进课程思政育人，实现全过程育人。把学生在学校中的所有活动都融入思想政治教育，实现全方位育人。通过学校层面的平台搭建和机制建立，在学校范围内树立思政教育的核心地位，整体构建"三全育人"大格局，使之成为整合教师资源、发挥教育合力、提升育人质量的重要举措。

第二，增强思政队伍的凝聚力。职业院校人才培养定位是高素质技能型，落脚点在于满足社会需求和服务社会发展的高质量就业。职业院校教育教学重心落在学生技能培养。思想政治教育工作以思政课课堂教学为主阵地和主渠道，教学线是职业院校思想政治教育工作的主力。学生处、团委等部门主要开展以学生管理、学生活动为主的德育工作，属于学生管理线和团委线。教学线、学生管理线和团委线各司其职，"日常思政教育内循环不畅通，思想政治教育完整链条未形成，难以达到全过程、最优化的育人成效"①。为增强思想政治教育队伍的凝聚力，职业院校应充分挖掘专业课程、公共课程和人文素质课程等所有课程的思政元素，打破课程藩篱，探索融合渠道，实现思政课程和专业课、公共课在思政教育上的交互融通，从根本上改变思政课程与专业课程之间的"两张皮"现象。充分整合技能学习、社团活动、社会实践等教育行动和学生活动的育人功能，破解德育瓶颈，推进价值引领，实现思政育人和德育工作的对接互补，全面开拓思政育人效能。

第三，提升思政教育的有效性。职业院校学生大多数是高考或中考的"失落者"。学科知识和理论基础相对薄弱，逻辑思维和分析能力普遍不强，对理论知识学习容易产生厌学心理，而且在理论知识学习上具有自信不足的问题。但是，职业院校学生也有其自身优势，如动手能力强，更倾向于技能操作，善于在实践中解决问题。以上共性特点推动了职业院校专业课程的教学改革，但思政教育课程与教学并未真正理解学生的特点并采取相应的措施，未能在思想政治课堂和思想政治教育活动中实现守正创新，充分调动学生的学习积极性，导致教育效果大打折扣。习近平总书记强调："'大思政课'我们要善用之，一定要跟现实结合起来。上思政课不能拿着文件宣读，没有生

---

① 陈海娜，刘志文，刘大军. 职业院校"大思政"育人体系：价值、模型与路径探索［J］. 职教论坛，2021，37（4）：129–134.

命、干巴巴的。"^①为提升思想政治育人的有效性，职业院校应在全体教工中明确思想政治教育初心、树立思想政治教育目标，推动全体教工从教学向教育转变，推动学院思政教学向思政育人转变。通过育德意识和育德能力的培养和提升，促使大思政育人体系的真正落地实施。只有思政教育从文件、政策、课堂、活动的"形"通过师生的学习内化，最终实现师生正确意识和良好行动的输出，有效性才能得到验证。

二、"大思政"视域下探索职业院校思想政治教育可能路径

第一，树立大思政教育理念。职业院校开展思政教学往往容易受到传统教学理念的影响，重理论灌输而轻学生主体性维护，供需失衡导致职业院校思想政治教育效果不彰。因此，要有针对性地改变传统的教学理念，积极树立大思政教学理念，确保大思政教学过程中能够具备更加宽广的立场，从而帮助思政教学改革，指导思想教育改革。一般来说，大思政教育理念中包含优秀的传统文化和新时代的思政教育理念，这些方面的内容对于促进学生的思想道德品质和综合素质提高具有重要作用，所以职业院校在进行思政教学过程中，应该充分发挥出大思政教育的导向作用和时空延续性以及主动开放性，鼓励和引导学生积极参与到思政教学中来，确保学生与教师在教学过程中形成一种良性互动的局面。当然，在实际的思政教学过程中，教师与学生都需要坚持和树立与时俱进的思想原则，有针对性地设置教学内容，确保思政教学工作得到良性发展和稳步推进。

第二，加强实践特色教学。思政课程改革过程中，思政教师要明确教学改革的重要性，尤其要充分认识到思政课程理论教学和实践引导的重要意义，有针对性优化和创新教学模式，对思政课程的教学方式予以强化，不断优化和整合教学资源，结合政治经济学和马克思主义哲学等教学内容，确保学生在进行思政课程学习过程中能够掌握更多知识，更好地促进思政课程教学模式的改革，为思政课程的特色教学打下基础。当然，在进行思政课程实践教学过程中，职业院校需要结合实际的教学情况，积极探寻有关实践课程和理

---

① 杜尚泽."'大思政课'我们要善用之"（微镜头·习近平总书记两会"下团组"·两会现场观察）[N].人民日报，2021-03-07（1）.

论课程以及专业课程和特色课程之间的联系，不断构建和完善具有特色的教学体系，积极创设更加具有特色的教学模式，使得整个思政课程教学更具特色和优势。总之，特色教学要具有教学特色、内容特色、学校特色、实践特色、区域特色。

第三，做强教师培育工程。将全面提升教师育德意识和育德能力的要求融入学院"教师队伍发展整体规划"；将课程德育意识和能力的培养纳入教师的师德师风建设，完善新教师上岗培训，教师日常培训、培养、聘任与考核体系，强化落实效能；结合学院教师队伍实际，出台师德师风建设相关制度，加强教育，通过制度规范与教育引领的方式，不断推动教师的育德意识和育德能力在教学工作发展中落地开花；全面引导教师从无意识地参与"课程思政"，转变为有意识地实践"课程思政"，推动教师人人参与"课程思政"教学改革，人人成为"课程德育实践"的行家里手。强化选人用人事业导向，立足培养一支具有铁一般信仰、铁一般信念、铁一般纪律、铁一般担当的干部队伍，通过班子建设带队伍，队伍建设促发展，把"四铁"要求内化于心、外化于行，落实到思想行动中，体现在教育教学改革上，锻造有信念肯干事、有本领会干事、有担当干成事、有党性善共事、有底线不出事的"四铁"干部队伍。实施"双带头人"培育计划，加强教师党支部建设，提升党务工作干部队伍专业化程度。开展评优评先，对爱岗敬业、业绩突出的党务工作者进行表彰激励，发挥党务工作队伍的示范带动作用。

第四，优化教学体制。职业院校进行思政教学需要结合目前的教学组织结构，积极优化创新思政教学体制，为思政课堂教学打下组织基础和保障。首先，要在职业院校内部组织建立思政课程教学研究机构，在完成基本的教学任务和教学目标的基础上，加强对思政课程实践和理论方面的研究，并结合当前的教学内容制定出合理可操作的教学方案，并积极加强师资队伍建设，优化创编相应的教辅资料，提高思政教学的质量和效果。其次，职业院校应该结合自身实际情况，设置大思政课程工作小组，发挥协调管理的作用，对学生的学习情况和教学工作开展调研，将专业教学、专业实践、校园文化建设和思政教学工作结合在一起，更好地开展思政教育。再次，职业院校还需要结合职业教育的特色，完善和加强思政教学和学术组织建设，成立素质教育中心、思政课程教学指导小组等部门组织，明确管理职责，确保思政教学工作得以有序开展。最后，还应借助现代信息技术和新媒体手段，设置专业的教学网络，为学生和教师构建起科研和教学结合的互动交流平台。

三、"大思政"视域下构建职业院校思政育人长效机制

自"大思政"教育格局形成后，全国各职业院校在思政教育领域进行了多种探索，取得了一定的成绩，但也存在一些缺陷与不足，如"课程思政"功能发挥不明显、思政教育模式传统单一、思政教育主体没有形成合力等。在新时代背景下，要发挥思政教育的最大功能，助力职业院校更好地完成"立德树人"根本任务，构建思想政治教育实践育人的长效机制必要且迫切。

第一，完善学生主体性的工作机制。《国家中长期教育改革和发展规划纲要》指出"把育人为本作为教育工作的根本要求""要以学生为主体，以教师为主导，充分发挥学生的主动性"。在职业院校思想政治教育实践育人中，学生是活动主体，主体性的发挥程度决定教育的有效度。完善学生主体性工作机制应该以发展学生的主体能力为核心，从唤醒学生主体意识，改善师生关系，激发学生主体参与三个方面协同并进，构建起学生的主体本质属性。唤醒学生的主体意识是以掌握学生主体需求为基础，以学生喜闻乐见的方式引导、教育、启发学生内在的发展需求，实现学生思想政治教育知识的内化，从而使学生主动参与到自我发展中来，实现自我管理、自我教育、自我监督、自我服务。改善师生关系，就是要改变传统思想政治课程以老师为中心、灌输式、填鸭式的教学方式，建立教师与学生之间平等交往与对话的关系，凸显学生的主体性，教师扮演好学生思想政治教育的指导者、组织者和协助者，转变教学观念，为学生营造出主体发展的条件，鼓励学生独立分析与解决问题，促使学生可持续发展。激发学生主体参与性，需要为学生参与实践活动提供宽松、民主、和谐的教育环境，提供更多的选择和更大的空间，以鼓励、激励措施为主，约束性机制为辅，同时尊重学生主体评价，结论性评价与过程性评价、发展性评价并重，激发学生参与实践活动的内生动力。

第二，重视一二课堂有机融合机制。职业院校的思政教育工作要改变传统的以课堂、教材为中心，注重思政教育的知识性向思想性转型，一二课堂

有机融合是有效途径，实践活动是最好的载体。将思政课和理论课的实践教学与专业实习实训、假期社会实训、校内课外实践活动等结合起来，提升实践育人的专业性、延续性与针对性。职业院校的专业实习实训拥有丰厚的资源，大多有系列实训基地，思政课程实践教学与专业实习实训的结合应该根据学生不同专业的特性来确定实践的内容、形式和评价，使学生在实习实训的过程中既积累实际的专业工作经验又获得综合能力的提升，如职业道德的强化，"工匠精神"的洗礼等。假期的社会实践活动能给学生带来众多的锻炼机会，将其与思政课程实践教学相结合，帮助搭建展示与磨炼的平台，如组织学生深入企业一线、农村基层等开展"三支一扶"工作，使学生在深入群众、了解社会的过程中不断拓展自身，提高社会适应力和分析问题、解决问题的能力，从而更好地投身社会。校内活动与四针课程实践教学的结合能将活动主阵地的功能发挥到极致，利用党团活动、社团活动、校园文化活动、志愿服务活动等，使学生"勤学、修德、明辨、笃行"，从而让思政教育真正贴近学生、贴近生活、贴近实际，吸引学生、改变学生、培养学生。

　　第三，创建全方位协同的工作机制。习近平总书记在参加2016年全国高校思想政治工作会议时强调指出，"把思想政治工作贯穿教育教学全过程，实现全程育人、全方位育人"①。新时代高职院校的思政教育工作中，应创建全方位的实践育人工作机制，实现全程化与全员化的工作目的。创建全员化的工作机制，组织学生参与到实践活动中，建设实践组织队伍，培养学生的团队合作精神与良好思想素养。全员化的育人工作机制，重视所有职业院校学生的参与，使得每位学生都能够参与到实践教育活动中，培养每位学生的思想素质与道德素养。创建全程化的工作机制，从学生的课堂学习、课外活动入手，全程化地实现实践育人的目的。例如：课堂之内积极开展实践育人工作，课堂教学之后采用社会调查研究方式、生产组织方式、志愿者服务方式、公益活动方式等开展实践育人的相关活动，培养学生的思想素养与职业素质，提升道德品质。创建项目化的工作机制。为职业院校的学生设置实践育人的项目，聘用专家对项目严格评审，明确是否存在问题，采用有效措施解决问

---

① 张烁，鞠鹏.把思想政治工作贯穿教育教学全过程 开创我国高等教育事业发展新局面［N］.人民日报，2016−12−09（1）.

题。需要注意的是，创建全方位的思政教育实践育人工作机制，应结合职业院校的实际情况与职业院校学生的学习特点，编制出完善的实践育人长效指导机制，满足当前的时代发展需求。

第四，建立特色化的育人机制。特色化的实践育人机制，在保证思想政治教育工作实效的同时，能增强对职业院校学生的感染力，进一步获得学生的认可。特色化育人机制主要通过建立特色化育人基地来实现。为学生提供适应性的教育工作基地，使其成为学生成长的摇篮，将新生的适应性教育当作是切入点，拓宽适应性思政教育的内涵与外延，强化思政教育的活动力度，帮助学生学习思政知识，适应相关的学习活动。创建励志性的教育基地，将励志当作目标，为学生创建出励志性的实践操作平台，制定完善的思政教育规划方案，引导学生形成正确观念意识，提升思想素养与道德素质。创建创新性与综合素养拓展基地，将培养高素养、创新型人才当作目标，在其中设置思政实践操作活动、思想知识学习活动等，使得学生在活动中掌握与学习思想政治知识，提升思想素养与道德品质。例如在职业院校的思政教育实践育人基地中，可设置"思想教育创新"项目、"社会热点政治调查研究"项目、"社会现存思想问题"项目、"我们专业应该遵循的职业道德标准"项目、"专业学习中的思想素养标准"项目等，在实践育人的过程中，通过实践项目培养学生的思想素养与道德品质，从而提升整体的职业院校的思想政治实践育人教学效果，在各种项目的支持下，实现长效育人的工作目的。

四、"大思政"视域下完善职业院校思政育人评价体系

第一，严格评价指标，一项一项抓落实。思政育人关乎培养什么样的人、怎样培养人的根本性问题，育人评价上容不得半点马虎。完善"大思政课"课程评价，首先要基于课程评价的否定性指标，严格把每一项指标落在地上，一条一条对，只要一条对不上则不能进入下一级考核评价。"确保思政课的政治属性和建设方向，确保课程设置体现基本性质、总体要求和根本任务。"[①]一方面，强化对思政课教师综合素质考评。《普通高校思想政治理论课建设体系

---

① 张彦."大思政课"需要"大评价观"[J].思想政治教育研究，2022，38（2）：1-6.

创新计划》中明确要求"制定思想政治理论课教师任职资格标准,把政治立场作为教师聘用的首要标准"。"大思政课"评价必须体现思政课程基本性质,建立健全高校思政课专职教师准入、激励、保障、退出制度,系统考察教师的政治立场、师德师风、理论素养,定期开展教师培训、注册与考核,未符合要求者不得继续担任思政课教师。另一方面,加强对课程体系和教学内容的考核。思政课要坚持用习近平新时代中国特色社会主义思想铸魂育人,加强四个自信教育,将学习贯彻习近平新时代中国特色社会主义思想体现在课程目标、课程设置和课程教材内容中,实现全覆盖、贯穿全过程。因此,必须严格把控思政课课程体系和内容设置,确保课程内容的稳定性和规范性,从根本上把握课程方向。"既要注重导向性,即考察课程内容设置是否全面贯彻党的教育方针,是否体现习近平新时代中国特色社会主义思想,是否符合立德树人要求;又要凸显层次性,即在纵向上职业院校思政课课程体系和内容是否有机衔接、逐层递进"[①],横向上思政课程和课程思政是否融会贯通、协调一致。

第二,健全审查体系,对标思政育人硬规定。在确保"大思政课"方向性的基础上,针对根本问题,重点围绕立德树人根本任务,牢记为党育人、为国育才使命,在教育各环节、各领域、各体系建立起"大思政课"反馈机制与审查体系。[②]完善"大思政课"课程评价,还要健全审查性指标,具体考察"大思政课"建设过程中的效果,不断提高"大思政课"的科学性、合理性、有效性。这是开展"大思政课"的本质要求,具体可从课程育人实效、统编教材使用情况等方面进行考察。一方面,"大思政课"要求立足课程目标,将思政课的实际育人效果作为重要考核内容。作为落实立德树人根本任务的关键课程,"大思政课"不应"局限于回答受教育者能够认识什么、理解什么、习得什么等确定的知识性、描述性问题",而要从行动者视角进一步回答与阐发受教育者应当做什么、如何做等价值性和方法论问题。判定思政课的育人实效,要审查监测习近平新时代中国特色社会主义思想进课堂进教材进学生头脑的具体情

---

① 张彦."大思政课"需要"大评价观"[J].思想政治教育研究,2022,38(2):1-6.

② 王家明."大思政课"建设的基本内涵、理念提升和机制建立[J].江苏高教,2024(2):97-102.

况，跟踪、反馈教学对象在政治认同、思想认识、道德修养等方面的变化，也要使"大思政课"面向社会、走进生活，真正把"大思政课"建设成为实践大课。另一方面，"大思政课"要加大对思政课教材使用情况的审查力度，监测、评估和考核各级各类学校更新、使用统编教材的情况，督促广大思政课教师准确把握、运用教材，及时、有效地将教材体系转化为教学体系。

第三，拓展评价外延，着眼思政育人增质。"大思政课"建设是一个螺旋上升的渐进式发展过程，完善"大思政课"课程评价，要发挥评价的导向、调控和改进作用，推进"大思政课"守正创新，在改进中加强、在创新中提高，具体可从教学考评、教学方法、教学参与、教技应用等方面进行考察。首先，着眼于"发展型评价"，重点考查考评指标、考评方法、考评程序、考评应用等，及时总结现有考评体系的不足，针对问题进行改进和创新，从而提高教学考评的完整性、科学性和合理性，切实做到"以评促建、以评促改、以评促管"①。其次，加强对现有教学方法的考评和研究，既要整体考查教学方法的灵活选择与有效运用情况，又要着眼于课程内容和学生特点对其针对性、可行性做出评价，因地制宜、实事求是地推进教学方法改革与创新，确保思政课教学方法真有实效。再次，将"学生课程参与度"纳入评价体系，考查学生课堂参与和师生教学互动情况，充分发挥教师"教"和学生"学"的"双主体"作用，将"教得好"与"学得好"密切结合，不断调动学生学习的主动性、积极性。最后，主动适应技术变革，将智能环境深入学习情况纳入考评系统，"积极运用现代信息技术开展沉浸式、体验式、交互式教学等，拓展传统思政课的空间"②。同时，关注学生批判性思维的培养，这是培养守正创新时代新人的重要手段。要面向现代化构建中国式思维评价标准、面向新形势重构批判思维的培养目标、基于新目标规范批判思维的课程内容、基于新内容优化批判思维的教学方法。③特别是帮助学生能够在不同情境下运用批判性

---

① 张彦."大思政课"需要"大评价观"[J].思想政治教育研究，2022，38（2）：1-6.

② 张彦."大思政课"需要"大评价观"[J].思想政治教育研究，2022，38（2）：1-6.

③ 叶伟巍，方世熠.面向守正创新的批判思维培养机制[J].高等工程教育研究，2022（6）：86-92.

技能，以便对批判性思维的理论和应用有更为全面的理解。[①]

第二节 创新推动职业院校大德育工作

创新职业院校大德育工作、推进德育治理体系现代化是当前职业院校思想政治教育工作的关键。从理论视角出发，大德育应超越单一的道德教育范畴，立足于马克思主义人学理论，构建科学系统的德育理论体系，实现思想引领与价值塑造的深层融合。从实践视角出发，大德育工作需要多元主体参与，多方资源整合，多课程协调一致，多途径协同并进。[②] 从学生视角出发，大德育需要贯穿于职业教育的全过程，通过渗透式、系统化的理论引导，推动学生在多元社会中构建稳定的价值坐标，确保学生在道德认知、情感认同与行为践行上形成内在一致性，进而增强学生的社会责任意识与历史使命感。

一、正确认识职业院校大德育建设内涵

第一，大德育观念的确立是由德育内涵的丰富性决定的。德育，即教育者按照一定社会或阶级的要求，有目的、有计划、有组织地对受教育者施加系统的影响，把一定的社会思想和道德转化为个体的思想意识和道德品质的教育。相对于传授知识、培养技能的智育和锻炼身体、增强体质的体育而言，德育关系着教育对象的政治倾向、人生价值、社会理想、职业道德、家庭伦理、人格品质等方面。从根本上说，德育担负着塑造人的灵魂的重要职责，即对人的精神世界负责。因此，德育有着十分丰富的内涵，它本身就蕴含着大德育的思想。对学生精神世界的建设和改造是高校德育工作者的责任，它也是一项系统而复杂的工程，仅靠单一的力量和单纯的方式是根本不可能完成的，教育工作者必须主动接受大德育思想，并以此指导实际工作。

---

① 谢晓宇.西方批判性思维教学的审视与反思［J］.外国教育研究，2023，50（11）：60-69.
② 李文政.优化协同：高校德育治理体系现代化之路径选择［J］.学术探索，2022（2）：131-138.

　　第二，大德育不仅应把传统意义上的思想政治教育以及传统的道德教育纳入德育内容体系，还要把大学生的心理素质、合理的知识结构、成熟的人际关系、顽强的意志品质等，甚至还有大学生的创造力、想象力、判断力、观察力、选择力以及现在经常提的情商和智商等内容都一并纳入德育内容体系。这些内容共同成为学生道德素质的影响因素。因此，德育是多种力量和多种因素共同影响和作用的过程。影响德育的因素是十分广泛的，并且这些因素作用到个人身上，结果又不会完全一样，由此可见德育工作的复杂性。这种情况下，必须确立大德育观念来应对这复杂多变的情形。

　　第三，德育在发生和发展过程中，德育目标的实现是教育合力作用的结果。学校各个部门的工作或直接或间接都会产生德育效应和结果，高校德育实际涵盖的是学校中与育人有关的各项工作，贯穿和渗透在学校的教学活动、各项管理和服务工作之中。这些工作环节只有相互配合、协调运作，承担起应有的道德教育责任，才能形成教育合力，有效地发挥其德育功能，创造出让党和政府及人民满意的德育效果，为社会主义现代化建设培养合格人才。另外，德育工作范围的延展性还表现为职业院校德育工作不仅是学校独立完成的，还应很好地争取社会、家庭的配合和支持，建立学校、家庭、社会德育层次化、系统化并最终达到一体化的相互衔接、有机融合的教育体系，变学校封闭式教育为开放式教育，形成一个校内校外共同育人的良好格局。因此，德育范围的延展性直接决定着大德育观念的确立。

　　第四，大德育体系内容应该包括学校、家庭和社会等所有道德资源和教育力量的整合以及科学的配置。而职业院校大德育体系是大德育体系的一个重要组成部分，也是一个重要支撑。所谓职业院校大德育体系就是要把职业院校所有教育要素、教育资源、教育内容、教育平台等整合在一起，共同形成高校德育工作的整体有效协同力量，共同承担德育职责，共同发挥道德教育的育人功能，形成一个科学、合理的教育框架，使各种教育力量既能有准确的定位，又能发挥合力作用。首先，进一步发挥"两课"教育教学在德育中的主渠道作用，改善德育效果，是高校大德育体系建立的基础性工作，要常抓不懈。应从建设"两课"的运行机制和长效机制方面着眼，本着要精、要管用的原则，完善教育教学内容，避免重复性学习。从学生的思想政治与道德修养的实际需要出发，紧密结合改革开放和社会主义现代化建设的丰富实践，既要讲清基本的理论观点，又要通过有效途径不断增加实践环节。还要不断改进教育方法，增强现实性、针对性、有效性。从根本上改变"两课"空洞、说教、抽象的错误倾向，使马克思主义理论教育和思想道德教育焕发出时代特色和风采，发挥"两课"独有的德育功效。

其次，注重在各学科教育教学中渗透德育内容。构建高校大德育体系的一个根本出路还在于充分发挥各学科德育内容的相互渗透作用，打造一个职业院校课程整体教育平台。"没有优秀作品，其他事情搞得再热闹、再花哨，那也只是表面文章，是不能真正深入人民精神世界的，是不能触及人的灵魂、引起人民思想共鸣的。"① 因此，要做强"内容"，在把握职业院校学生思想与道德成长的动态和规律的基础上，遵循各学科特点和规律，探索其各具特色的与德育内容相结合的新的理论生长点和实践融合点，加强各学科相互间的德育内容渗透，使德育获得专业化、学科化、综合化、系统化和协同化的优势和特点，在职业院校内部形成一个各学科德育工作分工明确、结构合理、内容互补、形式各异的有机融合，形成相互作用、相互渗透、能够发挥各学科德育优势的动态平衡的德育新格局。

再次，职业院校日常学生管理工作中要落实德育为首的重要思想。德育为首的思想应该是贯穿职业院校日常学生管理工作中的一条主线。实际上，职业院校各级管理部门都是为了使学生能够成为德才兼备的高素质的专业技能型优秀人才的育人目标服务的。因此，各级管理部门要互相配合衔接，共同研究制定学校德育工作的指导思想、工作方针与任务、工作基本原则及方式方法等，要针对自己学校的特点和学生的思想道德实际状况，制定出具有可操作性的德育工作总体规则和阶段性计划，并组织落实，定期检查，及时掌握情况，以便为今后的工作提供坚实可靠的依据。既要积极发挥大学生自我管理、自我教育在德育中的优势作用，又要通过组织管理，制定相应的措施，加强对学生的纪律约束。大学生是要管的，但要发挥管理部门的组织、协调、导向、控制等作用，做到管得有利、有节、有度、有效、有用。要通

---

① 中共中央文献研究室.习近平关于社会主义文化建设论述摘编［M］.北京：中央文献出版社，2017：153.

过建立和完善学校党委统一领导部署与行政系统具体实施有机结合的德育长效管理体制和工作机制，来完成共同育人的任务。

最后，要坚持各职业院校后勤服务思想与道德教育相结合的原则，在各项服务工作中渗透思想道德教育来达到大德育的目标。学生在学校学习和生活，两者如同一车之两轮、一鸟之两翼，缺一不可。对于职业院校的学生来说，生活中受教育往往比专门性的学习中受教育来得更有意义。因此，职业院校学生在学习中接受思想道德教育，在生活中也同样并且更应该接受思想道德教育。"在生活中开展德育"是思政课教师的"第二课堂""第三课堂"，同时也是后勤老师们不可推卸的职责。有了后勤全过程的思想道德教育渗透，职业院校学生的德育就有了持久生效的校内大环境。例如，优质的后勤服务可以让学生感受到家庭的温暖，能够更加安心学习；后勤服务人员的辛勤工作让学生切身体会到劳动的辛苦和光荣等。这些都是对学生进行道德教育的良好机会。高校后勤服务人员要充分利用有利的育人条件，及时了解学生的生活需要，深入细致地帮助他们解决实际问题；同时，要通过法治化的后勤管理工作的运作，建立完备的学生生活管理规程，强化学生在法纪约束下的文明行为习惯和道德品质的养成等，真正发挥服务育人的功效。最后，加强后勤保障管理部门与教学管理部门的协同，构建多元服务育人体系，建立有效的师生共建、共治、共享机制，为职业院校大德育工作提供物质保障和人力条件支撑。[①]

二、构建职业院校大德育工作优化系统

第一，强化和创新学校、家庭、社会三元联动的意识与机制。一是德育教育需要覆盖所有的管理与教育活动，其中包含学生的思想、工作、学习、生活、活动等。二是德育参与的全员性。全体教职工都有实施德育的义务，学校、家庭、社会皆担负有德育的职责。三是德育过程的全程性。从学生的入学、学习开始，一直到学生毕业、参加工作，都须坚持对其进行"系统的道德教育"。四是德育方法的全面性。要与时俱进，通过丰富多彩、形式多

---

① 刘晓婷，王玥.新时代高校服务育人的内在逻辑与实践路径［J］.思想理论教育，2023（8）：107-111.

样、行之有效的道德活动来提高学生的道德觉悟。显然,要实施这种大德育格局,学校、家庭和社会三元联动是必不可少且极其重要的。只有强化和创新三元联动的大德育意识与机制,德育工作方能取得实效。

第二,坚持学校德育与家庭、社会教育的一致性。学校德育的功效有可能被家庭和社会不良的风气所抵消。鉴于此,学校要以各种形式对学生在校外的表现进行规范。同时,家庭和社会也要自觉、主动地担当起德育教育的责任,努力营造大德育环境,形成大德育环境场的辐射力,产生德育教育的系统效应。在校外,家长是第一责任人,辅导员、班主任及任课教师是第二责任人,要通过发动学生干部、动员家长及全体教师对学生的言行进行监督和规范。学校也应将学生在校外的表现纳入教育管理、检查考核之列,从而保证学校德育教育的校内外一致性。

第三,形成大德育场,构建德育教育的强大网络。首先,总体规划,分层施教,渐进提升。按照系统论的要求,我们需要统一制定德育的总体目标,从根本上确保德育教育要素的连续性与完整性。与此同时,无论是教育目标的制定,还是德育方法的选择与运用等,都要针对学生自身的实际情况做出选择。因为不同阶段学生的理解能力与身心特点都存在差异,我们必须由浅入深、由低到高地确立各个阶段的层次性与渐进性。

其次,形成大德育教育内涵体系,确保各个德育要素的全面推进。德育教育内涵要素的界定是整体构建大德育工作体系的逻辑起点。以德育现实要求来说,德育教育必须包括政治、心理、道德、法纪、思想以及网络文明的教育内涵要素。为此,学校在制定德育工作远景目标和阶段目标时,应将这六种教育范畴纳入德育内涵体系。在实施过程中,要注意把这些教育因子进一步细化分解到阶段目标中,有组织、有计划地实施。

再次,提高家长素质,营造良好的家庭教育氛围。只有学校、家庭、社会三位一体,三元联动地实施德育,才能共同构成学校强大的德育育人网络。以往的德育实践证明:家庭教育的滞后,必然会在一定程度上减弱学校教育的成效。因此,总结以往德育教育的经验教训,我们应该高度重视并充分发挥社会、家庭教育的重要作用。就学校自身而言,应将做好家长学校工作作为提高家长素质、发挥家庭作用的重要渠道来抓。鉴于此,学校应成立家长委员会，制定家长学校章程，着力建好家校沟通交流的网站和平台，利用节假日时间对家长进行有计划的培训，通过家访、信函、电话、网络和有针对性的家校活动，让家长在充分了解学校德育教育工作和学生在校实际情况的基础上，积极、自觉、主动地与学校联动，形成合力，形成德育教育的一致的教育合力。

最后，延伸德育抓手，减少社会的负面影响。学校虽然无法左右社会大环境，但可以动员家庭力量，动员教师力量，动员学生干部的力量，对学生校外表现进行监督与考评。学校可制定明确、具体和细化的德育要求，并和家长签订教育管理责任书。通过制定科学有效的考评办法对学生在校外的行为规范表现进行考核，并安排班主任、辅导员及教师承包负责，有检查，有总结，有考核，从而有效破解学校德育困境。

三、整合资源推动职业院校大德育建设

2016年12月，习近平总书记在全国高校思想政治工作会议重要讲话中强调："高校思想政治工作关系高校培养什么样的人、如何培养人以及为谁培养人这个根本问题。要坚持把立德树人作为中心环节，把思想政治工作贯穿教育教学全过程，实现全程育人、全方位育人，努力开创我国高等教育事业发展新局面。"[①]这是党和国家对高校德育工作的基本工作方针，为大德育提出了任务和指明了方向。多维整合德育资源，构建党委统一领导下的各方齐抓共管的"三全一体"化的大德育育人模式是重要途径。

第一，整合德育工作主体资源。职业院校德育工作是一项系统工程，需要动员和整合学校各方面甚至校外各种资源的力量，因此，必须建立"全员育人"的大德育管理体系与运行机制。具体来说，一方面，加强思想教育，让全体教职员工真正达成"全员育人"共识，建立"全员育人"的大德育观。作为教师尤其是专业课教师，要坚持做到教书育人，深入发掘各类课程的德育资源，在传授专业知识过程中加强思想政治教育；要坚持学术研究无禁区、

---

① 张烁，鞠鹏.把思想政治工作贯穿教育教学全过程 开创我国高等教育事业发展新局面 [N].人民日报，2016-12-09（1）.

课堂讲授有纪律，严格教育教学纪律，"要守好一段渠、种好责任田，做到专业课与思政课同向而行，协同推进"。作为行政管理人员，要把引导大学生文明修身、遵纪守法、严格日常管理与营造积极向上的校园精神文化氛围结合起来，发挥管理育人作用；"作为后勤服务人员，要把贴心服务、努力做好后勤与建立优秀校园优秀物质文化结合起来，让学生在优秀校园物质文化与优质服务中受到感染和教育"[①]，发挥服务育人作用。

另一方面，建立校党委统一领导下的大学生德育研究所直接统筹的各部门分工协作和齐抓共管的德育新机制。高质量的教育体系是德智体美劳五育融合的教育体系，其中，德育处于首要位置，是确保育人质量和建设教育强国的重要基石[②]，因此加强职业院校德育工作是学校党委的重要职责与任务。德育工作全面、复杂，涉及方方面面，需要各部门齐抓共管，但如何分工，如何协作，如何共管，如何实现资源的最佳配置，是一门艺术，固然需要党委的统一领导，但更需要的是科学的谋划与统筹，因此我们创造性地建立了一个在校党委直接领导下能够科学统筹各德育资源的组织机构大学生德育研究所，由研究所将思想政治理论课教学部、心理健康教育中心、职业指导中心、学生工作部门及其他职能部门联系起来进行统筹规划。针对现行德育课程资源重复交叉、相互割裂、德育平台单一等问题，由德育研究所统一组织教师商讨议定德育课程大纲，重构德育课程体系与每个年度的课内外实践活动。各部门根据新的德育课程大纲和德育课程模块，依照教师的专业特长承担相应的专题教学内容，包括一些有相关专业或工作背景的党团行政管理人员或学生工作人员也可参与到教学中来。如此，既减少教学内容的重复又能充分发挥教师各自专业特长，发挥各自优势作用，提高育人效果。此外，构建大德育工作格局，由德育研究所统筹各种重要的课外活动包括一些隐性校园文化建设。

第二，整合德育课程资源。针对传统的德育各课程资源在教学内容上重复交叉、相互割裂、教学进程不合理的问题，可以以课程内在的教育功能、

---

① 郭华鸿. 高校德育资源的多维整合与体系建构［J］.高教论坛, 2017（7）：8-10.

② 柳海民，满莹.教育强国建设的实践路径［J］.中国教育学刊, 2024（1）：1-5, 12.

性质和知识结构为逻辑起点，以弘扬和培育社会主义核心价值观为主旨，"以学生在大学不同阶段的认知和需求特点及其成长规律为主线，以系统论、教育主体理论、建构主义学习理论和脑科学为理论基础，遵循大学生在不同阶段的认知和需求特点及其成长规律，将各德育课程内容进行整合重构，形成一体化大德育课程体系"[①]。基于此，根据个体社会化的规律，即个体要实现社会化，需要经历成"人"、成为"公民"和成为"职业人"三个阶段，对学生的学习进行整体规划，保证德育学习不断线，同时在不同阶段进行不同内容的德育建设。针对新生面临的相对普遍的新生活适应不良、学习目标模糊、学习动力不足、人际交往困惑、心理素质欠佳，以及不同程度的道德与法纪意识薄弱等问题，设置新生适应性教育、心理健康教育、职业生涯规划教育、思想道德与法律修养教育；针对学生面临的比较突出的就业问题，以及一些常见的职场困惑问题，将教学重点放在职场适应心理教育、职业素养培育、就业政策与劳动法规等方面的教育，帮助学生树立良好的职业道德意识，具备基本的职业素养，为学生顺利进入职场，成为合格的"职业人"奠定基础。

第三，整合校内外、网内外教育资源，构建显性德育与隐性德育相结合的"全方位育人"的大德育平台体系。一是坚持"以学生为中心"的教育理念，不断深化课堂教学改革，继续发挥课堂教学作为德育主渠道、主阵地的作用。利用现代信息技术助力学生成为自我教育者，构建学生主体的教育评价新生态，切实达到"学生为中心"的最终目的和形态。[②]二是加强校内外的实践活动平台建设，紧紧围绕"以活动为中心"，依托党团组织、学生社团甚至学生宿舍，以重大节日、纪念日或国内外重大事件为载体，广泛开展对学生成长发展有利的党团活动、文明修身、阅读经典、公益劳动、志愿服务、社会调查、专业实习等各种丰富多彩的校内外实践活动，让学生在活动中深化认知，强化体验，建立认同，外化行为，养成习惯，学会发展。三是加强隐性德育平台建设，让德育回归生活之中。坚持"以情境为中心"营造积极和谐的校园文化氛围，使同学们一进校园就能感受到以标志化的物质文化形态所传递

---

① 郭华鸿. 高校德育资源的多维整合与体系建构［J］.高教论坛，2017（7）：8-10.
② 刘振天，吴秋怡."'学生为中心'抑或'学生为中心'：一个本体论的新认知［J］.教育发展研究，2023，43（9）：1-9.

的大学理念和大学精神。进一步加强制度建设、师德建设、学风建设，让学生置身于后勤人员贴心的服务中、教师高尚的师德与言传身教中、广大同学的努力学习中，感受到积极、和谐、向上的校园"情境"。四是要"因事而化、因时而进、因势而新"。要善于运用新媒体、新技术使德育工作活起来，尤其是要积极运用新媒体，以学生喜闻乐见的方式加强与学生的学习、互动与交流，使正能量在各种网络媒体得以宣传，帮助学生自觉抵御各种不良思潮侵袭，及时给学生答疑解惑，帮助学生健康成长。

四、开展职业院校大德育一体化建设

第一，加强职业院校大德育系统性研究。一是大德育的理论体系研究。德育理论，是德育工作的核心问题之一，是确保德育工作的正确方向、赋予德育工作科学性、有效性的智力支撑和坚实基础，也是德育工作是否具有生命力的根本标志。没有坚实的理论作为基础，职业院校德育工作就成为无源之水，无本之木。因此，要面对德育现状，推进大德育实践，探寻大德育方法。大德育理论体系的研究，无疑是职业院校大德育研究的首要内容。二是大德育的目标与价值体系研究。德育目标是党和国家对大学生提出的在政治素质、思想素质、道德素质、心理素质等方面所应达到的标准和要求，是德育工作的归宿。新的历史条件对重塑新的职业院校德育核心目标和核心价值提出了新的诉求。德育的根本目的是培养和提高大学生的思想道德素质，促进大学生的自由而全面地发展，提高大学生认识世界和改造世界的能力。德育价值是德育工作的开展使德育主客体的目标与需要的满足程度的一种相互关系。三是大德育的工作体系研究。工作体系，是实现德育目标、实施德育措施的组织架构和物质载体，是把目标转化为现实的执行机构，没有工作体系的科学建立和有效工作，一切理论设想都将陷入空谈。从宏观层面上讲，职业院校大德育工作体系将涵盖学校、家庭、企业以及社会等方方面面的德育工作机构、人员和环节，以期形成全社会的育人合力；从微观层面上讲，职业院校作为一个相对独立的单元，在实施大德育过程中，教学与研究、管理与服务、课内与课外、校内与校外、主体与客体等，也存在着育人体系、工作机制的协同协调等问题，以期形成有效的校内育人合力，真正实现全员、全程、全方位育人的良好格局。四是大德育的环境体系研究。德育环境是德育内化和外化的重要条件，构建完备的德育环境，对职业院校德育目标的实现具有十分重要的作用。如何通过营造良好的社会教育环境，促进家庭教育观念、教育方法的转变，探寻学校德育与企业德育的有效对接，抢占网络德育的制高点，构建家庭、学校、企业、社会"四位一体"的高职德育环境体系，发挥环境育人的巨大作用。五是大德育的方法与途径体系研究。德育的途径和方法是完成德育任务、落实德育目标和内容的根本手段。职业院校大德育途径和方法体系研究，应以提高德育实效、实现德育目标为目的，结合教育特点和学生实际，在德育理论的指导下，依托德育工作体系，建立多渠道、多层次、全方位的德育网络，探索职业院校大德育的有效途径与方法，形成具有新时代特色的育人新格局。

第二，着力实现职业院校大德育内部一体化。一是各职业院校应立足地方，以人为本，崇尚品位，办出特色，构建符合自身实际和要求的"大德育"工作体系的指导思想和行为规范，形成学校上下贯通的德育共识，促进学生树立正确的价值取向。二是营造健康向上的校园文化氛围，使学校德育一体化具有"沉浸式"的条件。把"以人为本"作为办学理念之核心和思想政治教育工作的指导思想。人是一切教育活动的中心，学校的根本任务是培养人，以学生为主体，创造一个有利于学生成长和全面发展的育人环境；办好学校的基础是依靠人，人是学校资源的第一要素，为教职工营造一个宽松、和谐的工作氛围，以利于提高学生文化素质、教师文化素养、学校文化品位。三是提出具有职业教育特色的体现总体需求的人才培养目标，使德育一体化具有向心力。可将人才培养定位为适应地方经济和社会发展需要的，面向生产、建设、管理、服务第一线的，理想远大、信仰坚定、踏实做事、诚信做人、人格健全、懂得创新、乐于合作的技术应用型人才。四是构建党委领导，宣传部统筹，学工部、团委为主体，思想政治理论课、人文教育课为主渠道，教学管理等职能部门共同参与的，高素质的辅导员队伍和学生管理队伍担任主角的多位一体的大德育工作体系，建立全员参与、全过程实施、全方位培养的德育机制，发挥教书育人、实践育人、环境育人、服务育人的功能。

第三，致力推动职业院校大德育跨学段一体化。一是充分研究思政课的整体推进。要整体规划思政课课程目标，遵循学生认知规律设计课程内容，体现不同学段特点。高职和职业本科重在增强使命担当，引导学生矢志不渝听党话跟党走，争做社会主义合格建设者和可靠接班人。中职阶段重在提升政治素养，引导学生衷心拥护党的领导和我国社会主义制度，形成做社会主义建设者和接班人的政治认同。对于基础较差的中职生，还要打牢思想基础，引导学生把党、祖国、人民装在心中，强化做社会主义建设者和接班人的思想意识，具有做社会主义建设者和接班人的美好愿望。二是充分研究课程思政和学科德育的建设与发展。要充分发挥课堂教学的主渠道作用，将职业教育各学段德育内容细化落实到各学科课程的教学目标之中，融入渗透到教育教学全过程。要根据不同年级和不同课程特点，充分挖掘各门课程蕴含的德育资源，将德育内容有机融入各门课程教学中。围绕全面提高人才培养能力这一核心点，围绕政治认同、家国情怀、文化素养、宪法法治意识、道德修养等重点优化课程思政内容供给，提升教师开展课程思政建设的意识和能力，系统进行中国特色社会主义和中国梦教育、社会主义核心价值观教育、法治教育、劳动教育、心理健康教育、中华优秀传统文化教育，坚定学生理想信念，切实提升立德树人的成效。三是充分发挥各种资源和力量的合力作用。大德育跨学段一体化建设要处理好"此"与"彼"、"一"与"多"、"先"与"后"等方面的关系，切实发挥引导作用、促进作用，不是取而代之，更不是不分彼此。职业教育各学段要集中优势资源，发挥积极作用，在学生成长成才的德育"七巧板"上拼上拼好自己的一块。

第三节　着力用好职业院校实践育人手段

实践教学是引导学生运用所学知识参与社会活动的教学过程，是实现理论检验和理论内化的重要环节，是思想政治理论课教学体系的必不可少的组成部分。通过实践教学，学生可以深入社会基层，接触生活现实，感知时代发展，增强学生的历史使命感和社会责任感。学生在实践中能加深对理论知识的理解和认同，全面提升创新能力、组织能力、思辨能力，以及解决实际问题等综合能力。增强职业院校思想政治教育实效，必须加强教育教学资源向实践教学侧下沉，以多样化的实践教学激活思想政治理论课教学。

一、整合实践教学资源

思想政治理论课实践教学可以利用的资源极为丰富。各高校因为所处地域和文化渊源不同而存在较大差异。武汉大学思想政治理论课实践教学极具特色，原因就在于武汉这一座城市具有深厚的历史底蕴，在近代历史上具有举足轻重的地位。因此，开展思想政治理论课实践教学，首先要对所处地区的实践教学资源进行全面了解和客观评估，明确区域内可供利用的教学资源的基本情况，在此基础上，科学有效地整合资源和创新资源投入机制，从而为实践教学的开展奠定坚实的资源基础。

第一，整合实践教学教师资源。在现行职称晋升体制下，大多数思想政治理论课教师都是教学科研一肩挑，教学任务不轻，科研任务更重，不少教师根本没有足够的精力安排实践教学活动。此外，相当一部分思想政治理论课教师观念仍在理论教学的圈子里打转，"尚未能满足实践教学活动对教师素质的要求，因而造成个别实践教学流于形式"[1]。而且由于实践教学活动比课堂上的理论讲授复杂得多，需要系列设计、部署、管理和总结工作，劳心费神的特点使思想政治理论课教师对实践教学产生心理排斥。这些问题真实存在并且成为制约思想政治理论课实践教学开展的首要原因。因此，开展实践教学，先从整合教师资源处入手。实践教学的深度拓展为思想政治理论课教师的素质提出了更高要求，"需要教师必须全面提升素质，方能有胜任力"[2]。各职业院校可通过脱产进修、攻读深造、社会考察、国内外学术交流等措施提高思想政治理论课教师的综合素质，也可针对实践教学进行靶向培养。

第二，整合实践教学经费资源。思想政治理论课实践教学多以社会活动

---

① 沈万根.关于高校思想政治理论课实践教学运行机制创新的思考［J］.思想教育研究,2017（1）：63-66.

② 杨增崟.高校思想政治理论课实践教学的困境及突破［J］.思想理论教育导刊,2016（10）：100-103.

为主,对经费有一定的要求。因为缺乏经费支持而不开展或者少开展实践教学的高校也不在少数。尤其是中西部地区或者偏远少数民族地区高校出现这一问题的概率更大。笔者曾到西南地区的一所高校考察学习,那里的教师反馈他们学校极少开展实践教学,即便开展,也都是在"近郊","不要经费就行,一要经费就不灵"是这些职业院校实践教学面临的困境。摆脱这个困境,一方面需要国家对职业院校思想政治理论课实践教学加大资金投入,另一方面需要各职业院校单独设立思想政治理论课实践教学专项基金,专门支持实践教学活动所产生的费用,并单独设立专项基金管理办公室,采取资本化方式实施管理。此外,各地方职业院校还可向外拓展新路,寻求地方企业和社会群体的资助,从而最大限度满足思想政治理论课实践教学的经费需求。

第三,整合实践教学空间资源。一直以来,职业院校思想政治理论课实践教学空间较少且具有选择随意性,导致消耗成本大,吸引力不够。打造实践教学基地是解决这个问题的关键。高校要积极联系地方政府机关、企事业单位、博物馆、纪念馆等作为思想政治理论课常规化的实践教学基地,与这些单位要建立长期合作关系,保障实践教学的持续推进。同时实现思想政治理论课社会实践教学基地的多样化,既要给同一类型学生多些选择,又要让不同类型的学生有针对性地选择。比如各职业院校在设计和准备实践教学时可考虑学生的专业实际,针对具体要求定向配套,使实践教学能正好敲到"鼓点"上。"针对人文社会科学类的学生,可以将实践教学活动场所定为政府、学校、社区、公司、历史文化遗址和博物馆等场所;针对理工类的大学生,可以定为工矿企业、医院、科技研究所。"[①]这样的实践教学更有吸引力,更能增加学生的参与积极性和获得感。

二、丰富实践教学形式

当前,我国职业院校思想政治理论课实践教学形式单一的问题比较突出。有些高校只在课堂中开展实践教学,有些高校则偶尔组织学生到校外开展实践教学。"实践教学主要分为课堂实践、校园实践与社会实践三个有机组成部

---

① 沈万根. 关于高校思想政治理论课实践教学运行机制创新的思考［J］. 思想教育研究,2017（1）:63-66.

分，不仅是传统思想政治理论课在新的时代境遇下的自然转换，也是对其更为人性化和具象化的演绎和表达"①。但能够把课堂实践教学、校内实践教学和校外社会实践教学结合起来的高校少之又少。虽然部分职业院校开展了思想政治理论课实践教学，但形式无非是常规的几种，难以激发学生的参与热情，很多学生撰写的调研报告要么靠编造要么靠拼凑。实践教学形式的单一问题严重影响了教学目标的达成。教学形式的灵活生动和教学场所的不受限制是思想政治理论课实践教学的优势所在。各职业院校在推进思想政治理论课实践教学时，需要抓住这种优势，发挥这种优势，不断丰富实践教学的形式，更好地提振实践教学的功效。

第一，把课堂对分成理论教学和实践教学两部分。理论性强是思想政治理论课的特点，也是长期以来实效性不高的症结所在。摆脱这个困境，可借鉴对分课堂教学模式的理念，把课堂分成上下两半。上半节课由教师进行理论讲解和重点知识框架的介绍，下半节课把课堂交给学生，由教师指导学生进行辩论、演讲和讨论，提高学生对知识的理解和运用能力。课堂教学实践对思想政治理论课教师的要求较高，需要提前做好预设和方案，"教师要把握好主导的形式和程度，充分留白，把空间构建出来，把时间预留下来。通过这些留白让学生在主动实践探索中发挥主体性和创造性"②，从而保证实践教学活动的有序、有效。

第二，把课堂实践教学与校园文化活动结合起来。校园文化活动是实践育人的重要平台，尤其是大学生社团和协会。思想政治理论课教师要"深入挖掘和提炼各类校园文化活动所蕴含的思想政治教育价值和元素，促进校园文化活动的属性与思想政治教育属性的融合"③，主动与校内有影响力的社团和协会定期联络、搭建关系，加强对社团和协会实践教学活动的指导，确保目标明确、内容充实、形式丰富。

第三，把社会实践教学活动做出彩。社会实践教学活动是思想政治理论

---

① 张彦.新时代高校思想政治理论课实践教学的三大追问［J］.思想政治教育研究, 2019, 35（3）：55-59.

② 刘一博.论思想政治理论课实践教学的问题意识［J］.思想教育研究, 2020（11）：85-87.

③ 汤志华，廖青清.新时代高校思想政治理论课实践教学创新研究［J］.思想理论教育导刊, 2019（11）：96-100.

课教学有益的拓展和补充，在实践教学体系中扮演着十分重要的角色。前文在研究各高校开展思想政治理论课混合式教学的经验时，专门介绍了北京大学的思想政治理论课社会实践教学活动。北京大学结合各院系特色，分门别类，形式多样，有针对性地把社会实践教学做得扎扎实实，并且全部由学院领导带队，表现出高度重视，整体上极为出彩。"北大经验"为各职业院校思想政治理论课社会实践教学打了个样。职业院校思想政治理论课必须把社会实践教学做足，每个月至少组织一次社会实践活动；做多样，每次社会实践活动的地点和方式尽量不同，要能尊重学生意愿，同学生的兴趣和专业结合起来。此外，还可以尝试开辟虚拟实践方式，"虚拟实践作为一种新型实践，是伴随信息化和网络化发展而产生的。它是人们运用计算机、网络和虚拟现实等信息技术在电脑网络空间有目的地进行的能动地改造和探索虚拟客体的一种客观活动"[①]。虚拟实践具有鲜明的时代特征，贴近学生和实际，能使思想政治理论课实践教学"活起来"。

三、强化实践教学机制

思想政治理论课实践教学参与人数多、运行环节多、涉及部门多，需要各教学单位和管理部门的共同配合。面对这样一个复杂的系统性工作，建立科学有效的机制是实践教学得以长效运行的关键。推进思想政治理论课实践教学创新，要不断强化实践教学机制。尤其在实践教学考核机制、实践教学激励机制、实践教学反馈机制三个方面进行探索，真正使实践教学做到"知行合一"。

第一，完善以学生整体性表现为焦点的实践教学考核机制。思想政治理论课实践教学考核范畴应该很广泛，越是广泛、精细，就越是能反映出学生真实情况。因此，可把实践考核向课外辐射，把学生的日常行为，如寝室卫生及与室友关系、公寓活动、志愿服务活动、创新能力、团队协作能力、社会沟通能力、科研能力等都列为考核内容。具体来说，思想政治理论课教师可为每一位学生建立个人日常行为表现档案，并与学生处、教务处、后勤处

---

① 石云霞.马克思主义基本原理专题研究［M］.北京：高等教育出版社，2012：60.

和校团委、社联等相关部门联动，对学生的表现全程记录，期末时由思想政治理论课教师根据学生的全方位表现进行打分。概言之，实践教学考核要遵循"定性评价与定量评价相结合、过程性评价与结果性评价相结合、即时评价与延时评价相结合的基本原则"①，力求考核评价结果的客观科学。

第二，建立以调动师生积极性为本的实践教学激励机制。思想政治理论课实践教学能否顺利开展，既取决于学生的积极性，也取决于教师的积极性。调动师生积极性，二者缺一不可。就调动教师实践教学积极性来说，必须从职称评审上着手。改变思想政治理论课教师职称评审唯科研的现状，不断提高教学质量在马克思主义理论学科中的比重，为思想政治理论课教师在科研上做减法，使思想政治理论课教师能够以更多精力和更大热情投入到教育教学研究和实践教学中来，让实践教学回归本位。针对调动学生实践教学积极性，一方面要把实践教学成果作为平时成绩的一部分，甚至于很重要的一部分；另一方面要在实践教学成果的打分上采用教师评价、同学互评、学生自评相结合的方式。在各个评价主体打分权重的确定上，教师要进行探索，可听取学生的意见，发扬民主作风，尊重学生意见，增强学生参与主体意识，从而激发积极性。

第三，形成以及时纠偏为重点的实践教学反馈机制。实践教学是一个复杂工作，在开展过程中难免出现各种各样的偏差，是否能及时纠正偏差，直接决定了实践教学活动顺利与否。实践教学中可能出现的偏差，比如实践教学目标与实践教学实际成果之间的偏差、实践教学预设与实践教学条件丰裕度之间的偏差、实践教学的流程与可能发生的不可预测的阻碍因素之间的偏差等都需要及时做出反馈和纠偏。要而言之，职业院校只有结合校情，制定具有可操作性的实践教学评价指标体系，并及时反馈纠偏，进一步完善评价指标体系，才能不断提高思想政治理论课实践教学的实际效果。

四、提升实践教学内涵

职业院校实践教学在丰富各种形式教学活动和整体教学模式的基础上，

---

① 娄本东.思想政治理论课实践教学的评价研究：以"马克思主义基本原理概论"为例［J］.教育理论与实践，2020，40（24）：50-53.

还应该结合时代育人要求和人才培养规律，不断以内涵之提升实现突破。就目前来看，提升职业院校实践教学内涵的有效办法是把实践育人放到大德育下进行部署推进，使之具有浓郁的立德树人意蕴。

第一，建立实践育人的领导机制。学校领导体制是学校德育工作运作的核心，事关大德育工作的整体部署，而且对于整个学校的教职工和学生来说，起着导向、动力和保障作用。在学校领导体制的构建方面，一是要依据国家对学校德育领导体制的规定，明确校党委和校长的职责。二是成立由党政主要领导、德育骨干为主体的德育领导小组，具体组织领导学校德育工作。三是区分教师和学生两条线，建立相应的德育工作机构，确立各机构的职责、任务和工作制度。四是按照德才兼备的原则，聘任、组织学校德育骨干队伍，建立优化德育队伍的机制。在体制的运作方面，要结合本校实际，构建本校的德育目标、内容、途径、方法、管理评价体系，形成制度化文件，按要求和计划实施和落实。

第二，优化实践育人的队伍机制。高校德育工作具有整体性和全程性的特点，要发挥实践对德育的作用，把握实践育人的全过程，需要全校上下全员参与，多部门联动，构建完善的德育队伍机制。建设一支结构合理、思想性和业务性相结合、示范性较强的德育队伍，是整体构建学校德育体系的关键，它应该包含德育骨干队伍、德育基础队伍、德育示范队伍三个部分。德育骨干队伍包括学校中层以上党政领导、"两课"教师、辅导员、班主任等，他们以德育为主业，是德育实施和发展的骨干力量。德育基础队伍包括任课教师和教学管理服务人员，在服务广大师生之中起到"教书育人""管理育人""服务育人"的身教作用。德育示范队伍主要包括校内外一些优秀企业家、政治人物、知识分子、道德模范等，邀请他们参与实践育人工作，可以提高德育质量，为学生增加更多的德育实践机会。

第三，丰富实践育人的环境资源。高校实践育人的环境资源包括一切有助于大学生德育实践的物质及精神资源。其中，物质资源是指校园的景观环境建设。整洁美观的校园景观和校园基础设施是德育实践的物质基础，无论是宿舍和公共区域的干净卫生，还是先进的实验室设备、丰富的图书馆藏书，都给予学生现代文明的感觉，很大程度上陶冶了学生的情操，有利于学生形成良好的修养。精神资源是德育的软件设备，如校风、学风、师风、校园文化等。通过开展丰富多彩的校园文化活动，来促进学生自我管理、自我提升和自我服务，为大学生道德情操的提升提供载体。

第四，健全实践育人的奖评机制。建立与完善激励机制是提升实践育人效果的重要保障。任何德育过程的实施都需要相应的激励机制，合适的激励有助于学生良好思想和行为的形成、发展和深化，预防和克服不良思想和行为的滋长，有助于德育施教者产生持久不断的教育动力。在实践育人工作中，应该建立合适的激励制度，将各类正激励措施交替配合使用，如召开表彰会、先进个人网络评选、实施"模范引领"工程等，还可设立德育奖学金、素质拓展奖等，鼓励学生认真参与每次实践活动。另外，还可将学生的实践成绩和活动指导与教师的工作量挂钩，设立教师指导学生实践的课时标准或其他激励手段，促进教师重视对学生参与实践活动的指导。规范实践育人的评价机制，应遵循方向性、科学性、可行性的原则，将定性评价与定量评价相结合、静态评价与动态评价相结合、外部评价与自我评价相结合，统一思想和行动，防止和克服主观性和随意性，保证其科学性。在评价内容上，不仅要包括实践育人有关的规章制度、活动方案、物质和精神环境，还应包括学生的收获以及教师的称职程度等。高校应构建领导、教师、学生三位一体的实践育人考核评价体系，有效利用校内外实践育人资源，以实现实践育人工作机制的规范化、科学化和制度化。

第四节　增强文化在思政育人中的有效性

习近平总书记指出："思政课的本质是讲道理。"[①] 因此，从根源上把道理讲透，打通理论与实际、政治与学术的内在关联，打造既有内涵又灵活接地

---

① 鞠鹏，谢环驰.坚持党的领导传承红色基因扎根中国大地 走出一条建设中国特色世界一流大学新路[N].人民日报，2022-04-26（1）.

气的思政课，从而激发学生的内生动力，更好地认识中国特色社会主义，进一步坚定文化自信，勇于、敢于且有能力承担中华民族伟大复兴的重大历史使命，是提升思政教育生命力的关键所在。其中，发挥文化在思政育人中的积极作用，是创新职业院校思想政治教育工作，增强思想政治教育实效性的有效方法之一。

一、开辟职业院校文化育人系统化路径

第一，强化党建引领作用，为文化育人定向领路。职业院校文化建设作为人才培养的重要途径和依托，必须坚持党的全面领导，回答好"培养什么人，怎样培养人，为谁培养人"这一教育的根本问题，牢牢把握"为党育人、为国育才"的目标要求，确保在文化育人过程中坚定社会主义方向。各职业院校必须发挥党组织的政治引领作用，将党建育人深度融入文化育人，为文化育人定向领路，增强文化育人"牵引力"。一是系统谋划文化育人工作。学校党委应把文化育人作为立德树人的重要抓手，做好顶层设计，制定学校事业发展文化专项规划，将特色文化育人融入人才培养方案；完善文化育人的组织保障，设立文化教育中心等专门机构，组建文化研究与教学团队，统筹推进文化育人工程。二是党建项目领航。实施"党委—党总支—党支部"三级书记项目，设立文化育人研究专项，精准聚焦文化育人，增强项目选题的导向性、针对性，以党建项目研究推动文化育人实践，探索解决文化育人工作难题的途径方法，提高文化育人工作的质效；实施"校企—校地—校内"三级党组织共建，依托行业企业、区域红色资源和党建阵地，推进党组织文化融合，激发党组织文化育人活力；推动建设特色文化馆廊，围绕红色文化和行业精神传承开展主题活动，培育建设"一总支一品牌""一支部一项目"。三是强化课程思政示范引领。学校必须大力推进马克思主义学院建设，推动思政课守正创新，开展专题教学、案例教学、现场教学，坚持党委书记为新生讲授"思政第一课"；结合党史、行业史、校史等，建设省级和校级课程思政示范课，以课程思政示范课为引领，全面推进课程思政，实现知识传授和价值引领同频共振。

第二，拓展双元协同机制，形成多元主体共同文化育人格局。各职业院

校兼具"文化性"与"职业性"的特征，决定了其文化育人主体的多元性。深入推进产教融合、汇聚社会力量办学，是推动职业院校建设发展的根本途径。职业院校应在校企协同育人的基础上积极探索校企、校地、校校、校馆协同文化育人模式，让行业企业文化、区域文化、院校文化深度融合，充分发挥文化育人作用。要形成校企、校地、校校、校馆多主体协同育人格局，为学校文化育人工作充实力量、完善资源结构，实现文化育人成果多元共享，提高多方参与文化育人的主动性、积极性，增强文化育人"推动力"。一是完善校企协同文化育人机制。依托学校发展理事会、校企合作联盟等平台，优化校企协同育人机制，逐步吸纳合作企业，拓展人才培养多方合作渠道，推动学校与行业企业的文化融合。学校和企业以产教融合促进文化融合，共同实施文化育人，提高人才培养适应性。二是完善校地协同文化育人机制。校地共建文化研究中心、文化场馆等，以保护、开发和利用好行业区域内的优质文化资源、发挥文化育人作用为目标，系统挖掘、整理行业和区域内的产业文化、红色文化资源，共同开展文化传承弘扬活动；创新学校和街道社区协同育人途径，推动文化作品进校园、进社区，增强文化育人的辐射作用。三是完善校校协同文化育人机制。推动校校联合，在党建、教科研、团队、资源等方面开展全面共建，借助机制、平台、举措创新，打造文化建设共同体和思政精品课，实现文化育人资源深度互通互享。四是完善校馆协同文化育人机制。加强与爱国主义教育基地、革命烈士纪念馆的合作，探索校馆合作文化育人新范式，共同挖掘英烈事迹、革命先烈精神、行业精神、传统文化精髓，丰富优秀传统文化、红色文化和社会主义先进文化的内涵，拓展文化育人优质资源。

第三，建设三类文化育人平台，集成文化育人资源力量。文化融合是产教融合的更高层次，文化育人平台的搭建是校企迈向文化融合的第一步。校企共建文化研究、文化教育传播、文化实践创新等"三类平台"，可以有效集成文化育人的优势资源力量，增强文化育人"集聚力"。一是建设文化研究平台，提升研究功能。校企共建文化研究机构，深入开展新时代行业文化研究、区域红色文化研究、职业教育思想研究，推广应用文化研究成果，开发行业文化系列课程，推出行业文化创意产品，以行业文化研究融合学校文化传承创新与人才培养两大功能，为职业院校文化建设、文化育人提供新思路、新视角。二是建设文化教育平台，提升传播功能。"挖掘行业文化资源、学校文化积淀等，建设校内外文化馆群如行业史馆、学校史馆等，助力师生思想政治教育、企业员工培训等，满足校内外不同人群的文化服务需求，增强文化平台的传播功能，将文化馆群打造成科普教育基地、爱国主义教育基地等。"①三是建设文化实践创新平台，提升孵化培育功能。依托校内综合实训基地、文化传承创新工作坊和校外实习基地等文化实践创新平台，培育学生实践项目，孵化行业红色文化和区域红色文化创新创业类项目，打造实践创新项目品牌。

第四，打造五大文化育人载体，实现全过程文化育人。文化育人载体对塑造学生良好思想品质、提高学生综合职业素养、培育学生社会主义核心价值观有重要作用，也是特色文化育人模式有效运行的关键，贯穿文化育人全过程。校企应协同共建特色文化育人载体，增强文化育人"支撑力"。一是打造"第一课堂＋第二课堂"的特色课堂。"第一课堂"突出思政课程和课程思政，将行业精神文化融入书记校长第一课、"形势与政策"课等示范课，强化价值引领；"第二课堂"突出典型示范和先进带动作用，通过举办"劳模论坛""校友讲堂""工匠精神进校园"等活动，强化榜样激励。二是打造"文明行为养成＋职业素养训练"的特色管理。"文明行为养成"针对文明和谐社会建设要求，着力提升学生的文明观念，培养学生文明行为习惯，提升学生的文明素养；"职业素养训练"对接行业企业岗位要求与员工素质特点，开展职业礼仪操、专业体能训练，提升学生职业素养，为学生胜任工作奠定职业基础②。三是打造"校内实景＋校外实境"的特色实践。"校内实景"的实践依托校内馆群开展行业文化认知实习、专业技能实训，助力学生感受行业文化，掌握扎实专业本领；"校外实境"的实践依托校外实践基地开展就业实习、志愿服务，提升学生服务意识和服务能力，培育学生的奉献精神和坚定意志。

---

① 钱吉奎. 类型教育视域下高职院校特色文化育人模式的研究与实践［J］. 教育与职业, 2021（24）：43–47.

② 钱吉奎. 类型教育视域下高职院校特色文化育人模式的研究与实践［J］. 教育与职业, 2021（24）：43–47.

四是打造"原产原创＋传承传播"的特色文艺。"原产原创"让学生深度参与文化建设，产出有行业文化特色的原创歌曲、原创舞蹈、原创音乐剧、原创文学作品、原创影视作品等，打造特色文艺品牌；"传承传播"立足提升特色文化影响力，通过大学生艺术展演、举行校园文艺节目进企业和社区等活动，增强文化辐射力与示范效应。五是打造"显性物质＋隐性元素"的特色环境。"显性物质"环境着力建造特色校园文化和校内文化传承创新工作坊，"建设富含行业背景元素的校园景观，增强特色文化的可视化效果"①；"隐性元素"环境着力营造校园特色文化氛围，通过举办专业技能竞赛月、青年志愿服务宣传周等活动，烘托特色文化氛围。

二、盘活区域特色文化思政育人价值

第一，发挥区域特色文化的载体作用。区域文化作为传统文化的重要组成部分，因其地域性更能感动人，从而激发学生爱党爱国爱乡的情怀。因此，各职业院校可以利用自身的学科特点和文化资源优势，创新思政教育模式。如广东地区的职业院校应把岭南文化、广府文化、潮汕文化运用起来；湖南地区的职业院校应大力研究学习湖湘文化，使之成为思政育人的文化源泉。可把区域文化最直观的载体"非遗"作为教育承载，采取将"非遗"进课堂活动与课程思政紧密联系，探索新时代"美育思政＋"的育人新模式，通过"手工技艺＋艺术审美＋文化体验"的复合型文化体验模式，兼顾守正保旧与活化创新，重构传统手工技艺与当下时尚文化的关系，凸显传统技艺与现代学生审美趣味的充分融合。在教学方式上，可将理论讲解和线下实操按照一定的配比有机结合起来，充分发挥职业院校学生的学科优势和专业特长，破立并举、协同创新。以区域特色文化为载体开展思政育人，既融通了传统文化与当下生活，推动了中华优秀传统文化的创造性转化和创新性发展，又以之为媒介激发了学生的崇德向善、尚美求真的内驱力。

第二，以区域特色校园文化为育人摇篮。校园文化不仅是学生思政教育的课外延伸，更是提升思政教育实效的重要载体。课堂上的理论传授，与独

---

① 钱吉奎. 类型教育视域下高职院校特色文化育人模式的研究与实践［J］. 教育与职业，2021（24）：43–47.

具特色的校园文化互联互通，营造一体化的沉浸式思政学习环境，能有效激发学生的主动性，强化思政教育的实践育人效果。在大思政背景下，教师作为知识传授者和价值引领者，借助校园实践活动，在校园环境、专题活动、社团项目方面，将思政理念变成生动的实物形象，把价值观培育与塑造融入课堂内外，是实现"思政＋文化"双重育人的新模式。在区域特色文化中寻找素材，建设多彩的校园文化，大有可为。以充满区域特色的景观灰塑、剪纸、刺绣、嵌瓷、吊脚楼等融入校园公共景观，建立具有代表性的校园博物馆和独立文化空间示范点等，丰盈校园的文化载体，实现以文化熏陶构建育人格局。多彩的校园文化真真切切围绕在学生身边，与日常生活息息相关，潜移默化的沉浸式活动能够在润物无声中，极大增强学生对思政课的认同。如湖南地区的职业院校可把书画文化、篆刻文化、梅山文化、九嶷山文化"搬到"校园，打造区域文化校园化的样本；广东地区的职业院校可引导学生在假期结合所处地区的改革开放发展史，收集整理资料，采访代表人物，将对历史的感悟和对现实的诉求融合在一起，深刻理解改革创新的时代内涵，使之成为敢立时代潮头、勇于开拓进取的校园文化，从而滋养学生。

第三，以地区社会大课堂为思政育人舞台。职业院校与普通学校的最大区别在于立足地方、服务地方和与地方共同进步。地方社会是一个大舞台，具有课堂教学和校园育人所不具备的资源优势，思政育人在地方舞台大有可为。绚丽丰富的地域特色文化为高校思政课堂提供了源头活水，反过来，思政教育的成果也为地域特色文化的传承创新提供了充足动力。思政课程可以走出教室、迈出校园、走进社会。因此，各职业院校不但不能把这一大舞台废弃不用，反而更应该好好利用起来。以广东地区的职业院校来说，可以与邵成村灰塑艺术工作坊、佛山祖庙、陈家祠联合共建，提供课外延伸，每年定期举办灰塑文创设计大赛，引导推动"非遗"灰塑文创产品的设计开发，探索岭南灰塑文化与技艺传承发展的新途径。还可以灰塑文创展、灰塑标志、灰塑设计、"灰塑＋""灰塑经济化＋经济灰塑化"为主题，将师生创作的灰塑作品以实物展示、网络平台 VR 全景展示等形式在校园、社区、城市地标空间进行展示，以此激发和增强学生的实践创新能力，也使学生萌生保护文化、传承文化、发展文化的信念。学生通过参与这些活动，能够更深刻了解地方文化和文化价值，树立服务社会、服务人民的情怀，锻炼社会实践能力和社会服务能力，而且更清晰地认识到肩上所承担的责任。思政育人借助地方社会大舞台得以彰显。

三、促进红色资源思政要素有效开发

有效开发红色资源思政要素，发挥红色文化的思想政治教育功能，需要创新思路，丰富实践路径，多措并举，把红色文化嵌入思政课教学中，在充分发挥红色文化叙事功能的基础上，把好故事与好思想结合，使"好的思想政治工作"像盐"溶解到各种食物中"一样，让红色文化资源被学生"自然而然吸收"。

第一，激活红色基因，使红色资源成为职业院校思政育人取之不尽用之不竭的文化资源库。习近平总书记指出："对我们共产党人来说，中国革命历史是最好的营养剂。多重温我们党领导人民进行革命的伟大历史，心中就会增添很多正能量。"①纵观党史、新中国史、改革开放史、社会主义发展史，可以看到中国共产党在带领人民进行革命、建设和改革的不同时期不断奋斗、自我完善的伟大历程。各职业院校学生应该深入学习四史，通过红色基因的激活，在认清历史脉络、把握历史规律的基础上，从红色文化中汲取不忘初心、继续前进的力量和勇气。当前，在新媒体融合发展的背景下，激活红色基因的方式需要更加多样，更加贴合学生的身心特点、思维特点和认识特点。可以数字化手段纵深发掘、横向关联红色文化蕴含的教育资源，推动其经过充分设计后融入高校思政课的理论与实践教学各环节。

第二，加强深度融合，使红色资源助力职业院校思政育人具有可行性和生命活力。红色文化融入职业院校思政课教学，需要研究两者在具体文化形态上的异同，找准相互作用、相互生发、彼此影响的机制，探索二者深度融合的必要路径。一要在思政课中高唱主旋律，牢守传播红色文化和红色精神教育底线不动摇，营造传承红色文化的积极氛围，拓展红色文化的覆盖面。二要打造主阵地，通过理论教学设计、实践教学组织、网络教学创新，把文

---

① 鞠鹏.充分调动干部和群众积极性 保证教育实践活动善做善成［N］.人民日报，2013-07-13（1）.

化核心理念融入人才培养全过程，发挥课堂主渠道的育人作用，重点建设包含行业精神谱系、红色故事、红色人物、红色遗存的"行业红色文化资源库"，推进红色文化育人，把红色文化深入贯彻到思政课教学中，使主阵地支撑能力充足、托举能力强劲。三要创新手段，坚持"以学生为中心"的教学理念，发挥学生的主体作用，采取互动式、启发式、交流式教学，多措并举提升红色文化对大学生的吸引力与亲和力。特别是结合重要纪念日开展活动，实现红色文化资源的多渠道融入。通过课堂学习与课外活动的相互协调，显性教育与隐性教育的相互渗透，理论教育和实践教育的相得益彰，增强红色文化育人的渗透性和覆盖面，确保思政课育人成效。其中，提升教师的融合意识和能力至关重要。红色文化资源融入高校思政课，离不开教师的精心设计以及融入过程中的及时引导和反馈。教师们需不断提升教学组织能力，更加重视运用红色文化资源，切实加深红色文化思政育人效能和程度。

第三，顺应时代创新，深耕红色资源思政育人时代性和实践性。推动思想政治理论课改革创新，要不断增强思政课的思想性、理论性和亲和力、针对性。各职业院校要紧紧围绕为党育人、为国育才的初心使命，用寓教于乐的方式增强思想政治教育的活力。无论是思政课教学，还是红色文化的传承，都要结合新时代、新特点，通过创新手段的使用，顺应时代发展，高扬红色文化的旗帜，深入思政课的全时空。一要将红色文化资源渗透至高校思政课立体化教学模式中。对红色文化的运用要注意全方位和多视角，找到红色文化资源与高校思政课理论教学、实践教学及网络教学的最佳融合契机，在新时代高校思政课的教学改革实践中，实现对运用红色文化资源的创新。二要重视网络化信息化的巨大力量，以数字化校园建设为基础，以自媒体为核心，通过建设红色官微，开发红色 APP，主动向学生推送红色文化相关知识与信息，打造具有生活气息、时代气息的多元化、立体化的红色文化宣传格局，更好发挥潜移默化的育人功能。三是重视校园主流舆论的引领。在大力弘扬红色文化时，注意用中国特色社会主义主流意识形态掌控校园网络阵地，引领校园主流舆论，实现红色文化对校园主体的积极濡染。

第四，融合红色文化与中华民族优秀传统文化，打造职业院校思政育人文化生态。一要注重文化育人与课程教学研究相结合，注重"思政课程"与

"课程思政"共建共享、同向同行，在充分开展学术研究和理论分析的基础上，在课程教学中彰显人文精神，将中国共产党为什么"能"、马克思主义为什么"行"、中国特色社会主义为什么"好"等一系列青年学生关心关注的重大理论和现实问题讲明白；将中华民族如何从站起来、富起来并走向强起来的历史逻辑讲透彻。"尤其要深入挖掘和汲取中华优秀传统文化中讲仁爱、重民本、守诚信、崇正义、尚和合、求大同的思想智慧，讲清楚中华优秀传统文化的历史渊源、发展脉络、基本走向，讲清楚中华文化的独特创造、价值理念、鲜明特色，以帮助学生树立正确的历史观、民族观、国家观和文化观"[1]，增强对国家和民族的归属感、认同感，坚定道路自信、理论自信、制度自信、文化自信。二要注重文化育人与校园文化建设相结合。校园文化是文化育人的载体，一所大学的校园文化蕴藏于其校史校训、校风教风学风、校徽校歌等精神文化之中；蕴含于其日常的规章规范、行为准则等制度文化之中；渗透于丰富的文体活动等行为文化之中；浸透在图书馆、学校报刊、广播电视等物质文化之中，校园文化浸润着大学精神，能够对师生的品行修养、精神风貌产生无形影响，要切实建设好校园文化，发挥好校园文化育人功能。三要注重文化育人与文化对外交流的结合。在文化对外交流过程中，一方面，主动吸收借鉴外域文明的优秀成果，开阔学生的文化视野；另一方面，向世界讲好中国故事，积极展示中华文化独有的精神、理念、智慧、气度和韵味，增强学生对中华文化自信的底气。

第五，重视文化育人落实落地，搭建中华优秀传统文化与思政教育的有效接口。中华优秀传统文化内容丰富、意蕴深刻，若无行之有效的抓手和合适的切入点，则对于加强职业院校学生的思想政治教育只能是流于喊口号和贴标语的形式，游离在学生生活与学习的表面。因此对于在职业院校学生群体中充分发挥中华优秀传统文化的育人能量，需要做到立足我国历史文化传统、结合社会现实情况、贴近学生成长成才需求，明确几个着力点和落脚点。一是要突出立志教育。强调立志是中华优秀传统文化的鲜明特色之一。纵观我国乃至世界历史，古往今来，凡有大成就者，必有宏伟志向。"心有所信，

---

[1]　罗莎，熊晓琳. 新时代高校文化育人实现理路探赜［J］.思想教育研究，2020（4）：135-139.

方能行远"。树立远大志向对每个人，尤其是大学生来说极其重要。中华民族伟大复兴的征途上还会遇到很多艰难险阻。这就需要一代又一代有理想有志向的年轻人，效法古人，志存高远；学习领袖，胸怀天下。二是重视道德修养。习近平总书记指出："要做一个好人，就要有品德、有知识、有责任，要坚持品德为先。"[①]要将广大青年学生培养成立志于以民族复兴为己任的时代新人，必须在日常思政教育之中强化关于诚实敬畏、勤劳勇敢、谦虚谨慎、宽厚仁慈等传统美德的塑造，重视培育学生高尚品德。三是强调矢志拼搏奉献。拼搏奉献是中华民族的重要品质之一，是支撑中华民族自强不息、浴火重生的根本精神力量。近代以来，无数中华优秀儿女为争取民族独立和人民解放不惜牺牲自己的生命；新中国成立后，广大中国人民在不同的战线上奋力拼搏，以不同的方式奉献出自己的时间、精力乃至一生。正是依靠拼搏奉献，使中华民族摆脱贫穷、实现富裕、走向强大。在思政教育中要充分利用好拼搏奉献的先锋榜样案例资源，营造勤学苦干的良好氛围，旗帜鲜明地以拼搏奉献涤荡"躺平摆烂"的颓唐之气，展现新时代新青年的良好风貌，踔厉奋发，继续践行"青年一代不怕苦、不畏难、不惧牺牲，用臂膀扛起如山的责任，展现出青春激昂的风采，展现出中华民族的希望"[②]，不负习近平总书记对广大青年的充分肯定和殷切期望。

四、优化职业院校文化育人质量评价机制

文化育人质量关乎高校文化育人目的的达成与价值的彰显。文化育人质量评价本质上是对文化育人质量进行价值判断的过程，对职业院校文化育人工作具有引导方向、鉴定效果、激励发展的作用。价值判断需要依据一定标准，这个标准既是社会价值观的反映，也是育人目标的体现。

第一，职业院校文化育人应具备文化育人的本质属性和质量规定，遵循育人的基本规律。职业院校文化育人具有鲜明的政治性和价值性，应遵循思

---

① 张烁，王晔，鞠鹏.美好的生活属于你们 美丽的中国梦属于你们［N］.人民日报，2015-06-02（1）.

② 姚大伟，谢环驰，黄敬文.全国抗击新冠肺炎疫情表彰大会在京隆重举行［N］.人民日报，2020-09-09（1）.

想政治教育基本原则，服务党和国家事业发展，在统一的指导思想和目标原则下进行。在这个层面上进行质量评价，具体来说，一是考察高校文化育人的价值追求和内在动力，即文化育人的组织领导是否坚持"立德树人"的育人目标和三全育人的理念思路，建立协调顺畅的领导体制和科学有效的工作机制，形成有效领导、指导、实施和参与的文化育人格局。二是考察高校文化育人的力量源泉，即高校文化育人是否按规定进行党政干部、共青团干部、文化素质课程教师、辅导员班主任等力量配备，对各级各类人员是否有合理的管理考核、学习培训、激励表彰、职级待遇保障等。三是考察高校文化育人工作对文化特性和教育规律的把握，即文化实践活动的开展是否坚持文化内容的科学性和时代性，是否形式多样、健康向上、格调高雅并吸引全体师生参与，是否凝缩出富有特色的大学精神并得到广泛认同，是否培育形成富有特色的校园文化活动、品牌项目并有较高知名度和影响力。四是考察高校观、体现可持续发展与文化传承的校园规划等。

第二，文化育人是"人化"和"化人"的结合，人是落脚点和出发点，文化育人功能的落地过程体现为人在文化的作用下发生转化与改变。学生在高校文化育人作用下是否发生变化、发生什么样的变化，是判断文化育人功能实现与否的重要标准。学生文化素质是一个动态、隐蔽、抽象的概念，精准测评职业院校学生文化素质是一个难题。文化育人质量评价应注重整体把握、面向发展、客观需求，避免重结果性评价轻发展性评价，重识记性学习能力轻运用性实践能力。一是进行整体达标性评价。文化认知和文化观点、文化知识和思维水平、文化理解和欣赏能力、文明程度和文化修养是有底线和基准的，可以根据不同标准划分为不同等级。作为一个合格的学生，必须具备最基础的文化素质和能力，达到最基本的门槛条件。为实现每个人的自由全面发展，每个个体的文化素质达到基本标准是高校文化育人功能实现的最低标准。二是进行个体发展性评价。由于个体学习能力、性格类型、兴趣爱好、生长环境所具有的差异，每个大学生文化素质基础千差万别。全人类的自由全面发展必然基于每个人的自由全面发展，在进行学生文化素质评价时，应关注每个学生的纵向发展，考察在文化育人实践的作用下，学生个体文化素质是否有提升以及提升的程度。三是对学生整体文化需求进行评价。"学生的文化需求就像一面镜子，动态折射出学生文化素质的发展情况，代表着学生不同时期对文化的态度、理解、接受程度。学生文化需求既源于自身的渴望，也受外界作用的影响，外部浓厚的文化氛围、强烈的文化刺激更容易使学生文化需求得以增长。"[①]在文化育人质量评价时，应积极关注学生对文化的需求量与需求度及其实时变化情况。四是对行动转化力进行评价。当学生真正接受和认同中国特色社会主义文化后，将会内化为精神追求，外化为自觉行动。在评价时可以重点对学生文明程度、文化创作、文化活动中的表现进行考察。

第三，满足主体需要是质量的价值旨归，是检验质量达成的最高标准。"满足甚至超越主体需要，是判断事物价值实现与否的核心依据。"[②]职业院校文化育人质量是高校为实现立德树人根本任务，通过构建科学、系统的文化育人体系，促进学生文化素质提升，满足学生成长成才的文化需要和国家发展与社会进步需要的程度。职业院校文化育人质量的主体是国家、社会和学生，判断高校文化育人质量的高低，归根结底要看文化育人满足国家、社会、学生需要的程度和水平。需要满足维度评价属于结果性评价，可以围绕主体需要从三个方面进行。一是考察学生主观认可度和客观接受度，判断文化育人对学生成长需要的适应度。通过学生对高校文化育人各项工作的满意度调查，掌握职业院校文化育人对学生利益需求和价值关切的满足程度，衡量学生对文化育人工作整体认可程度；由文化价值观是否被认同，文化知识是否被掌握，文化精神和目标追求是否被理解和认可，文化欣赏和理解能力是否被传承和发展等评价学生的文化接受度。还可以通过对学生毕业后的文化素质发展水平进行跟踪调查，衡量高校文化育人对学生终生成长的影响程度。二是考察优秀人才输送程度和文化产品服务力度，判断文化育人对社会进步需要的贡献度。通过用人单位对毕业生思想品德、文化素质的满意度，

---

① 王永友，董承婷. 高校文化育人质量的出场语境：概念、要素及评价［J］.思想政治教育研究，2021，37（1）：129-136.

② 王永友，董承婷. 高校文化育人质量的出场语境：概念、要素及评价［J］.思想政治教育研究，2021，37（1）：129-136.

衡量文化育人培养人才的合格程度；通过毕业生从事文化相关行业的人数占比，衡量文化创新人才输送力度和衡量文化的社会服务度。三是考察职业院校文化生产力和文化影响力，判断文化育人对建设社会主义文化强国的满足度。育人是文化的本体功能，高质量的文化育人来源于高质量的文化，也必然产出高质量的文化。可以通过师生的高水平文化艺术作品、科学研究成果的数量和获奖级别，衡量高校文化创新能力；通过高校公共文化产品和服务的效能，衡量高校文化生产的公共服务能力；通过高层次国际文化交流参与度、文化国际传播渠道、国际文化舞台话语权，衡量高校文化的国际影响力，以此对职业院校文化育人质量进行评价。

第五节　深化职业院校课程思政建设

思政课是职业院校落实立德树人根本任务和培养高素质的时代新人的关键课程，发挥着不可替代的作用。党的十八大以来，以习近平同志为核心的党中央高度重视思政课建设，2019年3月18日，总书记亲自主持召开思政课教师座谈会，2019年8月，中办国办印发《关于深化新时代学校思想政治理论课改革创新的若干意见》，2020年5月教育部下发了《高等学校课程思政建设指导纲要》。为贯彻国家教育方针，更好地落实好立德树人根本任务，使各类课程与思想政治理论课同向同行，各职业院校应开展思政课改革，统筹推进课程思政建设工作，探索构建具有学校特色的课程思政与德育实践一体化育人模式。

一、加强职业院校课程思政顶层设计

习近平总书记强调："要坚持党的领导，坚持正确办学方向，坚持立德树人。"[①]坚持党的领导，是职业教育的政治保证。坚持服务发展、促进就业的办

---

① 加快构建现代职业教育体系 培养更多高素质技术技能人才能工巧匠大国工匠［N］.人民日报，2021-04-14（1）.

学方向，是职业教育的初心和使命。坚持立德树人，是职业教育的根本任务。职业院校要建立学校党组织统一领导、党政齐抓共管、教务部门牵头抓总、相关部门联动、院系（专业）落实推进、自身特色鲜明的课程思政建设工作格局。要加强顶层设计，结合学校发展实际情况，在多个方面抓好统筹。"双高"建设院校，还要将课程思政实施情况与"双高计划"建设任务结合起来、与"高水平专业（群）"建设结合起来。

第一，职业院校要做好课程思政的顶层设计，将"立德树人"和"社会主义核心价值观"作为价值主线。一方面，从"立德树人"出发，强化技术技能人才职业道德、职业伦理、精益求精的职业素养；另一方面，从"社会主义核心价值观"出发，培养技术技能人才的家国情怀、社会担当，通过职业教育课程思政充分发挥国家政治功能和价值导向作用，进而促使职业教育所培养的高素质专门人才投身经济社会建设中，从而以高素质赋能高质量发展。在中观层面，职业教育课程思政要满足市场和学校的需要。市场需求指向的是经济效益，而学校需求指向人的发展。一方面，职业教育课程思政要以高度的政治敏锐度，觉察出国内的市场动态，"进而选择合适的课程，调整教学设计，联结起学生的现实生活和未来生活，让学生在满足自身就业需求和市场需求时，能自觉认识到职业规范、职业道德、职业伦理甚至社会主义信仰等问题"①；另一方面，职业教育课程思政也要在原来的专业课基础上，进行学校内部师资、教学手段、教学过程的革新，让课程思政的理念深入学校各个场域，促使学校内课程思政教育共同体的建立。在微观层面，职业教育课程思政要满足学生个体的需要。具体的课程思政教育实践活动，要结合学生的特点和客观成长规律，以学生发展为核心，关注到学生价值理念、道德理念、精神理念等内在层面的发展，引导学生建立起技术理性的科学认知，通过对"术"与"道"的整合，潜移默化之中唤起学生的主体能动性，最终将社会主义核心价值观内化为个人价值风向标。

第二，整合教学管理功能与层级，形成合作共赢的组织保障。在宏观层

---

① 郭和才，朱德全.职业教育课程思政的价值理性与教育逻辑［J］.民族教育研究，2021，31（5）：44-54.

面上，建立政府、行业、企业、院校、社会组织等多元主体的咨询决策组织，"参照校企主导、政府推动、学校企业双主体实施的运作机制，发挥多元主体在指导监督、总体规划、政策建议、过程管理、信息反馈等方面的课程思政建设指导功能"[①]。校企合作是职业教育的基本办学模式。校企在课程思政方面开展合作既是校企合作的应有之义，也是提高职业教育人才培养质量的必然途径。职业教育还具有鲜明的外部性、地方性、行业性特征，要充分发挥地方政府、行业、社会组织等对课程思政建设的指导作用，有利于课程思政建设与地方、行业、企业的特点和要求的融合，加强课程思政建设的针对性和适应性。在中观层面上，要着眼于校内层级组织的整体性运作，加强对课程思政建设的统一领导，打破各层级行政单位各自为战的状况。成立课程思政建设工作领导小组，由学校、部门、学院和行业企业的相关领导和专家组成，统筹全校课程思政建设工作，明确多元主体在课程思政的教材建设、教学评价、师资保障、资源整合等方面的主体责任。宏观层面的咨询决策组织和中观层面的领导小组要与前述微观层面多元教学主体构成的课程协作组织协同联动，重点是要处理好行政管理权与教学专业自主权的关系，咨询决策组织和领导小组要尊重课程协作组织的专业自主权，要加强调研和统筹，发挥行政管理权的导向功能，通过政策的修订和管理的创新，增强教师的责任心和教学专业自主权，激发教师参与课程思政教育教学改革的积极性和主动性。

第三，是整合制度体系，形成相互协同的支持系统。制度体系整合的关键是弥合政策制度层面的裂隙。课程思政的边界由思政课拓展至职业院校的各专业各类课程，课程思政的管理不再是部分职能部门和教学组织单方面的工作，而是涉及各层级之间及层级内部协同合作的一个复杂性议题。学校层面要强化对部门和学院的统一调度，要将推进课程思政建设举措和成效纳入各管理层级的绩效考核；各职能部门要强化服务意识，加强纵横向的沟通交流，避免政策规则之间的冲突，健全经费保障、师资培训、资源整合等配套体系，增强政策的整体性、适用性，保障高质量课程思政建设过程的联动协作；院系层面要尊重专业和教师的专业自主权，完善管理制度，把教师参与

---

① 朱瑾，邵建东. 基于多元整合的职业院校课程思政建设：困境与突破 [J]. 中国职业技术教育，2021（29）：11-17.

课程思政教育教学改革情况作为考核评价、评优评奖、职称评定的重要依据之一。只有弥合组织、制度和支持体系的裂隙，形成上下协同的整体运作，才能形成管理中的协同效应。

二、加强职业院校课程思政内容建设

第一，整体规划，定位课程思政教学目标。专业课程思政建设路径的探索，首要问题是构建课程思政目标体系，从宏观、中观、微观三个层面整体规划，目标一致，才能形成协同局面。一是宏观层面，学校课程思政的总体目标需体现职业教育要培养什么样的人。将"立德树人"与培养社会主义建设者和接班人作为根本任务，立足国家和地区发展需要，结合自身的办学定位与人才培养特色，构建德智体美劳全面培养的人才培养体系，形成"三全"育人工作格局。二是中观层面，职业教育具有明确的职业定向，以学生全面发展为目标制定人才培养方案，结合学生身心发展的需要、学科发展的要求，凝练专业或专业群课程思政的主题。主题的凝练要坚持国家对职业院校学生的意识形态要求，同时突出专业或职业对从业人员特殊的思想政治素质要求，体现职业素养、职业精神，专业教师要形成思想共识，在行动上自觉地履行育人职责。三是微观层面，确定具有课程和学情特点的具体目标，明确行动主线和着力点，依据课程所对应的工作岗位和工作任务的思想政治素质要求，将专业层面的课程思政目标进行分解，具体到每一门课程的知识目标、情感目标、技能目标组成的三维目标，形成三位一体的融合性专业课思政目标体系。在实施过程中要结合学情特点，进行动态调整，课程目标既要保持与专业目标的整体性，也要形成课程特色目标，使专业课程教师在具体落实过程中找到着力点，从而提升课程思政的针对性。

第二，深度挖掘，重构课程思政教学内容。课程思政的要义在于育人和育才的同向同行和辩证统一，课程思政中的"思政"应以知识传授为基本内核，以育人为灵魂。课程思政建设一是要对标《纲要》文件，领会吃透文件内涵，严格遵循文件精神内涵，确保课程体系改革方向正确。二是要解构专业课程，进行整体重构，依据人才培养目标和要求，以专业"共创"的方式规划搭建专业课程思政体系。要考虑课程知识体系在学科与专业内的位置，以及与专业前导课、后续课程之间的相互关联与支撑作用。以专业或专业群为设计整体，理顺各门课程的关系，厘清各门课程的内容边界，按照课程的职业特性与岗位能力重构课程体系。三是挖掘专业课中思想政治教育元素，深度挖掘不仅要考虑课程自身的运行特点与规律，还要从整体上考虑思想政治教育与专业课程、专业课与专业课之间关联性，建构系统连贯的课程思政元素分布体系和互动互促的生成性关系。教师要寻找专业课程知识传递与德育价值塑造的"触点"，对课程蕴含的思政理念与元素进行深度开发，要着重从"四"融展开。其一，要融"爱"，就是指价值观，培养学生坚定政治立场，透过专业，链接学科与行业发展，挖掘中国复兴故事，引导学生爱党、爱国；以专业特色为切入点，从地方资源、校史资源、校风校训方面增强学生对学校、专业的热爱与认同，增强学生价值理解力与价值认同力。其二，要融"情"，就是情感精神，从专业体系中凝练人文精神、科学精神、精益求精的工匠精神等。挖掘情怀精神，旨在涵育学生的精神文化；挖掘人文素养，塑造独立人格；挖掘科学方法，锻炼应对未来变化发展的能力；挖掘职业品格，培养就业中的职业道德规范与职业操守。其三，要融"哲"，就是方法论，从唯物辩证法、实践认识论、唯物史观三个不同视角，培养学生运用哲学方法论处理与解决实践问题，特别是归纳与演绎、分析与综合、逻辑与历史相统一、从抽象到具体的辩证思维方法，提升学生的综合素质与能力。其四，要融"史"，就是讲"四史"与学科发展史。任何学科史，都是探索史与励志史，有的学科发展史也蕴含国家民族历史，特别是学科中的红色基因以及学科为国家、为人类做出的贡献，要结合"四史"理论有机嵌入专业学习，充分发挥鲜活历史的作用，鉴古知今，接续传承，融会贯通，以"史"育人。在挖掘中要注意的是挖掘的思想政治教育元素与专业教学相互补充、相互促进，相得益彰，能够为全面提升人才培养质量服务。

　　第三，分类创新，转变课程思政教学方法。课程思政要想实现"如盐融水"的效果，教师要创新教学方法，要实现从单一技能训练为主的教学方法到促进高阶思维形成的多元教学方法转变。选择教学方法可按照课程思政内容体系进行主题分类，如问题澄清与道理阐明型、情怀培养与精神涵养型、职业能力规约与问题应对型等。针对每一类型主题可采用多元的教学方法开展探究。对于问题澄清与道理阐明型主题，采用思维导引法与案例教学法。不同于传统的"单向传递"知识，思维导引式授课是根据学生课前自学测试结果构建问题链，进行层层递进的问题解析，引导学生思考与内化，进行互动交流，融知识建构与思维训练于一体，提升创新意识和高阶思维。同时，采用案例法将学生带入情境，融入思政元素，实现精神与情感的共振互融。对于情怀培养与精神涵养型主题，可采用情景渗透法，有意识地创造带有情感色彩的情境，通过熏陶、体验、感染等方式对学生进行"无意识教育"，使学生在自然流畅的学习中达到"知情合一"，并形成自我激励机制，如责任感、敬畏感等行为。对于职业能力规约与问题应对型主题，可以采用融合法。融合法是指教师在教学目标和教学内容中找准思想政治教育和职业技能之间的契合点，形成生成性的契合关系，实现两者的有机融合与无缝对接。

三、强化职业院校课程思政师资队伍

教师的思政水平与专业能力直接决定着课程思政改革的成效，职业院校开展课程思政改革必须要培养一支政治站位高、思想品格高、道德情怀深、知识思维新、教学能力强的专业课程思政队伍，才能实现立德树人的任务。教师要想成为课程思政建设的主力军，需要从观念上、思路上和行动上进行创新和落实。

第一，转变教书育人理念，提高政治站位。一直以来，多数人都认为思想政治教育是思政课教师的事情，专业课教师负责专业知识讲授。这个现象在重专业技能培养的职业院校中更为普遍。这是教书育人理念上的偏差，这一观念不转变，课程思政是不能取得显著效果的，或者说根本不会有起色。所以，首先要弄明白教师不仅要教书还要育人。教师要"对学生进行宪法所确定的基本原则的教育和爱国主义、民族团结的教育，法制教育以及思想品德、文化、科学技术教育，组织、带领学生开展有益的社会活动"①。专业课教师不仅要教会学生科学文化知识，还要对学生进行思想品德、爱国主义等方面的教育。"教书"和"育人"是每一个教师的神圣职责。课程思政教学改

---

① 刘宝民，金正连. 关于职业院校推进课程思政建设的思考［J］. 中国职业技术教育，2021（12）：105-108.

革是让教师回归教书育人的初心，对各类专业课程中蕴含的精神价值进行重认识，承担起既传授知识又引领价值的责任使命担当。学校要组织学习《纲要》，通过文件学习、宣讲、培训、研讨等方式，使教师树立课程思政的意识，主动承担课程思政改革的责任担当，强化育人的自豪感与荣誉感，教师只有内化课程思政理念，不断修炼个人的政治意识与政治立场，提高政治觉悟，才能在专业教学讲授中站在历史的高度，作出正确价值判断，发挥思想引领作用。

第二，全面提升专业课教师课程思政实施能力。专业课教师课程思政能力是教师能够对所讲授的专业课进行内容解构，深入梳理专业课程的逻辑结构与岗位能力体系，深入挖掘和提炼专业知识图谱体系中的思政元素，并对知识内容与思政元素进行重构，找准知识与育人的契合点，进而有机融入课堂教学。课程思政建设能力要求教师除了关注专业知识与理论发展，还要拓宽视野，主动修炼自身内涵，掌握历史、哲学、国家与社会发展、人文素养等一系列能影响学生思想情感、价值形成的要素，不断积淀自身的理论学识。最快提升专业教师课程思政实施能力的方法是思政课教师"施以援手"。高职学校马克思主义学院或中职思政课教研室派思政课教师深入专业群，就专业课如何实施课程思政，挖掘本专业的育人因素与专业课教师共同研究，提出每一门专业课具体的思想政治教育的"点"，切实把思政内容融入各类专业建设之中。

第三，在实践中增长推进课程思政的本领。专业课教师要以专业课为载体探索课程思政改革，组织开展教学观摩活动、典型示范课堂展示、教学研讨活动等，将探索的结果运用到课堂教学过程中，通过学习—观摩—实践—改进修正—再实践，以一种螺旋上升的精进模式推进课程思政教学改革，打造课程思政金课。此外，可以借助教师互评手段增强教师本领。注重课堂互观互学，主要是"引导教师之间相互点评、相互观摩、相互促进，使课程思政与思政课程建设同向发力、共同发展"[①]。具体来说，一方面，思政课程要引导课程思政的发展，树立好课程建设的示范标准、教学规范标准、政治导向

---

① 关世春. 职业教育课程思政融入路径研究［J］. 中国职业技术教育，2021（35）：44-49.

标准等，进而起到示范和引领作用；另一方面，课程思政要为思政课程提供学科专业支撑、队伍数量支撑。注重座谈交流互评，主要是定期组织教师召开教学经验分享会，围绕课程思政教学中存在的问题、好的经验做法，进行交流研讨，相互探讨课程思政建设和改革中的规律性问题，共同提高授课水平。同时，引导教师在学生在思想观念资源、课程建设资源、教学方式方法等方面实现共享，形成协同效应。

四、整合职业院校课程思政评价体系

课程思政的教学评价要变基于课堂教学的评价模式为基于课程全过程的评价模式，构建多元整合的评价体系，发挥课程评价的整体生成性功能，促进课程思政质量稳步提升。

第一，建立多元主体整合的评议组。评议组主体应该包括教师主体、学生主体、管理主体和社会主体，其中，教师主体包括专业教师、思政教师。不同主体对评价的目的和重点不同。教师是课程思政的实施主体，对课程思政的整体思考以及如何与其他课程协同上具有主导权和发言权；课程思政成效最终体现在学生身上，学生评价和对学生的评价是课程思政评价的主要内容。思政教师在课程思政的方向把握上，社会主体在课程思政与职业结合度和学生评价方面，都有不可替代作用。课程思政是落实立德树人根本任务的战略举措，因此，教学管理部门对课程思政建设状况的评价也应该得到重视。由于各评价主体的价值取向和关注角度不同，在评价的过程中应建立和形成开放、对话和反思的评价态势。

第二，是构建覆盖全过程的评价指标。课程思政建设的基础在课程，根本在思政，重点在课堂，关键在教师，成效在学生。课程评价要围绕这四个维度设计评价指标，在课程维度，既要考量单科课程的整体设计是否体现课程特点和学情特点，也要考量与其他课程的整体协同，是否体现专业群课程思政主题；在思政维度，主要考察教师在教学中是否把知识传授、能力培养与价值引领紧密结合，并积极提炼课程思政的教学元素；在课堂维度，既要考量课堂内的教学组织、内容呈现、方法运用是否合理有效，也要考察课前课后相关环节是否积极引导；对学生评价的维度，要围绕学生的获得感设计

指标。以上四个维度已经体现了对教师能力和水平的评价，可以增加教师个人对课程思政建设贡献度方面的指标，以激励教师积极参与课程思政建设。当然，由于课程性质和特点不同，指标的设计也要体现差异，但在具体指标的设计上，不必追求全面性，而应突出关键性。

第三，打造开放—对话—反思的评价模式。课程思政理念强调通过隐性教育方式对学生进行价值引导。从其教学过程看，是思政元素分散式的潜隐融入。从结果看，是对学生思想观念、情感、价值观等心理和精神层面的影响。无论从过程看还是从结果看，课程思政评价都是潜隐性的思政教育评价，所以评价结果会出现模糊性和非确定性。当然，即使我们得到一个比较可靠的评价结果，我们也很难确定是什么因素导致了这一结果，因为能够影响人的品德、价值观、情感形成的因素太多了。对课程思政尤其如此。因此，针对上述结构评价体系，要打造开放—对话—反思评价模式。所谓开放，表现为评价主体多元、价值多元、方法多元。所谓对话，即建立在多元评价主体之间进行平等的对话机制。所谓反思，课程思政表现的是一个行动过程。在实践中对行动过程进行反思、体悟、总结、反馈就是隐性思想政治教育的一种评价。所以，课程思政评价的核心是通过整合，在开放的、对话的、反思的评价模式中展现评价价值。

第六节　落实落细职业院校劳动教育

在2018年全国教育大会上，习近平总书记第一次将劳动教育确定为培养学生全面发展的一个重要内容，使之成为"五育"中的重要一维[①]。《中共中央国务院关于全面加强新时代大中小学劳动教育的意见》明确提出将劳动教育纳入学生必修课程、将劳动素养纳入综合素质评价体系等若干重要举措。对于作为一种教育类型的职业教育来说，劳动教育的要求实际上为职业院校思

---

① 张烁，王晖. 坚持中国特色社会主义教育发展道路 培养德智体美劳全面发展的社会主义建设者和接班人［N］. 人民日报，2018-09-11（1）.

想政治教育开辟了新路和提供了新平台。借助于劳动教育方式，职业院校思想政治教育更能贴合学生的实际、符合学生的特点，更具有增效提质的现实可能性。因此，各职业院校应认真研究劳动教育精神，探索劳动教育方法，促进劳动教育在落实落细中发挥思政育人的价值。

一、统筹抓好职业院校劳动教育工作

第一，职业院校要以"双高计划"为引领，结合专业特点和职业技能人才培养，深化校企合作、产教融合，依托实习实训、技能竞赛、创新创业等实践体验，指导学生积极参与劳动，增强职业认同感、荣誉感和劳动自豪感，培育学生精益求精的工匠精神和爱岗敬业的劳动态度。要以实习实训课为主要载体开展劳动教育。此外，职业院校要统筹抓好供给，为劳动教育提供坚强有力的师资队伍。切实加强劳动课程的教师培养培训工作。一是聚焦劳动素养与职业精神培养，制定有机融入劳动教育的专门培养方案，发挥思政课程、专业课程、通识课程以及实习实训课等课程载体作用，实现劳动教育元素从培养内容、课程设计、实施方式到督导考评的全程全方位融入。二是设立劳模工作室、技能大师工作室、荣誉教师岗位等，聘请相关行业专业人士担任劳动实践指导教师，把劳动教育纳入全体教师培训内容，提升全员开展劳动教育的自觉性。三是强化对劳动课专任教师的培训，提高劳动教育师资专业化水平，建立一支"一专多能"的劳动教育专任教师队伍。四是从企业中聘请劳动模范、技术能手等兼任劳动课教师，通过他们从自身课件准备、课堂教学到人生经历、日常行为举止上的言传身教，为学生树立职业素养与职业精神的优秀典范。

第二，以出台相关政策为契机加快推进体制机制改革。职业院校要按照《意见》要求，加快建设校内外劳动教育实践基地与生产性实训基地，加强职业院校劳动教育基地设施标准化建设，发挥校企共建实践基地在协同创新上的重要作用，将劳动素养、劳动技能、职业精神教育贯穿学生实训实习全过程；充分利用现有综合实践基地、青少年校外活动场所以及职业院校生产性实训场所，发掘整合教学科研、组织管理、宣传后勤等不同技能岗位的校内"勤工俭学"资源，根据学生专业特点，制定实施劳动教育校内、校际协同育人机制，实现学生身边劳动教育引导的全员参与。为此，职业院校在与社会各界合作过程中所需要的政策倾斜和制度性需求，有必要通过改革措施加以实现和满足。

第三，统筹协调配合，形成劳动教育的育人合力。"新时代职业院校劳动教育是一个系统性工程，需要职业院校、社会与家庭的多方面参与，共同为劳动教育提供有力支撑。"① 当前，职业院校虽然在劳动教育中占据主导地位，但还需要依靠社会和家庭的支持，这样劳动教育的开展才会更加稳步向前。新时代劳动教育应该积极探索职业院校、社会和家庭相结合的发展道路，构建一种合理的模式，为劳动教育的顺利开展提供全方位、多样化的指导服务，形成三者协同合作的育人机制，充分发挥三者的育人功效，从而形成育人合力。这项工作需要从一定高度上进行统筹，使职业院校、社会与家庭三个劳动教育主体能够拧成一股绳，劲往一处使。职业院校在学生培养方面，要积极贯彻党的各项教育方针，健全与劳动教育相适应的管理体制，将劳动教育的实施情况纳入职业院校的整体考核内容中。职业院校应充分依靠自身的教育资源，创造良好的校园劳动文化，加强劳动教育教师的专业培训，全力构建高素质教师队伍，采取多样化的教学形式，把劳动教育融入课程教学的整个过程，大力培养学生的劳动精神。在社会教育方面，要大力营造尊重劳动的社会风气和崇尚劳动的社会氛围，将劳动教育渗透到社会的各个方面，积极动员社会成员热爱劳动、珍惜劳动成果，倡导正确的劳动价值观，为新时代劳动教育的有效实施打下基础。做好劳动教育的宣传工作，对于社会上的一些负面劳动舆论要加强防范，抵制贬低劳动的不良现象，广泛开展劳动最光荣的主题活动，反对各种不劳而获、贪图享乐的错误观念，积极引导社会成员养成正确的劳动理念。在家庭教育方面，父母要起到劳动榜样作用，营造良好的家庭劳动氛围，提升家庭劳动教育的成效，用自己良好的生活言行来潜移默化地感染孩子，使孩子在不知不觉中受到熏陶，从而不断增强孩子的劳动意识。

---

① 张秋山，熊龙. 新时代职业院校劳动教育：内涵、价值及路径［J］. 职业技术教育，2021，42（22）：26-30.

二、完善职业院校劳动教育课程体系

第一，开设"劳动专题教育必修课＋融入劳动元素的公共基础课＋专业劳动技能理论课"模式的劳动理论课，用劳动价值观引领，植根劳动最光荣、劳动最崇高、劳动最伟大、劳动最美丽的思想观念。《关于全面加强新时代大中小学劳动教育的意见》指出："职业院校以实习实训课为主要载体开展劳动教育，其中劳动精神、劳模精神、工匠精神专题教育不少于16学时。""除劳动教育必修课程外，其他课程结合学科、专业特点，有机融入劳动教育内容。大中小学每学年设立劳动周，可在学年内或寒暑假自主安排，以集体劳动为主。高等学校也可安排劳动月，集中落实各学年劳动周要求。"[1]《大中小学劳动教育指导纲要（试行）》指出："职业院校要将劳动教育全面融入公共基础课，要强化马克思主义劳动观、劳动安全、劳动法规教育。专业课在进行职业劳动知识技能教学的同时，注重培养'干一行爱一行'的敬业精神，吃苦耐劳、团结合作、严谨细致的工作态度。"[2]根据以上两个文件要求，在劳动理论课程设置上可以采用"劳动专题教育必修课＋融入劳动元素的公共基础课＋专业劳动技能理论课"的模式。在劳动专题教育必修课中，理论讲授主要设置在第一学期，主要以讲授劳动在社会发展中的作用，以劳模精神、工匠精神为主，完成16学时的教学任务。"可采用线上线下相结合的方式，充分运用数字多媒体平台，将历史上的劳动模范、身边的劳动先进人物，在课堂上进行宣讲"[3]，或指导学生通过"学习强国"等平台观看有关劳模的事迹报道或电影、电视剧，实现学生入学后在劳动价值引领下，树立正确的劳动观，培养正确的劳动意识。在学生心中种下"劳动最光荣、劳动最崇高、劳动最伟大、劳动最美丽的思想观念"的种子。

公共基础课要在课程设计中将劳动元素植入课程，在课程标准中体现劳动教育因子。尤其是要充分发挥思想政治课程的优势，在课程内容设置上要

① 中共中央 国务院关于全面加强新时代大中小学劳动教育的意见［EB/OL］.教育部政府门户网站，2020-03-26.

② 教育部印发《大中小学劳动教育指导纲要（试行）》［EB/OL］.教育部政府门户网站，2020-07-15.

③ 马洪波.高职院校"四体合一"劳动教育路径研究［J］.高教学刊，2021（9）：189-192.

将马克思主义劳动观作为单独章节进行讲授，将劳动法作为单独章节，让学生掌握作为劳动者的维权内容。大学语文课程将古今中外关于劳动的文章进行深度解读，让学生从文字中体味劳动创造美好生活的意义，同时体味"文学艺术来源于生活"，是人民在劳动中产生了语言，在劳动中创造了文字、发明了工具。体育与健康课程，开设以提升学生体质体能的训练课程内容，用科学的体育运动知识与训练方法，提高学生的个人身体素质，培养学生拥有健康的体魄，打造过硬的身体素质。通过公共基础课程中劳动元素的融入，培养学生拥有"正确的劳动观＋健康的心理＋健康的体魄＋多元思维"，为学生快速融入职业岗位打好素质基础。

第二，开设"四体共育"劳动实践课程，实现"家庭劳动教育日常化、学校劳动教育规范化、职业劳动专业化、社会劳动教育多样化，将劳动教育贯穿教育教学全过程"[①]。劳动实践课程涵盖的范围比较广，劳动习惯非一朝一夕养成，劳动是随着个体的人而发生的活动，按学生主要活动的场所，劳动教育需要家庭、学校、企业、社会四体参与，才能达成协同育人功效。根据高职类院校大部分学生都是住宿生的特点，在家庭日常生活劳动实践中充分发挥寝室的作用，将家庭日常生活劳动分为两部分，一为在校以寝室为单位的日常劳动，二为利用寒暑假学生放假在家中的日常劳动。通过制定寝室卫生打扫标准，让学生每天管理好自己住宿的地方，整理好个人内务，让寝室保持整洁、有序。家庭日常劳动安排在寒暑假，每个假期发放假期家务劳动汇报表，并收集相应的劳动照片或视频，规定每个学生每个假期学会做一道家常菜，自己撰写菜肴制作过程与烹饪体会，充分利用数字媒体，让学生实时发布在班级群，同学间可以互相学习和分享，也可以作为考核的依据。学校劳动也可分为两个部分，一是以教室日常卫生打扫为主的劳动，制定教室卫生打扫标准，让学生自己动手打扫每天学习的场所，保持教室整体整洁、干净，也可开展美化教室活动，让学生自己设计个性化的教室文化；二是利用校园现有场所，开辟出一片专门为学生开展劳动的实践基地，如有果园的校园可以开展果树种植与养护劳动，有能开辟出种植农作物的可以开展农作

---

① 马洪波. 高职院校"四体合一"劳动教育路径研究［J］. 高教学刊，2021（9）：189–192.

物种植、收割劳动活动。对校园内的花草的养护也可以让学生参与其中，在对植物的养护中，让学生体味到四季的变化，自然对人类的回馈，辛勤劳动后收获的喜悦，增强学生对劳动的热爱之情。通过劳动，增强学生对"出汗劳动"的切身认识。此项内容可以安排在专项劳动周开展。

职业劳动主要是围绕学生专业学习及将来从事职业岗位需求，按劳动场所分为学校和企业。职业院校更注重对学生实践能力的培养，在课程体系的设置中，除了必修课程、选修课程外还设有实训课程，在教学周中单独设置实训周。职业劳动主要集中在实训周开展，每个专业根据岗位需求，制定岗位工作流程及标准，充分发挥实训周实践功能，让学生在实训周中将专业知识运用到实践。在实景模拟与实物操作中培养学生诚实、守信、勇敢、有担当、团结协作等优秀品质。企业实践是高职院校中工学结合、校企合作的得天独厚的优势，学生在企业真实的工作场地，对学校所学的理论知识的进行实战演练。企业顶岗实习，是学生毕业前的实战，让学生在实际的工作岗位上，学会适应岗位、学会与人相处，同时，也要让学生认识到，在实际的劳动中，要具备深厚的专业知识与基础知识才能适应岗位的需求。劳动者需要具备的优秀品质，在企业顶岗实习中是一次展示，也是一次暴露，要制定学生顶岗实习劳动手册，或充分发挥数字媒体平台，让学生每日记录劳动内容与劳动体会，为学生毕业后步入工作岗位做好经验与知识积累。社会服务劳动指让学生参加社会公益活动，劳动者需要具备无私奉献精神，要有爱心去工作，不但能让自己工作愉快，而且能和谐与人相处，这样才能创造和谐社会。鼓励学生参加社区义务劳动、社会公共场所卫生维护，发挥专业优势去敬老院、孤儿院、中小学为学生展示专业，指导学生掌握职业技能。同时，职业院校也可为所在地中小学提供劳动实践场地，指导前来学习的学生开展技术指导，让学生对社会职业有直观的认识。鼓励学生参加社会公益组织，在正规公益组织领导下，开展所在城市的公益活动，不但能锻炼学生为社会劳动的能力，而且能提高学生适应社会的能力，让学生通过多种途径了解社会，提高学生社会适应能力。

第三，开发多样化的劳动教育宣讲课程。校园文化是一所学校的灵魂所在，是校园内涵建设的重要组成部分，也是一所学校精神面貌的体现。劳动教育也是校园文化建设的一部分，在对劳动理论进行宣传中，可以借助"有声＋无声"的校园文化宣传方式，让学生多渠道了解劳动知识。"无声校园文化宣传"指充分利用校园文化宣传栏、校园墙壁文化宣传，将劳动模范的先进事迹、学生身边人的事迹进行文字宣传，举办以劳动为主题的征文比赛，让学生将劳动体会、学习劳模精神的体会用文字的形式进行表达，既能提高学生的写作能力，又能提高学生对劳动的认识。"有声校园文化宣传"指的是充分利用校园广播、校园公众号、校园抖音等媒介，将劳动模范事迹进行有声的传播。发挥校园社团、校园文化艺术节的作用，组建劳动社团，开展以劳动为主题的文艺演出，让学生自愿、自发地开展有关劳动的文体活动。劳动理论宣讲还可采用"请进来＋走出去"方式。"请进来"指的是聘请所在地区的劳动模范来校进行个人事迹宣讲，让学生与劳模面对面"零距离"接触，感受劳模身上具备的优秀品质，用真人讲真事，发挥劳模的榜样作用。"请进来"还可以将非遗传承人请进学校，利用开设选修课的方式，将劳动技能作为课程传授给学生。"走出去"是带领学生参加所在地区的劳模纪念馆、博物馆，让学生在参观实物中，感受劳动创造世界的价值，感受劳动改造世界的作用。"走出去"也可以组织学生走入民间，收集民间劳动文化、寻访劳动文化古迹，在历史中感受劳动在人类社会中的作用。

三、探索职业院校劳动教育系统化路径

落实落细职业院校劳动教育，助推思想政治教育增质提效，各相关要素同向发力、优势张扬不可或缺，需要从观念、环境、实践、评价等方面同步着手，探索系统化路径。

第一，树立大学生正确的劳动观。正确的劳动观是劳动教育的基础，没有正确的劳动观念就不可能产生健康的劳动情感、坚强的劳动意志，劳动能力的习得也缺乏方向的引领和动力的激发。职业院校要以马克思主义劳动观为教育主线，帮助学生树立正确劳动观。一是劳动价值观。要引导学生深刻理解劳动实践的发展沿革、主要形式、重要地位和重大意义，认识到劳动是公民的神圣义务和权利，明白生活靠劳动创造，人生也靠劳动；深刻理解实干兴邦、空谈误国的道理，牢固树立劳动最光荣、劳动最崇高、劳动最伟大、

劳动最美丽的观念，从内心深处尊重劳动、尊重劳动者。二是劳动平等观。要使学生认识到社会上各行各业对人类生产与发展皆不可或缺，劳动、职业无贵贱之分，在职业选择中没有最好的职业，只有最合适的职业。三是合法劳动观。要让学生知晓相关劳动法律法规要求，了解劳动安全卫生规程，确立职业保健、职业防护意识，遵守劳动纪律和职业道德，养成合法劳动、安全劳动、诚实劳动等优良品质。四是按劳分配观。要让学生懂得劳动是一切价值的基础，把握按劳分配、多劳多得、不劳者不得食的分配原则，摒弃不劳而获、一夜暴富、贪图享乐的思想。围绕以上内容，职业院校要及时组织开发劳动精神、劳模精神、工匠精神等专题教育资源，探索开设劳动哲学、劳动法学、劳动保健学、劳动心理学、劳动教育学等系列丰富学生关于劳动、劳动世界、劳动价值等多方面的理论知识，培育其劳动文化与劳动品位，提高其理论站位、拓宽其理论视野，努力培养未来的劳动大师、大国工匠。

第二，创建校园文化，营造劳动教育良好氛围。首先，职业院校在学校物质文化建设中，需注重彰显普通劳动者的影响力，除宣传伟人、名人、模范外，还应在教室文化、校园文化景观与设施中为普通劳动者留出空间，让学生感受和体会平凡劳动中的伟大，让"劳动光荣、技能宝贵、创造伟大"[①]成为新时代职业院校的新风尚，使学生能处处、时时、事事得到劳动教育的浸润，实现"春风化雨""潜移默化"的教育成效。其次，在制度文化建设中，职业院校可设立各类劳动类学生社团，在劳动研究与实践中，激发学生劳动兴趣，发现劳动潜能，增强劳动自信；抓住党团活动、学雷锋活动等契机，鼓励学生发挥专业优势，利用知识、信息、技能、设备、工具等开展公益劳动、提供志愿服务，提升劳动能力，厚植劳动情怀；成立劳动教育研究机构，建设劳动教育电子资源库；组织教师举办劳动教育专题培训，设立劳动教育研究课题，提高教师劳动教育理论与实践素养，鼓励教师强化立德树人意识，自觉做好学生锤炼品格的引路人，纠正将劳动作为惩罚手段的错误做法，杜绝反劳动教育行为。再次，在精神文化建设方面，职业院校可通过与相关合作单位共建劳模、工匠大师工作室，设立劳动文化节、职业教育活动周、劳

---

① 吴晶，刘亦湛.弘扬劳动光荣技能宝贵创造伟大的时代风尚［N］.光明日报，2014-06-24（1）.

动周等，在学校开展系列活动，弘扬"劳工神圣""敬业乐群"优良职教传统，加强对当代劳模精神、工匠精神、奋斗精神的宣传与展现；可在学校官微、公众号上，开设弘扬劳动精神的特色栏目，拓展劳动教育的传播空间。充分发挥劳动集体的教育功能，鼓励学生"不断地、反复多次地相互接触，通过多种不同形式的接触"，养成"相互之间的关心体贴"以及共同监督、共同提高等优良品德，为未来社会造就一支有理想守信念、懂技术会创新、敢担当讲奉献的产业工人队伍。

第三，强化实践锻炼，培养学生劳动能力。职业院校学生作为社会生产实践的"准劳动者"和后备力量，不仅要懂劳动之意，明劳动之理，要爱劳动、崇敬劳动，更要会劳动、精劳动、创造性劳动。因此，其劳动教育必须是为了劳动、基于劳动、在劳动中进行的教育。在劳动实践中进行教育，是劳动教育的应有之义。职业院校要充分尊重劳动实践具有场域性、劳动知识具有默会性的特点，设计出能成功支持默会的但是重要的知识学习的真实学习场域，着力改变"以教代劳、以说代劳"的现象，改变在课上"听"劳动、在课外"看"劳动、在网上"玩"劳动的局面。要以编制《劳动实践指导手册》为抓手，"结合产业新业态、劳动新形态，科学选择具有教育意义的劳动项目，充分挖掘劳动的教育意义，探索开设先导性劳动、专业性劳动、拓展性劳动与补偿性劳动四个系列实践课程，力求建立多元课程体系"[①]，形成"课程超市"，学生可根据城乡、性别、兴趣、能力等差异，在每一系列中选择不同学习内容，通过时间有长度、技术有难度、指导有温度的劳动，实现身心体验的深度、广度与高度，促进学生熟悉劳动场域、经历劳动过程、收获劳动成果、学会劳动反思、生成劳动智慧，将其从置身于劳动情境学习的"边缘性参与"推向"深度学习"。

第四，优化职业院校劳动教育评价机制。劳动教育的根本目标是提高学生的劳动素养。在具体实施过程中，职业院校要自觉利用评价的育人导向和反馈改进功能，对标找差，激励学生全面关注劳动教育内容与标准，积极、有序参与劳动教育，确保劳动素养的不断提升。对职业院校学生劳动教育成

[①] 邓宏宝，顾建军. 职业院校劳动教育的功能定位与实践方略［J］.教育学术月刊,2021（8）：3-8,15.

效的评价，可遵循发展性、过程性、表现性的评价原则，"建立劳动过程性评价与终结性评价指标体系，并规定各个指标的分值，实现对劳动过程的精细化管理，提高劳动质量和有效性"①，从劳动观念的理解度、劳动情感的认同度、劳动精神的内化度、劳动能力的达成度等方面进行衡量。基于评价要求，教师可发动学生自我、学生同辈、劳动师傅、服务对象等共同参与评价，采用理论测试、案例分析、情景模拟等方式衡量学生劳动观念的理解度；依据学生参与劳动的次数、时间、类型以及劳动过程表现、劳动成果的多少等评估学生的劳动情感与劳动精神状态；借助行为评价、作品分析、技能展示等手段判断学生劳动能力的强弱与劳动品质的高低。为保证学生对劳动教育内容具有选择性，可通过积分转换、学分银行等对劳动成果、劳动教育成效进行认定。值得强调的是，对教育成效的把握既要有基于结果的静态评价，也要有基于过程的动态评价。要依托《劳动素养提升档案袋》等材料，引导学生做好劳动教育过程性记录，并注重做中学、做中思、做中悟。教师要注重对学生劳动认知、劳动能力、劳动态度的前后比较，将学生劳动素养的进步状况置于其思想发展变化的过程之中考查，以便从纵横向全方位对学生的学习成效做出客观、准确的评价，不断增进学生劳动的自我效能感。

四、突出职业院校服务乡村振兴战略功能

习近平总书记在党的二十大报告中强调："加快建设农业强国，扎实推动乡村产业、人才、文化、生态、组织振兴。"②职业教育的生命力在于实践和应用，经济社会发展需求是职业教育改革的主要动力，振兴乡村产业是职业教育发挥社会服务职能的重要内容之一，也是思想政治教育需要重点关注和积极引导学生为之努力的重要着力点。

第一，强化职业院校服务乡村振兴理想信念教育。各职业院校要开设深入学习党的二十大精神与习近平总书记关于乡村振兴的重要论述专题课程，

---

① 杨秋月. 新时代职业院校劳动教育的价值逻辑：应然、异化及回归［J］.高等职业教育探索，2020，19（1）：8-14.

② 高举中国特色社会主义伟大旗帜 为全面建设社会主义现代化国家而团结奋斗［N］.人民日报，2022-10-17（2）.

以及在思想政治理论课和其他相关专业课的课程思政中突出乡村振兴的内容，使学生树立服务乡村、扎根乡村、立志改变乡村面貌的理想信念。同时积极鼓励学生向乡村振兴中涌现的先进典型学习，引导学生厚植乡土情怀，动员职业院校学生到农村基层一线建功立业。重视发挥榜样的力量，职业院校定期邀请乡村振兴领域的先锋模范来校举办讲座和交流，注重讲好校友、学生身边人的乡村振兴故事，邀请驻村书记等农村一线教职员工宣讲，增强学生为"三农"谋发展的使命感，激励广大学生传承艰苦奋斗、爱国为民的精神，立志服务乡村振兴。职业院校应该增长学生实践研修供给，积极组织学生参观农村振兴示范区、农业企业、农民合作社等乡村发展实践场所，让学生亲身感受乡村振兴的成果和机遇，增强学生对乡村振兴的认同感和责任感。

第二，搭建职业院校学生投身乡村振兴战略创新创业平台。政府部门出台相关政策，鼓励和指导职业教育学院搭建乡村振兴人才培养平台、打造乡村振兴人才培养示范基地、启动服务推进乡村全面振兴战略行动计划。职业院校要在日常教学中帮助学生养成正确择业观念，勉励学生勇于到农村一线，通过回到家乡就业、创业等方式，充分发挥职业院校学生干事创业的作用，为国家乡村振兴战略建设提供源源不断的技术技能人才支撑，增强职业教育自身发展动能。建议政府主管部门和教育部门联合设立职业院校学生乡村振兴创新创业平台和基金，把某些村镇在发展过程中需要的技术支持、遇到的难题、开展的项目等信息展现在平台上，作为职业院校学生创业创新的重要方向，真正让新时代乡村成为职教人才大显身手的广阔空间。创立《职教学子乡村振兴理论实践动态》《职教学子乡村振兴风采》周报等刊物，展现每周职业院校服务乡村振兴方面的典型案例、成功经验、理论成果等，作为职业院校学生了解乡村振兴发展动态的重要窗口。

第三，广泛调动职业院校资源聚焦乡村振兴战略。首先可以按照职业院校专业设置和区域分布等特点，成立各类区域级的职业院校赋能乡村振兴联盟共同体，设置牵头学校和成员学校，使之服务于一定区域范围内的乡村振兴工作，并定期举办乡村振兴成果汇报会和经验交流会等活动，及时将本区域职业院校学生服务乡村振兴的相关情况向主管部门汇报和向社会公布。其次，各职业院校要从全校调配资源建设乡村振兴智库，在乡村振兴政策研究、理论宣讲、技术支持、政策咨询和政策评估等方面成立对应专家队伍，各专家根据区域乡村振兴的实际需求成立团队并在学校吸纳和招募师生参与团队项目和课题研究，为学生提供更多的乡村振兴实践机会，营造理论联系实践的良好氛围。最后各职业院校应该开创更多学生与乡村振兴之间的接口，如专门成立乡村振兴学院并招收培养学生、成立乡村振兴社团或俱乐部、在校园内创办学生农场或乡村产业创业园、设立乡村振兴奖学金、创业金等，为愿意投身乡村振兴的学生提供诸多渠道和大力支持。

　　第四，充分借鉴国内外职业教育服务乡村发展的育人经验。首先，鼓励各职业院校积极成立专业团队或者科研机构广泛搜集和研究国内外其他职业院校培养学生服务乡村发展的相关经验和典型案例，并根据自身情况予以借鉴、移植和推广，在此基础上建设国际化、全国性的职业教育乡村振兴资源库。其次，可以通过签订合作协议、组织师生交流访问、开展乡村振兴合作办学等方式，与国内外的职业教育机构、研究机构、农业技术培训中心等广泛建立合作关系和交流渠道，积极组织学生参与国内外乡村振兴实习和交流项目。秉持开放办学的理念，常态化邀请国外职业教育领域的专家和顾问来校举办讲座、开展培训、提供指导等，引进国外优质课程和教学资源，与国内外研究机构或团队合作开展乡村振兴方面的研究项目，提高自身乡村振兴教育质量和育人效果。最后，有条件的学校可以定期举办职业院校教育赋能乡村人才振兴峰会，邀请国内外乡村振兴领域的专家、学者、党政干部和职业院校乡村振兴优秀代表作为嘉宾，设立多个议题专场，分享最新研究成果、成功案例、政策经验和实践故事等，并致力于将峰会打造成国内外职业教育乡村振兴人才培养经验交流与合作的重要窗口。

第六章

优化职业院校学生思想政治素养培育评价机制

思想政治素养规定了公民对政治、文化、社会和人生的基本认知和要求，是大学生核心素养结构中的首要素养，是核心素养体系的灵魂和核心。思想政治素养在核心素养体系中起着导向与引领，动力与促进，渗透、整合与协调作用。优化职业院校学生思想政治素养培育，对于提升职业院校思想政治教育实效性有着基础性作用。此外，还要优化职业院校学生思想政治素养评价机制。评价机制改革实质上是教育价值观的变革。作为评价改革，应该跳出单一观念的"窠臼"，关注到各种观念冲突中的合理性和现实性，既要调和矛盾，又要引领进步。推动职业院校思想政治教育稳定发展，需要在评价体系上下大功夫，着力于优化职业院校学生思想政治理论素养评价机制。

第一节　职业院校学生思想政治素养内涵界定

科学界定职业院校学生思想政治素养内涵，是推进职业院校思想政治教育工作系统化、规范化与精准化的重要理论前提。思想政治素养作为个体价值观念、政治认同与行为规范的综合体现，清晰的内涵有助于构建正确的逻辑框架，理顺与道德素养、职业伦理等相关概念的内在关系，推动思想政治教育理论体系创新。明确好职业院校学生思想政治素养内涵的具体内容，能够有效引导思想政治教育与专业教育的深度融合，实现"德技并修"的教育目标，提升学生的综合素质与社会适应能力，从而与"立德树人"根本任务相契合。

一、思想政治素养与核心素养的关系

核心素养包含着相互影响的多种要素，思想政治素养是核心素养体系中不可或缺的重要组成部分。这是由人的社会性、人的全面发展以及思想政治素养的功能与作用决定的。人是社会的人，人的本质在于其社会性。马克思指出，人的本质并不是单个人所固有的抽象物。在其现实性上，它是一切社会关系的总和。"人是最名副其实的政治动物，不仅是一种合群的动物，而且是只有在社会中才能独立的动物。"[①]社会关系既是人们生产生活的反映，也是对社会成员在不同场合的规范或要求。这些要求体现在人身上就是对人的素养的要求。党和国家历来重视对学生思想政治素养的培养与考查，做好思想政治素养工作，不仅是落实立德树人根本任务的内在要求，也是坚持为党育人、为国育才的重要抓手。[②]从思想政治素养的功能与作用看，思想政治素养规定了社会对公民在社会文化、制度和道德规范方面的基本要求，开展思想政治教育就是社会有组织地定向引导人们形成符合特定社会和时代以及人类自身发展要求的思想政治观点和行为品格的教育工程。由此看出，思想政治素养具有两项基本功能——促进社会和谐与发展和促进人的发展，既具有社会功能，又具有个体功能。思想政治素养的作用和功能适应和契合了社会的发展对人的要求，是人必备的素养指标之一。只有具备必要的思想政治素养，公民才能正确处理人与人、人与社会和自然的关系。思想政治素养不仅是人全面发展的内在要求，也是促进人的发展的有效手段。

第一，思想是行为的引领，思想决定行为。人的思想政治素养中的诸多因素如世界观、人生观、价值观及政治观等，是人内在精神动力系统的基础性结构，对人的心理动机的产生和行为倾向的确立具有决定性意义。思想政治素养综合体现了人的内在精神动力系统，对人的个性心理品质的形成、发展起着定向影响作用。思想政治素养能引导人树立正确的价值观。思想政治

---

① 中共中央马克思恩格斯列宁斯大林著作编译局.马克思恩格斯全集（第2卷）[M].北京：人民出版社，1995：2.

② 王泽来，孙旭.思想政治素养评价的现实考量与进阶探索[J].中国考试，2023（9）：21–27.

教育可以帮助人正确认识人的价值，正确认识和处理自我价值和社会价值，正确处理个人、集体、社会之间的关系，促进人树立正确的价值观。思想政治素养对人的需要也发挥着导向作用。人虽然以物质需要为基础，但同样也离不开精神需求。思想政治教育不仅可以满足人的精神需要，而且引导人们追求精神需要，丰富和发展人们的高级需要，还引导人们追求正当合理的需要，通过正当的方式和手段追求和满足需要，减少、消除和避免不正当需要。思想政治素养通过帮助树立科学的世界观、人生观和价值观，能够引导学生的人生发展方向。人生道路的正确选择有赖于一个人的思想政治素养，没有良好的、正确的思想政治素养为人生导航，则容易在人生中迷失方向。当代大学生面对着多元思想的冲击，他们更需要正确的世界观、人生观、价值观的引领。培育思想政治素养的目的就在于帮助和引导学生树立一定的、稳定的理想、信仰，形成一定的道德规范，使之成为德才兼备的人才，尤其是"有共产主义信仰和中国特色社会主义信念，具有较高的思想觉悟和智力水平，能够肩负起社会主义建设重任的栋梁之才"[①]。因此，只有培养和提高大学生的思想政治素养，才能使他们在复杂的社会发展中明辨是非，克服在学习和成长道路上的迷惘、困惑和失误，使学生既要学会"做事"，更要学会"做人"。

第二，需要是人的行为的内在驱动力，也是从事社会实践活动的动力。培育思想政治素养有助于形成科学合理的需求，丰富人们的精神世界，提高人们的精神境界和觉悟，从思想上调动人们的积极性和创造力，产生强大的精神动力，克服种种困难和阻力，在工作和学习中勇于探索和追求。事实表明，当一个人具有好的思想政治素养时，他就会有为祖国和人民奋发图强的动力和精神，在刻苦学习、努力创新和实践等方面也才会有方向和动力。思想政治素养能发掘学生学习成才的潜能，调动其积极性。职业院校学生处于心理不完全成熟时期，对事物敏感而又充满热情，自尊心和自信心较强，有较强的竞争意识，但社会阅历不足，心理脆弱，情绪不稳，思想认识和行为还存在一些盲目性和随意性，如果没有思想政治的激励与引导，当他们遇到困难或挫折就会消沉和颓丧。因此，要通过开展有效的思想政治教育，提高

---

① 周建松.高职院校素质教育研究［M］.北京：中国人民大学出版社，2015：17.

学生的思想政治素养，从而提高学生的意志、动机、自信心、责任感、自制力等非智力因素，充分挖掘他们的潜能，提高他们的思想鉴别和抗干扰能力，减少和消除消极因素的影响，培养学生良好的个性品质。

第三，人的核心素养是一个包含多方面要素的有机整体，这些多方面的因素不是孤立的，而是相互影响和相互作用的。作为核心素养中的重要组成部分，思想政治素养不仅在核心素养体系中占首要地位，而且还渗透到核心素养其他方面的素养系统中，对其他素养发挥着整合和协调作用。一个人的思想政治素养不是孤立的，它不能脱离智力素质和业务素养。但是人的智力素质和业务素养不可能孤立和片面地得到发展和提高，它需要思想政治素养的推动、促进和方向引导，这种影响渗透于智力素质和业务素养发展的全过程，整合和协调其他方面的素养。思想政治素养可以为学习专业知识、提高专业能力提供科学的方法，为提高人们的认识能力和实践能力提供有益的方法论指导；思想政治素养为提高人的智力素质提供必要的精神动力，促进人智力水平的发展和提高；思想政治素养培养人的社会公德、职业道德，为人才培养进行质的规定性，使人的智力充分发挥其社会效益[①]。因此，思想政治素养发挥着整合和协调各种素养因素的作用，将各种素养转化为一个人合乎社会要求的行为，使之成为合格的社会公民。

二、职业院校学生思想政治素养的基本内容

思想政治素养是指公民在对一定社会的文化、政治、道德、法律等要求了解和把握的基础上，转化为自身比较稳定的思想政治认知和实际行动的素养。思想政治素养不仅规定了公民对政治、文化、社会和人生的基本认知和要求，体现了政治意识、政治立场以及人生目的、人生态度和人生价值，而且规定了公民对他人、对集体、对社会以至自然的态度，在行为上体现出对社会的道德准则、法律制度的遵守。思想政治素养涵盖了个人对国家、社会、他人和对自己人生的基本理念，协调和规范个人的日常行为，是每个公民应具备的基本素养。思想政治素养在一个人不同的发展阶段有不同的内容和要求。

---

① 叶本乾，吴满意. 深刻理解和准确把握新时代高校思想政治工作体系的逻辑结构与实现路径 [EB/OL]. 光明网，2021-03-26.

具体地讲，思想是反映在人的意识中并经过思维活动而形成的观念体系。思想的形态多样，包含个体对自我、社会和世界的观点和看法。由于思想政治素养的本质规定在于意识形态性，所以，只有具有意识形态性的"思想"，才可以纳入思想政治素养的范畴。与意识形态有关的思想，首先表现为思想意识，它的核心是理想信念，同时还包括体现统治阶级要求的法律思想。与此相对应，思想政治素养要求主体具备"理想信念"和"法治意识"。"政治"是思想政治素养的核心、主导和价值规定，它能直接体现统治阶级的利益和要求，所以，思想政治素养必然包括"政治素养"；同时，由于"政治"是以国家为中心并与国家紧密相关的现代国家政治，所以，思想政治素养中的"政治"还包括其应具备的爱国精神。通过对"思想""政治"的分析可知，理想信念和法律意识对应"思想政治素养"中的"思想"部分，爱国精神和政治素养对应"思想政治素养"中的"政治"部分。思想政治素养是主体关于理想信念、爱国精神、政治素养、法治意识等方面的核心素养，其外延包括理想信念、爱国精神、政治素养、法治意识。

对职业教育阶段来说，职业院校学生的思想政治素养的主要内容包括思想素养、政治素养、道德素养、法律素养等方面，是学生思想、政治、道德、法律等素养的相互融合与有机统一。在数字时代中，职业院校学生作为未来建设"网络强国、数字中国"的主导力量，还需要较高的数字素养，这也是数字场域中思想政治教育的职责使命所在。[①] 思想素养是职业院校学生思想意识和世界观、人生观、价值观的综合表现，良好的思想素养可以帮助职业院校学生树立崇高的理想，激励他们追求理想、追求真理，勇于投身社会实践。政治素养是大学生政治观念、政治立场、政治方向等的综合表现。道德素养是职业院校学生道德认知和道德行为的综合反映。道德素养是在对道德观念、道德规范认知与把握的基础上，通过正确认识人的价值和意义，正确处理个人与社会、人与人之间的关系，明确个人在社会中的责任与义务，自觉行善抑恶、完善自我。道德素养是职业院校学生素养的基础。法律素养是职业院校学生在法治环境的影响下，通过法治教育，能够按照法律的要求规范自己

---

① 梁钦，沙星雨.思想政治教育视域下青年数字素养生成研究［J］.思想教育研究，2024（4）：124–129.

行为的稳定的特征和倾向。法律素养是职业院校学生思想政治素养的保障。数字素养是职业院校学生适应数字时代发展的关键能力，学生在信息化环境中，通过数字技术与资源的学习和应用，逐步具备获取、评估、处理和创造数字信息的能力，以及安全、合法、合理地使用数字工具的意识与习惯。数字素养是提升思想政治素养传播力与实践力的重要支撑。

三、职业院校学生思想政治素养培育的现实因应

进入新时代，我国经济社会发展日益融入全球政治多极化、文化多元化、经济一体化进程之中，西方政治、思想、文化等价值观对我国传统的价值理念带来了更大的影响和冲击。而包括职业院校学生在内的学生群体正处于世界观、人生观、价值观形成的关键时期，极容易受到各种不良思想的影响。因此，只有紧密结合新时代对职业院校学生思想政治素养提出的新要求，抓好学生思想政治教育，才能引导学生树立起正确的世界观、人生观、价值观。从整个发展方向来看，新时代对学生思想政治素养提出了诸多要求，形成了职业院校学生思想政治素养培育的现实背景。

第一，需具备崇高理想和道德。理想是人生的奋斗目标，是一个人发展的动力所在，而良好的道德品质是实现崇高理想的重要前提。作为新时代的接班人和国家的未来栋梁，职业院校学生是否具备崇高的理想，是否具备良好的思想道德品质，对个人和国家的未来发展而言，都具有重要而深远的影响。近年来，受各种西方价值观影响，职业院校学生思想道德扭曲事件层出不穷。有不少学生对人生完全没有目标和规划，对自己的前途和未来充满迷茫；有的学生享乐主义思想严重，理想欲望化、功利化，将生活依附在欲望之上；有的学生个人英雄主义思想严重，集体荣誉感淡薄，道德责任感缺失，仅关注个人利益和得失，对与自己切身利益无关的人和事无动于衷，不愿意与其他人合作。在新时代背景下，只有树立起崇高的人生理想，并养成良好的道德品质，才能朝着正确的方向前行，才能真正成长为"德才兼备"的国之栋梁。

第二，需具备勇于担当的精神。青年有担当，国家才有未来。当代职业院校学生是新时代的建设者和接班人，应该有对自己负责和对国家负责的情

怀。目前，职业院校学生责任意识淡化现象比较普遍，不少学生学习态度不端正，对学习敷衍了事，导致学习效率低下，学习成绩不理想；有的大学生自我要求不严，对班集体的活动和任务不上心，造成班风不良，班级关系不和，对个人和班级都造成了恶劣的影响。职业院校学生如果缺乏担当意识，不仅会影响自己在校期间的发展，还会影响自己今后的事业发展，甚至会给国家和社会发展带来十分不利的影响。所以，职业院校思想政治教育应承担起唤醒大学生担当精神的重任。

第三，需具备勇于探索、勇于创新的精神。改革是社会主义的本质要求，正是通过不断改革与创新，我国社会主义现代化建设才有了今日的辉煌成就。未来社会仍需要在不断创新中求发展，而当代职业院校学生是创新发展的主力军，如果大学生缺乏创新精神和意识，个人素质就很难得到提升，就会丧失很多发展机会。目前，一部分学生不愿与人交往，或交友范围很窄；在课堂上不愿意回答问题，不愿意参与讨论；不会主动学习，导致自己缺乏个性。长此以往，于成长成才只有害处而无益处，其带来的"未来危害"还将更大。因此，新时代下，职业院校思想政治教育必须担负起培育学生勇于探索、勇于创新精神的重任。"通过良好的刺激让学生充分表达自己的意见和观点，充分尊重、肯定并且鼓励其发扬符合社会主义思想要求、正确的观点。"①这对于养成学生健全人格，培养创新和探索精神具有重要意义。

基于对现实社会的深刻研判，职业院校思想政治教育工作应抓住重点和关键，从学生的思想政治素养培育出发，分析具体的内容和难点，狠抓落实，特别要抓出实效，从而为职业院校立德树人和培育高素质综合型人才贡献力量。

四、职业院校学生思想政治素养培育存在的困境

随着时代的发展、社会的进步、信息技术的飞速迭代等，当代职业院校学生的思想认识正在长期受到各种各样思想理念的冲击。物质生活追求的提高、思想行为的不确定、价值观的导向不明等不良因素阻碍着职业院校思想政治素养培育工作，造成了职业院校学生思想政治素养培育困境。

---

① 翁铁慧.高校辅导员队伍建设论纲［M］.北京：人民出版社，2014：52.

第一，职业院校学生对思想政治素养教育重视度较低。当代职业院校学生生于长于一个美好的时代，物质生活条件优渥，人生的奋斗属性和个人—社会—国家逻辑关联较以前来说明显模糊，学生更多的是将精力和时间放在了科学理论知识的学习和实践应用上，未将自身的发展与社会进步和民族国家伟大复兴相联系或者联系度不足，从而造成思想政治素养自我培育意识缺乏。职业院校学生对思想政治素养教育重视度较低，总体表现在没有意识到思想政治素养缺失可能造成的方向性影响。甚至很多学生以为思想政治就是一门普通的课程而已，所关心的也只是卷面成绩和评奖评优。智媒时代的到来更是让思想政治教育面临着深刻的信任困境，具体表现为学校思政教育主体的角色模糊、思政教育受众的偏听偏信、思政教育内容的范式滞后等问题。① 有的学生对很多网络上的信息不加辨别就先入为主，只要思政课教师的观点与他们接触到的观点不一致，就认为教师的说法存在欺骗性；有的学生认为现在思政课堂上所听到的案例远不如网络上的精彩，上思政课都是一些大道理、陈词滥调。

第二，职业院校学生思想政治行为不成熟。这个时代区别于其他任何时代最大的特征就是信息化，它深刻影响和改变着人们的生活、学习和思维习惯与图式。大学生是网络社会的"常驻民"和"原住民"，加之自身的活跃、逐新、批判等身心特点，是受信息化影响最深的群体之一。职业院校学生思维活泼，善于创新，强调个性，且理性思维不足，感性思维过强，加之身心发展还不够成熟，致使其思想政治行为缺乏理性，比如诚信方面存在缺失，功利心和现实主义行为较强，做事情缺乏责任感，理想信念不够坚定等。还有部分学生在学习与生活中容易追求短期利益，缺乏长远规划和目标意识；同时，在面对挫折与挑战时，情绪管理能力较弱，易出现逃避或消极应对的情况，严重者甚至会出现自残、轻生等极端现象。

第三，职业院校对学生思想政治素养培育工作缺乏创新。职业院校开展思想政治教育大多采用传统授课模式和工作方法，通常以讲解课本内容为主，讲教材甚至读教材的问题一定程度上还存在，并且在部分职业院校比较严重。

---

① 凌鹊，赵森.智媒时代思想政治教育的数字信任：谱系、困境与建构［J］.湖南科技大学学报（社会科学版），2023，26（5）：167–175.

职业院校的思政课堂在将国家、社会发展的生动实践与学生的个人成长结合起来方面仍有待提高。学校管理方面也缺少对提升学生思想政治素养教育工作的重视，相应的管理和扶持政策还存在"供不应求"的困境，职业院校学生思想政治素养培育在总体上力度不够、创新缺乏。此外，职业院校在课程资源的开发和教学手段的应用上，缺乏对现代信息技术的有效融合，教师队伍数字化、互动化教学水平不高，导致思政课堂吸引力和学生参与度不高。同时，校企合作、社会实践等渠道未能充分发挥思政教育的功能，难以实现"德"与"技"的有效衔接。

第二节　职业院校学生思想政治素养建构原则

思政课作为高校教育中的重要组成部分，其意义和价值在于培养学生的思想政治素养、塑造良好的价值观念、引导学生树立正确的世界观和人生观。①职业院校学生思想政治素养的科学建构，既要以其自身的身份、角色、特点、环境为依据，同时还要有基本的原则遵循。要使思想政治素养能够长久地提升整体水平、人才培养质量，符合我国国情且具有现实意义，真正培养全面发展的人，必须要坚持方向性、角色性、现实性的原则。

一、职业院校学生思想政治素养建构的方向性原则

思想政治素养的构建要坚持马克思主义指导思想，坚持中国共产党的领导，坚持中国特色社会主义道路、理论与制度，体现社会主义核心价值观，落实党的教育方针。思想政治素养是职业院校学生在思想和政治方面所需要具备的核心素养，指对国家的指导思想、理论基础、社会制度、政权性质、社会规范等的认同和态度问题的综合表现，它内在地包含着方向性的要求。

---

① 卢黎歌，李丹阳.学校思政课建设里程碑式的跨越：写在习近平主持召开学校思想政治理论课教师座谈会五周年之际［J］.学校党建与思想教育，2024（5）：4-14.

这就需要职业院校学生要能够树立正确的历史观、民族观、国家观、文化观，自觉认同马克思主义指导思想，理解马克思主义理论的真理性、规律性，认同马克思主义理论是对自然社会思维一般规律的科学揭示，是关于人类解放的科学理论；要坚持中国特色社会主义的道路自信、理论自信、制度自信、文化自信，自觉理解毛泽东思想和中国特色社会主义理论体系是马克思主义理论与中国革命和建设的具体实践相结合的科学理论；要明确中国特色社会主义道路、理论、制度植根于中华文化沃土，反映了中国人民意愿、适应中国和时代发展进步要求，有着深厚历史渊源和广泛现实基础；要坚持并实践社会主义核心价值观，弘扬中华民族传统美德、社会主义道德。

思想政治素养就是素养系统的核心，它本身就是方向问题。在众多的素养构成中，思想政治素养是所有素养的核心，对其他素养起灵魂导向作用，尤其思想政治核心素养的核心意蕴要强于思想政治素养，可以说是核心中的核心。思政政治素养本身就具有强烈的意识形态属性，在本质上与以马克思主义为根本属性，以新时代为语境，以统一思想、凝心聚力为旨要的具有中国特色的社会主义意识形态话语体系保持高度一致。[①]同时，思想政治核心素养的方向性还体现在素养体统之中，即要坚持用思想政治核心素养统领其他素养。这是职业院校学生思想政治核心素养应该具有的功能和职能。

从思想政治素养与其他素养的关系角度来说，思想政治核心素养是其他素养的核心和统领，因而他要统领一般的素养。在相当意义上说，这是突出思想政治核心素养的地位和作用。人的人文底蕴、知识素养、创新能力等都要在思想政治核心素养的方向中，为实现社会健康发展而努力。职业院校学生的专业素养等需要在思想政治核心素养的引领下，才能真正发挥其作用。不难看出，所谓思想政治素养的方向性原则，一方面要牢固树立思想政治素养在所有素养中的方向地位，另一方面要积极发挥思想政治素养在统领其他素养中的职能和功能，同时要在思想政治素养中确立最为基本的方向目标。在构建核心素养抑或思想政治素养的健康发展中，要坚持其自身的方向。

---

① 陈继雯.我国主流意识形态话语出场及表达［J］.大连理工大学学报（社会科学版），2023,44（4）：8-14.

二、职业院校学生思想政治素养建构的角色性原则

素养是角色的素养。即便最为抽象的素养，也一定是基于某种角色而提出的素养。当然，在解读素养概念的时候，只能界定它的所指，一旦与某个具体角色和素养联系起来的时候，总是无法隔离素养和角色的天然联系。具体陈述某些素养的时候，这些素养的内容必然会与角色紧密相连，某些素养是某个角色的素养，某个角色必然有某些基本要求。职业院校学生的未来发展方向是高素质专业技能型人才，在其培养过程中也是按照这一基本方向进行专业教育。因而，构建职业院校学生思想政治素养必须坚持角色性原则。所谓角色性原则，就是基于角色，围绕角色，服务于角色需要。

思想政治素养与角色密不可分，它必然要体现角色的需要。职业院校学生的思想政治素养构建，总是以其在社会中所承担的和将会承担的角色为基础的。有些角色的素养需要是一致的，有些则是角色特殊要求的。比如虽然都是公民，但国家公务员、政府部门领导人的思想政治核心素养必然要高于一般人。政府部门的负责人，他们是党的路线的执行者和宣讲者，这不仅要求他们有较高的理论水平，而且要求他们要有宣讲能力。他们不仅要自己政治立场坚定，而且在面对各种复杂情况时，能够发现问题，具有解决应急问题的特殊能力。中共党员和党的领导干部都是党员对他们的思想政治核心素养的要求本不能有所差别，但由于他们扮演的社会角色不同，对党的领导干部的思想政治核心素养的要求就必然要高于一般党员。思想政治理论课教师，特别强调信仰坚定，功底深厚，学识渊博，打铁还需自身硬，自己的理论功底不够深厚、信仰不够坚定，就无法面对学生、解疑释惑。不同的角色有不同的需要，不同的角色需要应用的思想政治素养有所差异，能力、情感要求也有所不同。

思想政治素养不仅要体现角色需要，而且思想政治素养还要体现角色特点。以高素质专业技能型人才角色为基础来构建职业院校学生的思想政治素养，是从角色责任的角度提出的要求，这是职业院校学生核心素养建构的内在要求。而思想政治素养要体现角色的特点，是角色扮演的外在角度要求的，这更多的是从角色特点和对象特点的角度来说的。职业院校学生的思想政治

素养的角色特点，主要通过工匠精神、团结协作意识、国家工业安全和发展意识、中华民族伟大复兴的制造业贡献意识、中国梦与个人实现紧密联系意识等体现出来。这些精神和意识不仅隐含在个人品质之中，还通过职业认识、职业素养、知识素养等各方面展现出来。因此，坚持以德立身、以德立学、潜心问道与关注社会相统一、学术自由与学术规范相统一、个人价值实现和实现中华民族伟大复兴中国梦相统一，"注重培养诚信敬业、精益求精、追求卓越、勇于创新的职业精神，注重培养可持续、可迁移的发展能力，促进人的全面可持续发展"①，这是在角色特点方面所体现出来的思想政治素养。

三、职业院校学生思想政治素养建构的现实性原则

现实性是基础原则。职业院校学生思想政治素养的研究是应二十一世纪国际国内经济政治发展趋势，为实现社会的健康良性发展而开展的研究。思想政治素养的要求，必然要与社会发展现实水平相适应。具体地说，是要与我国的发展情况、现实诉求、基本国情、文化环境相适应，要以立德树人，培育德、智、体、美、劳全面发展的社会主义建设者和接班人为根本任务和本质要求的。

我们在任何条件下提出的素养抑或核心素养，乃至思想政治核心素养，都是植根于现实基础。必须充分考虑到我国的特殊性、本土性、时代性，我国的政治制度、指导思想、传统文化、历史发展、固有观念、社会现状、人民诉求都是核心素养建构的现实基础。因此，职业院校学生思想政治素养的构建，是建立在我国的现实基础之上的，既要考虑我国的国情特色，坚持马克思主义指导思想，坚持社会主义核心价值观，也要植根于本民族的历史文化土壤，深入挖掘分析我国传统教育体系，结合我国传统文化中关于个体修身成德和自我完善的思想，"将思想政治教育的内容渗透于各项文化建设之中，让各种文化活动承担一定的思想政治教育功能"②，更要综合考虑当前教育体系中素质教育目标难以落实、职业教育与社会需求脱钩或联系不紧密等现实问

---

① 世界职业技术教育发展大会发布《天津倡议》[EB/OL].教育部政府门户网站，2022-08-20.
② 张耀灿，郑永廷，吴潜涛，等.现代思想政治教育学[M].北京：人民出版社，2006：401.

题，构建具有民族特色、符合我国国情、适合学生发展的职业院校学生思想政治素养体系。

职业院校学生思想政治核心素养的构建，要体现现实需要、反映现实水平，具有现实张力。首先，核心素养的构建应充分体现和回应社会现实需求。核心素养的产生源于对社会发展的实际需要，其内涵不仅要契合当前社会发展的客观要求，更需服务于未来社会进步的趋势。这意味着，核心素养的提出既基于社会现实的需求驱动，也应该在内容和结构上深刻反映社会发展的本质要求和长远目标。因此科学有效的核心素养必须能够紧密对接社会变革与发展的实际需求，培养个体应对复杂社会挑战、推动社会进步的能力，从而为社会的持续发展提供坚实的人力支持。在构建职业院校学生思想政治核心素养的时候，必须认真考虑现实社会有哪些需要，哪些素养能够满足现实的需要，哪些素养暂时无法进入现实的视野，这是必须遵循的准则要求。当前世界各大国际机构在学生核心素养方面普遍强调个体面对创新和不确定性时所需的高阶认知、沟通和跨学科素养以及韧性。[①]这对我国的启示是，因为经济全球化与高等教育普及化的现实需要，职业院校过去以专业知识和技能为主的核心素养，亟须增加通用能力素养部分。此外，随着信息技术和人工智能的发展，职业院校学生核心素养还应该重视学生的非认知能力，尤其是社会性情感技能的培养。

其次，核心素养要反映真实客观的现实水平。对于思想政治核心素养的设定，一方面，应紧扣社会发展阶段，确保素养目标与国情相匹配。在社会发展的初级阶段，素养要求应体现适度性和可行性，逐步引导学生提高思想认识，服务于中华民族伟大复兴的中国梦。另一方面，要充分考虑人们的思想的实际发展水平。核心素养的培育必须扎根于社会现实，通过实践逐步内化，避免出现脱离实际的空泛理想。理想固然指向未来，但其实现路径必须以现实为基础，循序渐进，才能真正推动个人成长与社会进步。

最后，核心素养还应该在反映现实水平的基础上，体现超越发展的张力。职业院校学生思想政治核心素养的构建不仅要立足于现实需求，更要具备引

[①] 罗燕，刘惠琴.高等教育人才培养的核心素养：国际机构报告的观点及其对我国的启示［J］.中国高教研究，2022（12）：37-44.

领未来发展的前瞻性。核心素养的一个重要价值便在于其超越性，如果仅停留在对现状的简单描述，这种素养就失去了发展的驱动力。因此，核心素养既要适应当前社会条件，又应在理论和实践中不断突破，为个体和社会提供发展方向。职业院校学生思想政治素养，都是基于现实而提出来的，都是针对今天的核心素养而指向未来的，都是要超越现实从而对人的发展起到引领、培育的作用，能够帮助人全面发展，促进社会进步，最终在超越性和现实性之间保持必要的张力。

第三节　职业院校学生思想政治素养培育路径

一、竭力营造职业院校学生思想政治素养培育的良好氛围

环境对人的思想、行为具有潜移默化的影响作用，优化改善职业院校学生所处的生活环境，可促进核心素养教育与思想政治教育氛围的全面营造，进而对学生形成持续性、深度化的熏陶效果。

第一，营造政策支持环境。首先，必须要加大政府宣传和投入。习近平总书记强调："对一个民族、一个国家来说，最持久、最深层的力量是全社会共同认可的核心价值观。"[①]在当前形势下，必须要加大政府对思想文化的大力宣传，使得整个社会都能形成浓厚的文化氛围。要建设好具有中国特色的社会主义国家，实现中华民族的伟大复兴，既离不开理工类学科的知识和技术，同时还需要人文类学科的知识和素养。因而，在当前国际形势和政治环境下，必须要文理并重，二者紧密相连、缺一不可。其次，实行政策倾斜，优化人文环境。政府部门要提供有利的国家政策，加大对文科发展的力度，从而为培养高校大学生的思想政治素养，提供优质的人文环境；为广大文科生增设更多的就业岗位，使得文科学生和相关从业人员能学以致用、学有所用。最

---

① 中共中央宣传部.习近平总书记系列讲话读本［M］.北京：学习出版社，人民出版社，2014：92.

后，各职业院校要将思政教育工作落到实处。制定相关政策及措施，由上到下，层层把关，相互监督；加大对职业院校学生的人均有效拨款力度，务求落实专款专用，从而将思政教育工作落到实处。在狠抓落实的前提之下，各职业院校应建立相应的评价体系，实行年度考核制度，切不能只停留于表面。

第二，优化校园物质环境。学校是职业院校学生生活、学习的最主要场所，同时也是大学生由学习角色向社会角色转变的重要缓冲地。因此，做好职业院校校园环境的全面建设，是引导大学生形成社会适应能力与社会责任感，塑造大学生积极三观与正向人格的重要举措。职业院校应着眼于学校的物理环境，做好校园风景的美化。例如，当学生处在绿色为主色调的环境当中，其生理与心理的疲劳感、紧张感都将得到明显缓解，有助于学生更好地调节消极情绪；当学生处在蓝色为主色调的环境当中，其思维方式通常会更加趋于理性，有助于学生完成负面心理的自我疏导。因此，相关人员在进行校园设施及景观的设计时，可通过铺设绿地草坪、粉刷浅蓝色墙壁的方式，提高蓝、绿等健康颜色的出现比重，以此达到积极向上的心理暗示效果。同时，美化校园环境也能促进大学生形成健康的审美观念与学习兴趣，与核心素养体系中的"审美情趣""乐学善学""健康生活"等培育目标相符合。

第三，建设学校文化环境。文化传播是"主体间进行文化交往的创造性的精神活动"[1]，对居于其间的主体具有重要影响。文化影响是深远持久的影响，是对学生的心灵、精神的一贯性影响。文化影响一旦形成，则会形成稳定的效果。对于学校来说，文化环境建设是低物质成本却高精神成本的工作，需要用心研究、精心建设。各职业院校应着眼于学校的文化环境，做好素养培育平台的建设。例如，可通过举办哲学社会科学报告会、读书交流会、思想政治知识讲座等形式，引导社会各界优秀人士来校讲学，为大学生提供接受先进素养教育、吸收多元德育知识的充足机会。除此之外，各职业院校还可通过悬挂政策标语、布设传统文化宣传牌等方式，把升旗仪式、社团活动、党团日活动、社区服务活动、入党宣誓等都有效利用起来，增强文化环境的"仪式感"和"庄严感"，营造出浓厚的思想政治学习氛围，进一步促进学生

---

① 庄晓东.文化传播：历史、理论与现实［M］.北京：人民出版社，2003：6.

的素养发展。

第四，整体优化社会环境。人是社会中的人，无时无刻不在受着社会环境的影响。职业院校学生身处校园环境之中，但离社会环境也很近。如果社会环境不能形成对学校育人的协配，思想政治素养的培育是无从谈起的或者很难持久的。社会环境这一概念相对笼统，包含有政治、科技、文化、法治等诸多因素。现阶段，世界正处于经济全球化、文化多元化、政治多极化的浪潮当中，加之通信技术、互联网技术等现代科技的普及发展，使得学生长期身处复杂社会环境中。此时若缺乏良好的社会环境保护措施，职业院校学生将很容易受到享乐主义、拜金主义等负面思想的影响，进而形成错误的三观，并体现在好逸恶劳、寻欢作乐的行为模式上。为了应对这一局面，学校应积极与政府部门、社会组织达成合作，在扩大社会主义核心价值观宣传规模的同时，加强对非法组织、地下场所、网赌平台等负面文化载体的依法打击力度，从根本上避免学生误入歧途。

二、竭力提高职业院校学生思想政治素养培育的教学实效

课堂教学是职业院校学生思想政治素养培育的主阵地，学生获取知识、树立意识、提高认知等多是在课堂教学中完成的。思想政治素养的培育自然离不开课堂教学，没有有效的课堂教学，思想政治素养培育就会失去最重要的最直接的阵地。就当前情况来看，多数职业院校都存在不同程度的教学观念陈旧、教学内容单一、教学方式滞后等短板，阻碍了大学生思想政治素养培育的质效发展。提高职业院校学生思想政治素养实效，应从观念、内容、方法诸方面进行调整。

第一，树立现代化的教育观念。与传统时期相比，当代高校的教育观念更加注重"生本""实践"与"创新"，即强调学生主体地位、知识实践行为与自主创新能力在课程教学中的重要性。因此，在学生思想政治素养培育的过程当中，相关教职人员应坚持学生本位的教学原则，充分尊重并鼓励学生围绕社会、政治、文化、思想等话题进行灵活思考与自我表达，以便深度挖掘学生的真实想法，并加以表扬或纠正，从而保障学生的自主发展。人是具有高度自主性的个体，要想培育学生成为"全面发展的人"，就必须要以学生

的自主发展作为前提。在学生自主发展的过程当中，学校、教师应发挥出自身辅助性、引导性的角色职能，围绕"学会学习""健康生活"等核心素养目标及思想政治素养培育要求，对学生日常生活、学习中的身心健康予以关注、保障和支持，"规范其在学习、生活、就业、人际交往等过程中的行为，不断增强他们的自我管理意识和能力"①，并做到常态化、及时化。只有做好这一方面，学生才能消除对教师权威的抵触感与质疑感，更加主动、轻松地接受思政教育，有助于教学活动渗透能力的增强。

第二，实施创新化的教学策略。创新教学手段，拓展课程知识的表现形式与实践方法，也是基于学校开展思想政治素养培育工作的必要措施。从一定程度上来讲，法律条文、政治理论、哲学思想等思政知识内容具有天然的枯燥属性，与学生的学习思维、兴趣取向相冲突，且与大学生的现实生活存在距离。此时，教师便可引入案例教学法，带领学生一同分析真实发生的社会案例，并在此过程中完成法律知识、政治理论的深入理解与内化吸收。例如，在面对"正当防卫"这一法律概念及其适用情况时，若大学生仅从法条的字面意义上进行学习，将很难明确"正当防卫""防卫过当"以及"故意伤人"之间的划分界限。为了避免这一情况，教师可将"昆山反杀案""赵宇见义勇为案"等真实案例的事件经过、判决结果带入到课堂当中，带领学生对相关人员行为的司法归属进行讨论与分析。这样一来，学生便能更清楚地了解"正当防卫"相关法律的实务原则与执行特点，并体会到我国法律体系对见义勇为者的保护和对社会正义的尊崇。同时，学生也能从案例中感受到我国社会的法治力度，进而产生由内而外的安全感、获得感与幸福感。

创新教学策略，还要从提高教师素质着手。一个教师的自身政治素养、个人的文化修养以及教学水平的高低，直接影响教学质量。当前很多思政课教师仍停留在"教师讲课—学生听课—复习备考—期末考试"的线性教学模式，难以满足学生心灵所需，无法从学生心灵深处修正价值观偏差和提升精

---

① 傅江浩. 发挥管理育人功能加强大学生思想政治教育浅析［J］.思想理论教育导刊，2015（6）：109–112.

神境界，制约了思政课教学"启智润心""培根铸魂"的成效。[①] 因此，广大思政课教师需要增强改革自觉，主动打破线性教学模式，提升自身素质，善于做"经师"，乐于做"人师"。首先，必须要不断地加强师资建设，为每一位思政课教师提供参与培训的机会，树立终身学习意识。同时，还要开展专业研讨交流活动，不断加强同学科间教师的交流与碰撞，借以提升思政教师的教学水平。其次，丰富思政课的教学内容，促进教学体系的生成。为了丰富思想政治课程的教学内容，使得思想政治课堂教学能够吸引学生的注意力，在思政课教学过程中，教师要善于将原本"概论课"和"基础课"中严肃严谨的知识教材体系灵活转化为能力教学体系，适应不同专业和不同层次的学生，以增强思政教育的实用性。最后，改进教学方法，调动学生的参与意识。在思政教学过程中，思政教师为回避传统教学模式的枯燥说教，可以在"概论课"和"基础课"的教学工作中，探索多种教学模式，采取不同的教学方法和教学手段，借以调动时下学生的课堂参与意识。例如，在教学中，可以根据教学内容的不同，让学生们将其改编成道德教育方面的小品，在思想政治课堂教学中进行表演，从而极大地调动学生的积极性和主动参与意识。

第三，应用现代化的教育资源。2019年8月，中共中央办公厅、国务院办公厅印发的《关于深化新时代学校思想政治理论课改革创新的若干意见》明确指出："推动人工智能等现代信息技术在思政课教学中应用，建设一批国家级虚拟仿真思政课体验教学中心。"[②] 在"互联网+"的时代背景下，思政、哲学、就业等课程的教职人员应不断提升自身的信息技术应用能力，勇于打破书籍、黑板等平面化、枯燥化的知识工具限制，将音视频、VR图像、flash动画等多媒体资源融入教学工作当中。特别是推动思政课与AI、VR等技术的创新融合，是顺应教学信息化、数字化、网络化、智能化变革态势的必然，也是提升思政课教学吸引力、亲和力、感染力，增强学生获得感的必需。[③] 例

① 曲建武，裴长盛.立体化教学：思政课教学走进学生心灵的必然选择［J］.中国大学教学，2023（10）：39-44.

② 中共中央办公厅 国务院办公厅印发《关于深化新时代学校思想政治理论课改革创新的若干意见》［EB/OL］.中国政府网，2019-08-14.

③ 陈玲，陈艺鸣.虚拟仿真技术赋能思政课教学的应用前景及策略［J］.学校党建与思想教育，2023（18）：48-51.

如，教师可在课堂上播放纪录片《大国重器》的视频片段，为学生立体化、多角度地展示我国装备制造业的发展历程与当前实力，以形成高度的国家归属感、民族自豪感，促进学生思想政治素养的显著提升。除此之外，还可灵活运用直播平台、视频网站、社交软件等网络资源，将"翻转课堂"教学模式融入学生思想政治素养的培育中。例如，教师可将"核心素养"这一思政概念拆分成"审美情趣""人文情怀""信息意识"等十八个要点，并据此制作微课视频。在制作完成后，将多个视频资源纳入"核心素养"数据包中，并上传至学校官网。学生可自主观看学习课程视频，完成核心素养知识的内化吸收。

三、竭力增强职业院校学生思想政治素养培育的实践属性

实践属性是职业院校学生思想政治素养培育的重要特征，也是其实效性的保障。以往的工作之所以没有取得较好的成效，基本原因就在于理论性强、主观性强，与之相较的是，实践属性不彰。提高职业院校学生思想政治素养培育实效性，需要增强实践属性，从而"提高职业教育适应性"[①]。

一方面，思政课的魅力首先就在于其内容，故只有坚持内容为王的理念，不断打造兼具理论性和思想性的思政课程教学内容体系，才能将思政课的教学融入青年学生的日常生活中。马克思主义强调："价值离不开人的需要，人认识世界、改造世界，不是为了别的，而是为了满足自己的需要。"[②]满足了学生的需要，思政课于学生来说才是有价值的。在新时代背景下，职业院校思想政治教育的内容应充分考虑当代大学生的特点，在讲解马克思主义经典与中国特色社会主义理论的过程中，应将榜样故事等融入课堂，让学生能在真人实事中感悟真理、体会真情；要将对社会现实问题的学理分析纳入课堂教学内容，以透彻的学理分析帮助学生解决思想困惑，以真理的强大力量引导大学生自觉树立起崇高的理想和信念。在坚持内容为王的前提下，要不断谋求教学方法的创新，以提升思政课的亲和力和针对性。思政课要准确把握

---

① 世界职业技术教育发展大会发布《天津倡议》[EB/OL].教育部政府门户网站，2022-08-20.

② 中共中央马克思恩格斯列宁斯大林著作编译局.马克思恩格斯选集（第4卷）[M].北京：人民出版社，1995：246.

青年大学生的特点，以更喜闻乐见的形式和更贴近大学生的语言来进行教学；应积极探索翻转课堂、雨课堂、慕课等教学模式，提高学生在课堂教学中的话语权，促进思政课教学从教师独白式到师生对话式的转变。

另一方面，要促进思政课教学理论与实践的结合。首先，应在思政课课程总体设计上明确理论与实践之间的关系。建议在思政课教学大纲中明确思政课理论教学和实践教学的学时，并明确实践教学授课的计划、设计、组织、评价等内容，以便思政课实践教学能真正落到实处。其次，建议思政课采用理论与实践一体化教学模式，将思政课理论教学与实践教学作为一个有机整体，一体化设计学习任务，以任务为载体，以问题为线索，一体化融通理论和实践教学内容，并利用学生社团，建立思政课教学辅助平台，通过时政论坛、典型人物、道德讲堂等形式，延伸第一课堂教学，巩固课堂教学成果。再次，建议对思政课加强理论与实践的一体化考核。建议改变思政课实践教学考核简单随意的现状，尽快建立较完善的一体化考核体系，增加对学生实践能力的考核，把学生遵纪守法情况和日常行为表现纳入思政课考核范围，并进一步加大实践考核在思政课平时成绩中所占的比重，以发挥思政课考核对职业院校学生日常行为的约束和监督作用。

第四节　职业院校学生思想政治素养评价机制

职业院校学生思想政治素养评价机制的建立，是思想政治教育体系完善的重要环节。科学的评价体系不仅能够衡量学生思想政治素养的发展水平，还能为教育策略优化提供依据，确保思想政治教育的系统性与规范性。思想政治素养作为学生综合素质的重要维度，其评价需要融入情感、认知与行为等多元要素，以实现对学生内化价值观、批判性思维能力和社会责任感的全面考察。构建科学的评价机制，可以有效引导学生将思政素养内化于心、外化于行，进而在职业实践中彰显德技并修，满足新时代对技术技能型人才的综合要求，推动职业教育高质量发展。

一、正确认识优化教育评价机制的意义

2020年9月，《深化新时代教育评价改革总体方案》出台，首次系统提出教育评价的新理念、新思路、新方案，力图破解教育改革的"卡脖子"难题。评价机制改革实质上是教育价值观的变革。我们要求人们树立正确的教育价值观，但观念又不随人的意志转移，观念在人的意识与环境的相互作用中产生，超越现实、理想的教育观念往往是少数人的追求。作为评价改革应该跳出单一观念的窠臼，关注到各种观念冲突中的合理性和现实性，既要调和矛盾，又要引领进步，就是要实现"活动的动机与效果相统一"①。今天，教育评价改革需要建立符合当下国家现实利益的价值观念，关键要解决好两个问题。一是超越传统的问题，传统教育观念中"学而优则仕""重伦理轻技术""重整体轻个体""面子文化""人情社会""盲目攀比"以及"劳心者治人，劳力者治于人""朝为田舍郎，暮登天子堂"等，严重制约了教育评价的客观性和科学性，扭曲了教育的意义。二是要正确对待西方教育观念，我们今天的教育体系并不是中国原生的，而是对西方教育体系的移植和发展，西方教育注重实证、重视创新和批判精神等对我们教育的改革是有益的，但是西方教育表现出的过于强调工具理性，重视教育的技术性和功利性又被我们发展到了极致。我们今天建立一套具有中国特色的教育评价体系，既要学习西方教育的优势，又要克服盲目照搬引发的"水土不服"，要树立起符合中华优秀传统文化和现实国情的教育价值体系。

教育评价是对教育实践和教育现象的价值、作用、水平、发展等做出优劣判断，评价需要建立一套符合教育规律和教育目的的标准体系，需要把教育认识变成相对科学、客观的评价标准和指标。标准作为一种工具，既有甄别、判断的作用，又有诊断、引导的作用，适切的评价标准有利于教育的健康发展，相反则导致教育发展的异化。教育是一个系统的社会活动，教育实践和教育现象几乎充斥整个社会生活，纷繁复杂。《总体方案》里确定了政府、学校、教师、学生和社会等五个大的评价主体，提出了改进结果评价，强化过程评价，探索增值评价，健全综合评价四个评价维度，这是我们第一次系

---

① 余仰涛.思想政治工作学研究方法论［M］.武汉：武汉大学出版社，2006：290.

统制定出的教育评价框架，具有划时代的意义。然而，围绕这个教育评价的框架，建构起科学的评价机制却是一个相当艰巨而复杂的系统工程，从宏观到微观，从甄别到选拔，从量化到质性，从综合评价到单一评价，从教育内部到教育外部，重新建构一套评价标准绝非易事。

教育评价改革也是一场教育治理改革。教育评价的治理需要从评价制度建设、评价体制完善和评价主体资质方面保证评价的规范科学、有效有序，实现"虚功实做"①。教育评价的法律依据是否充分很关键，对各种教育评价的性质、类型、主体、内容及结果运用等都需要建立规制，让教育评价回归科学、理性。需要明确教育评价实施中，谁能评价、评价什么、不能评价什么、评价结果如何使用，保证评价的价值性、独立性、客观性，规范评价过多过滥、重复性评价、同质性评价。教育评价治理关键是对使用评价结果功利化的控制。要充分考虑到，一些评价涉及政绩、经费、项目、资源的分配等，可能会导致地方政府和学校的投机行为，导致弄虚作假，过度投入的问题出现。对一些涉及具体单位或个人的荣誉、地位、等级、收入、获得的评价，需要建立更加严密的评价程序。控制功利化的结果使用主要是克服急功近利、盲目竞争、目标短视导致的教育生态破坏。基于此种认识，职业院校思想政治教育工作应该把学生思想政治素养评价机制作为改革创新的重点，在态度上予以高度重视、在行动上予以细致研究、在结果上予以反复论证，以求评价机制的科学有效。

二、职业院校学生思想政治素养评价要素

职业院校学生思想政治素养评价要素从整个体系来说是很丰富的，所包含的维度是多样的，总结起来可以分为理想信念、国家情怀、政治素养、法治观念等四个主要层面。

第一，理想信念要素。理想是人们对未来社会生活的追求和向往，它与奋斗目标相联系，体现学生理想信念的"理想维度"。理想有革命远大理想与世俗个人理想，职业院校学生作为未来的职业人、社会人、国家人的综合体，

---

① 程仕波.高校思想政治教育获得感的基本特征与提升路径［J］.思想理论教育，2017（12）：57–62.

他们所具有的理想应该是革命的远大理想，即树立共产主义远大理想和中国特色社会主义共同理想。信念不仅包括思想和理想，还包括对某种思想和理想的坚信不疑和身体力行，这是职业院校学生理想信念的"信念维度"。"信念维度"的"信念"要求必须坚定对中国特色社会主义的道路自信、理论自信、制度自信和文化自信"四个自信"。这要求学生深入学习、贯彻落实、主动传播习近平新时代中国特色社会主义思想，自觉做共产主义远大理想和中国特色社会主义共同理想的坚定信仰者和忠实实践者。还要认识到在中华优秀传统文化中、在党和人民进行的伟大创举中孕育的革命文化和社会主义先进文化中，积淀着中华民族最深层的精神追求，代表着中华民族独特的精神标志，是激励全党、全国各族人民奋勇前进的强大精神力量，从而坚定对中国特色社会主义的文化自信。

第二，国家情怀要素。国家首先是个地域概念，具有国家情怀首先是对祖国的热爱，就是对我们生于斯、长于斯的故土家园，对我们伟大祖国，对我们世世代代劳动、生息、繁衍、发展的辽阔大地的热爱。国家不仅凸显民族性和自然属性，也是一个政治概念，国家是阶级统治的工具，具有政治职能，是在固定的疆域内建立主权并通过一系列制度实施其权威的政治社会。在社会主义中国，国家情怀还包括对党的热爱和对社会主义制度的热爱。这要求职业院校学生忠于祖国、热爱祖国，对国旗、国歌、国徽怀有应有的崇敬，对祖国优秀传统文化饱含热爱之情与敬畏之心。此外，还要忠于人民、无私奉献，自觉主动把爱国与爱党、爱人民、爱社会主义统一起来。

第三，政治素养要素。东南西北中，党政军民学，党是领导一切的。党的领导是中国特色社会主义各项事业取得成功的根本保障。所以，政治素养首先表现为职业院校学生具有"政党"意识，即对党的政治认同意识和对中国特色社会主义政治认同意识。直白地说，就是认同党、信任党、支持党，坚定不移在党的领导下走中国特色社会主义道路。这要求学生坚决拥护中国共产党，坚决拥护党的路线、方针和政策，自觉主动地做党的路线、方针和政策的传播者。还要能自觉地学习中国特色社会主义理论，深刻领会党中央治国理政的新理念、新思想、新战略，并能在内心形成内化，使之成为自身素养的一部分。同时，对中国特色社会主义的认同还基于中国特色社会主义做到了社会的公平正义，使人民的政治情感有所寄托。所以，学生坚定不移地认同和拥护中国特色社会主义是思想政治素养的重要指征。

第四，法治观念要素。法治意识是人们对法律发自内心的认可、崇尚和遵从，包括法治态度、法治知识、法治观念、法治行为。这要求职业院校学生尊法、学法，具有浓厚的学法意识和良好习惯，能够形成正确的、坚定的用法律解决问题的意识。还要求学生守法、用法，守法、用法就是学生具有不逾越法律红线、不触碰法律底线的守法意识和办事依法、遇事找法、解决问题用法、化解矛盾靠法的用法意识。在平时的学习过程中，能够借助于课堂教学、班级或学校文化建设、党团队活动、社团活动、社会实践活动等自觉学法，善于运用案例研讨、情境模拟、价值辨析、角色扮演、志愿普法活动等方法主动用法，并践行法治理念、树立法治信仰、参与法治实践，做中国特色社会主义法治的遵守者、传播者、践行者，使法治观念深深印刻在头脑中，形成坚定的法治意志和法治行为。

三、职业院校学生思想政治素养评价指标构建原则和内容

第一，评价指标构建原则。一是系统性和工程性原则。构建指标体系是为了用于测评职业院校学生思想政治素养及其培育工作的效果。其评测是一个系统性、工程性工作，指标体系及应用必须统筹考虑指标评测的主要方向、核心定位、指标确立的基本原则；在指标体系应用的过程中，应综合考虑思想政治理论素养测评的目标、实施主体、测评客体、具体实施措施，才能真正做到"内生机制和外生机制的融合、协同联动"①。二是"他山之石，可以攻玉"的原则。职业院校学生思想政治素养指标体系构建是新事物，可以从其他领域的成功实践中进行借鉴。比如，在公民法治素养的评估指标体系方面，比较有影响力的量表或问卷包括"公民法律意识量表""政府法治指数量表""普法工作验收问卷""全球法治国家指数"等。这些经验和做法都可以被有效借鉴。三是科学性原则。采纳多方观点、综合各方专家意见，确保指标体系的先进性、全面性和可操作性。在理论研究的基础上，通过专家调查

---

① 黄冬霞，吴满意. 思想政治教育获得感：内涵、构成和形成机理［J］. 思想教育研究，2017（6）：28-32.

法，结合指标体系构建的一般原则，初步构建一套思想政治理论素养指标体系，从理论上和实践上保障了该指标体系的科学性。为了确保科学性原则，指标体系构建遵循从理论研究到应用研究的原则，确保指标体系本身的先进性和广泛适用性。总之，职业院校学生思想政治素养评价指标体系要符合导向性、科学性、一致性、定性与定量结合、灵活性的构建原则。

　　第二，指标体系具有系统评价指标体系的构建，核心内容是指标内容的选择，也就是考核点、测评点的选择。总体来说，应把握好定性与定量、自评与互评、定期与随机、过程与结果并重互补的原则，注重过程性、发展性评估，确保评价机制的"信息反馈律"作用充分发挥出来。[①] 评估指标体系的好坏不仅需要分析指标体系本身的逻辑严密性、内容全面性，还需要分析指标体系是否符合问卷调查法的一般要求，分析体系是否能够准确结合调查对象的特点、社会发展阶段、调查意义的要求以及调查范围的有限性。在指标内容的选择上，充分参考目前的研究中对于指标体系的建议，积极吸取现有相关评价体系中的合理方面。应从情感、知识、能力和技能四个方面分析职业院校学生的素养结构。也就是说，职业院校学生思想素质素养应包含四个方面的构成要素：首先是指对马克思主义理论知识的掌握，这是理论素养的根本内容；其次是指对马克思主义方法论体系的理解和运用；再次，在指标内容的取向上，还应考虑评价对象的特点和现阶段的要求，如对于学生党员先进性的考核，考核评价指标体系的构建指引方向应该是学生党员的党性意识、形象以及模范作用发挥等几大方面；最后，在评价指标操作上要注意维度间层层递进、数据获取具有可行性、定性与定量相结合、紧扣职业院校学生思想政治素养及其培育工作成效评测的特点。

　　第三，职业院校与普通高中教育和普通高等院校不同，其办学定位是培养高素质和高技能的应用型人才，是"创造价值的教育，可帮助人们获得技术技能，增强创新意识和能力，积极应对环境变化，是以能力为本位、需求为导向、贯穿人一生的教育，是提升产业效能、促进持久包容和可持续经济

---

①　谭志敏，张齐学．新时代"大思政课"建设的系统审视［J］．华南师范大学学报（社会科学版），2023（6）：157-165，208.

增长的重要力量"①。当前，我国传统产业的转型升级、战略性新兴产业的培育、先进制造业的健康发展、现代服务业发展壮大、文化创意和设计产业发展，都需要一大批创新型、高技能、高素质的人才队伍来支撑。面对社会及产业升级对于专业技能型人才的需求，发挥思政育人作用，提升职业院校学生思想政治素养非常关键。构建并实施好学生思想政治素养评价指标体系，应结合职业院校本身的特点，服务于职业院校的人才培养和师生成长。应由相互衔接的三个阶段构成：一是掌握理论知识，二是运用理论解决实际问题，三是内化和发展理论。这三个阶段逐级递进，循环往复地进行，促进理论水平和修养的不断提高。具体来说，一是评价职业院校思想政治理论教育课堂教学，对学生学习兴趣和知识掌握提出更高要求；二是评价实践活动，对思想政治理论知识竞赛、社团活动、社会服务等进行评估；三是评价"第三课堂"，拓展职业院校学生思想政治素养培育的场域。

四、职业院校学生思想政治素养评价机制运用

第一，运用数据分析和评价手段。职业院校学生思想政治素养的评价体系是一个动态的复杂的系统工程，它需要心理学、社会学、行为科学、思想政治教育以及其他多学科理论依据的支撑，需要专业的技术支持以及对主体广泛参与度的评价。思想政治素养的评价体系不是一个仅进行一次的封闭式系统，而是一个开放的、持续发展的动态循环系统。模型的变化发展可以适应当下的科技时代发展，不断更新改善最终评价所得出的科学计算结果，通过实时的过程使得对教育的评价更加有效，因此能真正增强思想政治素养培育工作的针对性及有效性。随着数据收集、整理和分析技术的普及和在教育及其教育评价领域的应用，建立连接国家、社会和学校的数据网络和分析系统成为可能。完善和保障思想政治素养数据评价体系的科学发展是评价机制运用的第一个面向，不仅需要严格的组织，也要有适当的方法保证评价体系的全面、科学、客观、合理。

第二，转化传统评价方法。传统的评价是以定量评价为基础的。根据某

---

① 世界职业技术教育发展大会发布《天津倡议》[EB/OL].教育部政府门户网站，2022-08-20.

一种规则，这一定量被分配给一个事件或对象，但是人类的思维是复杂、不确定的，通常很难做到量化。因此，对思想政治素质的传统定量评价一般被称为"评价"，这在传统意义上有着明显的局限性。对思想政治素质的评价，一般会用感情色彩较强的词来进行主观评价，如"既有社会主义精神，又有专业能力，对祖国的衷心永不变"这些词句代表比较积极的思想状态，而"被动""懈怠"等词则代表思想状态比较消极。随着研究的深入，人们正试图根据数字尺度更清晰地把握特定对象的思想倾向进而评估其思想政治状态。例如，我们可以使用"五点"数字量表来评估意识形态认知，然而这些方法尚未摆脱传统评价中模糊性的特点。例如，在点尺度法中，一个语义量词只对应一个数字，而一组语义词对应一组等距数。一方面，对于一个词的词性的界定不是某一个点，而是一个范围，并且还要根据不同的评价者，不同的评价对象，不同的情况来进行界定。在各种不同的情况下，词性的界定范围都会有差异。另一方面，该方法所假设的语义量词之间的等距也需要仔细把握。

　　第三，建构现代评价模型。必须遵守既定的原则，运用先进的分析方法，从而有效地建立职业院校学生思想政治素质评价模型。应当把握建立指标体系的原则：一是应当准确把握概念。必须在比较国内外思想政治素质研究成果的基础上，结合新时期职业院校学生的特点，准确把握思想政治素质的定义，并根据准确的定义确定两个层次和三个层次的指标，以便进行相应的分析和应用。二是明确各指标之间的联系。系统中所有的指标都必须依据计算基础、计算模型和时空范围来明确相互联系，这样才能全面了解指标体系的规律和指标之间的关系。三是确定相对统一的标准。一方面，同一指标体系在计算方法、计算模型和时空范围上应统一；另一方面，指标权重的确定以及指标的规划要统一。四是方法应具有可行性。必须多加注重指标体系和指标可行性的数据建设。要防止建立过多的指标，找到关键问题的导向。权系数指标与工作性能相关。某一指数过多或过少都会产生不利后果。因此，权重设计是思想政治素质测评水平与真实水平之间的关键联系。确定权系数的方法有专家咨询法、熵法、模糊聚类分析法和层次分析法。

　　第四，优化分析方法。一方面采取定性分析法。包括系统分析法和比较分析法。系统分析法是指根据系统论的基本原理，采用系统分析技术，对职业院校学生思想政治素养及其培育工作进行分析和评价的方法，其优点是将思想政治素养作为一个系统工程进行全面系统的评价，包括了整体分析和相关分析两种方法。所谓整体分析就是从系统的整体出发来评估和检验，主要就是对思想政治教育者、受教育者和教育环境和教育目的、教育内容、教育手段和教育活动之间的相互协调、相互作用做一个整体的把握。所谓相关分析就是把系统内部各种关联性进行系统分析。比较分析法主要是通过对事物的相关要素进行分析比较，以判断事物的演变趋势以及变化情况，其优点是将思想政治素养培育工作绩效与相关事物进行比较，提高评价的可信度。另一方面采取定量分析法。定量评价方法主要有目标管理法、数量化评价法、效益评定法、接受程度评定法和分等加权法。目标管理法就是先确定思想政治教育所要达到的目标，然后对照这些目标来评价思想政治教育效果的方法，其优点是可以将评价对象与评价目标直接对比。数量化评价法，即用模糊数学法和数量表述法对工作绩效进行评价，可以克服传统的定性方法的缺点，其优点是将评价指标进行量化。效益评定法是根据思想政治教育效果与消耗时间与投入工作量的乘积的比值来判断其绩效，其优点是更侧重经济价值。接受程度评定法是指质量和效果必然体现在受教育者的接受和认同程度上。思想政治教育的内容在什么程度、范围和意义上被受教育者心悦诚服地接受，是评估思想政治素养培育工作质量的重要方面。分等加权法是指把思想政治素养培育绩效评价的每一个指标分为优、良、中、差，再根据指标在整个评价中的重要程度确定权数、进行计算。

参考文献

一、马克思主义经典著作与重要文献

［1］中共中央文献研究室.毛泽东文集（第3卷）［M］.北京：人民出版社，1996.

［2］邓小平.邓小平文选（第1卷）［M］.北京：人民出版社，1994.

［3］邓小平.邓小平文选（第2卷）［M］.北京：人民出版社，1994.

［4］邓小平.邓小平文选（第3卷）［M］.北京：人民出版社，1993.

［5］刘少奇.刘少奇选集（上卷）［M］.北京：人民出版社，1981.

［6］陈云.陈云文选（第1卷）［M］.北京：人民出版社，1995.

［7］江泽民.论党的建设［M］.北京：中央文献出版社，2001.

［8］中共中央宣传部.毛泽东邓小平江泽民论思想政治工作［M］.北京：学习出版社，1994.

［9］胡锦涛.在纪念毛泽东同志诞辰110周年座谈会上的讲话［M］.北京：人民出版社，2003.

［10］习近平.习近平谈治国理政（第1卷）［M］.北京：外文出版社，2018.

［11］习近平.习近平谈治国理政（第2卷）［M］.北京：外文出版社，2017.

［12］习近平.习近平谈治国理政（第3卷）［M］.北京：外文出版社，2020.

［13］习近平.习近平谈治国理政（第4卷）［M］.北京：外文出版社，2022.

［14］习近平.习近平著作选读（第1卷）［M］.北京：人民出版社，2023.

［15］习近平.在哲学社会科学工作座谈会上的讲话［M］.北京：人民出版社，2016.

［16］习近平.在庆祝中国共产党成立95周年大会上的讲话［M］.北京：人民出版社，2016.

［17］习近平.论中国共产党历史［M］.北京：中央文献出版社，2021.

［18］习近平.决胜全面建成小康社会 夺取新时代中国特色社会主义伟大胜利［M］.北京：人民出版社，2017.

［19］中共中央文献研究室.习近平关于实现中华民族伟大复兴的中国梦论述摘编［M］.北京：中央文献出版社，2013.

［20］人民日报评论部.习近平用典（第一辑）［M］.北京：人民日报出版社，2015.

［21］人民日报评论部.习近平讲故事［M］.北京：人民出版社，2017.

［22］习近平.在哲学社会科学工作座谈会上的讲话［M］.北京：人民出版社，2016.

［23］习近平.在文艺座谈会上的讲话［M］.北京：人民出版社，2015.

［24］习近平.青年要自觉践行社会主义核心价值观：在北京大学师生座谈会上的讲话［M］.北京：人民出版社，2014.

［25］习近平.知之深爱之切［M］.石家庄：河北人民出版社，2015.

［26］习近平.干在实处 走在前列［M］.北京：中共中央党校出版社，2016.

［27］中共中央宣传部.习近平总书记系列重要讲话读本［M］.北京：学习出版社，2014.

［28］中共中央宣传部.习近平新时代中国特色社会主义思想学习纲要［M］.北京：学习出版社，人民出版社，2019.

［29］中共中央宣传部.习近平新时代中国特色社会主义思想三十讲［M］.北京：学习出版社，2018.

［30］中共中央宣传部.习近平新时代中国特色社会主义思想学习问答［M］.北京：学习出版社，人民出版社，2021.

［31］中共中央文献研究室.十二大以来重要文献选编（中）［M］.北京：人民出版社，1986.

［32］中共中央文献研究室.十三大以来重要文献选编（上）［M］.北京：人民出版社，1991.

［33］中共中央文献研究室.十四大以来重要文献选编（上）［M］.北京：人民出版社，1996.

［34］中共中央文献研究室.十五大以来重要文献选编（上）［M］.北京：人民出版社，2000.

［35］中共中央文献研究室.十六大以来重要文献选编（上）［M］.北京：中央文献出版社，2005.

［36］中共中央文献研究室.十六大以来重要文献选编（下）［M］.北京：中央文献出版社，2008.

［37］中共中央文献研究室.十七大以来重要文献选编（上）［M］.北京：中央文献出版社，2009.

［38］中共中央文献研究室.十七大以来重要文献选编（中）［M］.北京：中央文献出版社，2011.

［39］中共中央文献研究室.十七大以来重要文献选编（下）［M］.北京：中央文献出版社，2013.

［40］中共中央文献研究室.十八大以来重要文献选编（上）［M］.北京：中央文献出版社，2014.

［41］中共中央文献研究室.十八大以来重要文献选编（中）［M］.北京：中央文献出版社，2016.

［42］中共中央文献研究室.十八大以来重要文献选编（下）［M］.北京：中央文献出版社，2018.

［43］中共中央党史和文献研究院.十九大以来重要文献选编（上）［M］.北京：中央文献出版社，2019.

［44］中共中央党史和文献研究院.十九大以来重要文献选编（中）［M］.北京：中央文献出版社，2021.

［45］中共中央党史和文献研究院.十九大以来重要文献选编（下）［M］.

北京：中央文献出版社，2023.

二、中文著作

［1］张耀灿. 中国共产党思想政治教育史论［M］. 北京：高等教育出版社，2006.

［2］张耀灿. 思想政治教育学科建设研究［M］. 北京：中国人民大学出版社，2017.

［3］郑永廷. 思想政治教育方法论［M］. 北京：高等教育出版社，1999.

［4］罗国杰. 马克思主义思想政治教育理论基础［M］. 北京：高等教育出版社，2002.

［5］刘新庚. 现代思想政治教育方法论［M］. 北京：人民出版社，2008.

［6］沈国权. 思想政治教育环境论［M］. 上海：复旦大学出版社，2002.

［7］祖嘉合. 思想政治教育方法教程［M］. 北京：北京大学出版社，2004.

［8］项久雨. 思想政治教育价值论［M］. 北京：中国社会科学出版社，2003.

［9］李辉. 现代思想政治教育环境研究［M］. 广州：广东人民出版社，2005.

［10］陈万柏，张耀灿. 思想政治教育学原理［M］. 北京：高等教育出版社，2015.

［11］余仰涛. 思想政治工作学研究方法论［M］. 武汉：武汉大学出版社，2006.

［12］陈秉公. 思想政治教育学［M］. 长春：吉林大学出版社，2007.

［13］陈秉公. 主体人类学原理［M］. 北京：中国社会科学出版社，2012.

［14］冯刚. 高校思想政治教育创新发展研究［M］. 北京：中国人民大学出版社，2009.

［15］冯刚. 探索思想政治教育发展的内生动力［M］. 北京：人民出版社，2017.

［16］冯刚. 改革开放以来高校思想政治教育发展史［M］. 北京：人民出

版社, 2018.

[17]杨增崇.思想政治教育生态分析引论 [M].北京: 中国社会科学出版社, 2015.

[18]李腊生, 龚萱, 闵杰, 等.高校思想政治理论课教学实效性研究 [M].武汉: 武汉大学出版社, 2011.

[19]李林英, 郭丽萍.新媒体环境下高校思想政治教育教学研究 [M].北京: 人民出版社, 2015.

[20]忻平, 吴德勤, 等.高校思想政治理论课改革发展研究 [M].上海: 上海大学出版社, 2015.

[21]徐志宏.思想理论教育教学论 [M].北京: 高等教育出版社, 2006.

[22]闵永新.大学生思想政治教育整体有效性问题研究 [M].北京: 中国社会科学出版社, 2012.

[23]骆郁廷.当代大学生思想政治教育 [M].北京: 中国人民大学出版社, 2010.

[24]沈壮海.思想政治教育有效性研究 [M].武汉: 武汉大学出版社, 2008.

[25]沈壮海.思想政治教育的文化视野 [M].北京: 人民出版社, 2005.

[26]艾四林.MOOC与高校思想政治理论课教育教学创新 [M].北京: 北京大学出版社, 2014.

[27]王学俭.思想政治教育理论与实践问题的研究视角 [M].北京: 中国人民大学出版社, 2017.

[28]顾海良.高校思想政治理论课程建设研究 [M].北京: 中国人民大学出版社, 2016.

[29]李林英, 郭丽萍.新媒体环境下高校思想政治教育教学研究 [M].北京: 人民出版社, 2015.

[30]杨振斌.思想政治教育新探索 [M].北京: 中国社会科学出版社, 2013.

[31]谢树平.思想政治课教育教学及案例研究 [M].上海: 上海三联书店, 2014.

［32］鲁洁.道德教育的当代论域［M］.北京：人民出版社，2005.

［33］佘双好.现代德育课程论［M］.北京：中国社会科学出版社，2003.

［34］高德胜.生活德育论［M］.北京：人民出版社，2005.

［35］王玄武，等.比较德育学［M］.武汉：武汉大学出版社，2003.

［36］江潭瑜，徐海波.高校"大德育"育人模式的探索与创新研究［M］.北京：人民出版社，2011.

［37］王昭翮，曲建武.德育实效方法研究［M］.大连：大连海事大学出版社，2004.

［38］曲建武.立德树人理论与实践探索［M］.沈阳：辽宁教育电子音像出版社，2014.

［39］曲建武.行走在"微途"上的思政［M］.大连：大连理工大学出版社，2022.

［40］燕连福.大学生思想政治教育范式转换研究［M］.北京：光明日报出版社，2013.

［41］冯秀军.多元文化背景下的高校思想政治教育创新［M］.北京：中央民族大学出版社，2008.

［42］冯秀军.社会变革时期中国大学生道德价值观调查［M］.北京：教育科学出版社，2013.

［43］黄刚，冯秀军.北京高校思想政治理论课教育教学改革的实践与探索［M］.北京：北京交通大学出版社，2015.

［44］刘建军.新时期思想政治工作创新研究［M］.北京：中国人民大学出版社，2018.

［45］王易.传统文化与思想政治教育创新［M］.北京：中国人民大学出版社，2018.

［46］胡钟华.高校文化育人的研究与探索［M］.北京：光明日报出版社，2018.

［47］杨九诠.学生发展核心素养三十人谈［M］.上海：华东师范大学出版社，2017.

［48］岳修峰.普通高等学校"三全育人"研究［M］.北京：社会科学文

献出版社，2018.

[49]徐浩，马斌.时代的变换：互联网构建新世界［M］.北京：机械工业出版社，2015.

[50]张果.当代学生意识形态安全教育研究［M］.北京：人民出版社，2015.

[51]吴温暖.高等学校国防教育［M］.厦门：厦门大学出版社，2007.

[52]袁贵仁.价值观的理论与实践：价值观若干问题的思考［M］.北京：北京师范大学出版社，2013.

[53]李秉德.教学论［M］.北京：人民教育出版社，1991.

[54]教育部人事司.高等教育学［M］.北京：高等教育出版社，2002.

[55]黄甫全.课程与教学论［M］.北京：高等教育出版社，2002.

[56]张万兴，郭玉成.全面提升教师素养［M］.北京：中央民族大学出版社，2004.

[57]南国农.信息化教育概论［M］.北京：高等教育出版社，2004.

[58]黄荣怀，周跃良，王迎.混合式学习的理论与实践［M］.北京：高等教育出版社，2006.

[59]余文森.有效教学的理论和模式［M］.福州：福建教育出版社，2011.

[60]叶澜.教育概论［M］.北京：人民教育出版社，2013.

[61]郑东辉.教师评价素养发展研究［M］.杭州：浙江大学出版社，2014.

[62]陶行知文集［M］.南京：江苏教育出版社，2008.

[63]范兆雄.课程资源概论［M］.北京：中国社会科学出版社，2000.

[64]教育部基础教育司.走进新课程：与课程实施者对话［M］.北京：北京师范大学出版社，2002.

[65]［美］霍尔，［美］戴维斯.道德教育的理论与实践［M］.陆有铨，魏贤超，译.杭州：浙江教育出版社，2003.

[66]郭景扬，练丽娟，陈振国.课堂教学模式与教学策略［M］.上海：学林出版社，2009.

［67］林崇德. 发展心理学［M］. 北京：人民教育出版社，2009.

［68］张骥. 中国文化安全与意识形态战略［M］. 北京：人民出版社，2010.

［69］陈玉琨，田爱丽. 慕课与翻转课堂导论［M］. 上海：华东师范大学出版社，2014.

［70］赵国栋. 微课与慕课设计高级教程［M］. 北京：北京大学出版社，2014.

［71］白逸仙. 创业教育与专业教育融合研究［M］. 北京：社会科学文献出版社，2015.

［72］焦建利，王萍. 慕课：互联网+教育时代的学习革命［M］. 北京：机械工业出版社，2015.

［73］柯清超. 超越与变革：翻转课堂与项目学习［M］. 北京：高等教育出版社，2016.

［74］梁旭，黄明，谷晓琳. 大型开放式网络课程 MOOC 概论［M］. 北京：电子工业出版社，2015.

［75］甘霖. 高校实践育人研究［M］. 北京：人民出版社，2015.

［76］张学新. 对分课堂：中国教育的新智慧［M］. 北京：科学出版社，2016.

［77］张子睿，樊凯. 工匠精神与工匠精神养成引论［M］. 北京：民主与建设出版社，2017.

［78］薛喜民. 高等职业技术教育理论与实践［M］. 上海：复旦大学出版社，2000.

［79］匡瑛. 比较高等职业教育：发展与变革［M］. 上海：上海教育出版社，2006.

［80］王冰田. 职业素养与职业发展：从校园到职场［M］. 北京：北京师范大学出版社，2010.

［81］陈智，陈粟宋. 探索中国特色高等职业技术教育发展之路：顺德职业技术学院的理论创新与实践［M］. 北京：清华大学出版社，2011.

［82］中国职教学会教学工作委员会质量保障与评估研究会. 高等职业院

校内部质量保障体系建设［M］.北京：高等教育出版社，2011.

　　［83］梁枫.职业素养修炼［M］.上海：同济大学出版社，2012.

　　［84］李进.新中国高等职业教育发展纪实［M］.上海：上海教育出版社，2013.

　　［85］冯旭芳.高职院校发展战略规划［M］.杭州：浙江大学出版社，2014.

　　［86］顾建军，邓宏宝.职业教育名著导读［M］.北京：教育科学出版社，2015.

　　［87］周建松.高职院校素质教育研究［M］.北京：中国人民大学出版社，2015.

　　［88］周君明.高职院校软实力研究［M］.北京：现代教育出版社，2015.

　　［89］侯建军.高职院校课程评价研究［M］.长沙：中南大学出版社，2015.

　　［90］姜大源.职业教育要义［M］.北京：北京师范大学出版社，2017.

　　［91］郭维平.高职学生思想政治教育新探［M］.杭州：浙江大学出版社，2008.

　　［92］曹士东.高职院校大学生思想政治教育研究［M］.合肥：合肥工业大学出版社，2009.

　　［93］沈剑光.高职院校学生综合职业能力培养：基于思想政治工作导向的研究［M］.北京：人民出版社，2010.

　　［94］陈东旭.高职院校大学生思想政治教育工作研究［M］.成都：电子科技大学出版社，2013.

　　［95］储水江，杨婉玲，赵璇，等.高职高专院校思想政治理论课教学研究［M］.合肥：合肥工业大学出版社，2013.

　　［96］方燕，葛陈荣.高职院校思想政治理论课实践教程［M］.广州：广东高等教育出版社，2013.

　　［97］黄启红.新媒体时代高职院校思想政治理论课教学改革探究与实践［M］.长春：吉林大学出版社，2017.

　　［98］辛玉玲.高职思想政治理论课实践教学指导［M］.北京：北京理工

大学出版社，2018.

［99］张新.高职高专思想政治理论课教学方法研究［M］.重庆：重庆大学出版社，2019.

［100］邓艳君.高职思想政治教育滋养工匠精神研究［M］.长沙：湖南大学出版社，2020.

［101］蒋家胜，范华亮，李丹，等.高职院校思想政治理论课教学设计新论［M］.成都：西南交通大学出版社，2021.

三、中文期刊

［1］王栋梁.大数据时代思想政治教育需要科学构建对象把握机制［J］.思想理论教育，2018（7）84-87.

［2］余文森.从三维目标走向核心素养［J］.华东师范大学学报（教育科学版），2016（1）：11-13.

［3］崔潇.思想政治核心素养培育探究［J］.中学政治教学参考,2016(6)：72-73.

［4］王其红.高职学生隐性职业素养的培育模式与量化评价研究［J］.黑龙江教育学院学报，2017，36（1）：61-63.

［5］安晓玲.高职学生隐性职业素养的培育模式与量化评价研究［J］.黑龙江教育（理论与实践），2017（3）：35-36.

［6］魏国平，杜安国.高职院校社区服务平台建设战略与创新：广东轻工职业技术学院社区服务中心案例分析［J］.职业技术教育，2017，38（8）：59-62.

［7］杜安国.高职院校党建品牌的时代内涵与建设路径［J］.中国职业技术教育，2020（19）：5-9.

［8］杜安国.习近平关于高校思想政治工作重要论述的理论逻辑［J］.思想理论教育导刊，2021（5）：105-108.

［9］杜安国.高职院校立体化"全域思政"的问题指向、核心要义与实践逻辑［J］.中国职业技术教育，2022（13）：75-78，96.

［10］张志军，郭莹.高职学生职业核心素养培育路径探究［J］.中国职

业技术教育，2017（4）52-56，65.

[11]鄂甜.中职、专科高职和应用技术本科教育人才培养目标分层解析[J].职业技术教育，2015，36（1）：13-17.

[12]高振发.高职院校生源多元化背景下的学生管理创新[J].教育与职业，2015（24）：33-35.

[13]曲波.意识形态建设视域中当代思想政治教育的观念创新[J].思想理论研究，2016（2）：41-45.

[14]苏冰星.思想政治教育价值取向的特征、问题及其矫正[J].教学与管理，2017（21）：111-113.

[15]武晓华.加强大学生职业道德教育的若干思考[J].思想理论教育导刊，2014（2）：118-121.

[16]朱景林.关于思想政治教育文化载体分类的研究[J].思想理论教育导刊，2014（11）：91-96.

[17]朱雪梅，张建奇.中国高等职业教育发展模式的反思与重构[J].职业技术教育，2014，35（31）：5-9.

[18]许瑞芳，高国希.思想政治教育模式研究的回顾与展望[J].思想教育研究，2014（8）：25-32.

[19]刘淑娟.以法律基础课程为例论高校法律通识课程课堂教学改革[J].教育与职业，2015（10）：94-96.

[20]刘淑娟，刘建中.新媒体视域下高校思政理论课实践教学实效性研究[J].亚太教育，2016（30）260-261.

[21]刘建中，刘淑娟.高校思想政治理论课实践教学实效性的影响因素研究[J].文史博览（理论），2016（11）：94-95.

[22]王茂涛.高校危机管理体系的构建研究[J].阜阳师范学院学报（社会科学版），2005（1）：128-130.

[23]王茂涛.系统论与高校思想政治理论课课程改革[J].湖北经济学院学报（人文社会科学版），2009，6（4）：150-151.

[24]王茂涛，刘张飞.构建思想政治理论课实践教学评价体系的理论与实践[J].宿州学院学报，2013，28（11）：102-104，110.

［25］谢守成．以科学思维引领高校思想政治工作创新发展［J］．中国高校社会科学，2017（2）：4-10，156.

［26］项久雨，张畅．用"温度"提升高校思想政治教育质量［J］．思想理论教育，2018（8）：22-28.

［27］房广顺，李鸿凯．以大学生获得感为核心提升思想政治理论课教学质量［J］．思想理论教育，2018（2）：56-61.

［28］张国启，王靖．"互联网+"时代大学生思想政治教育的质量评价［J］．思想政治教育研究，2019，35（1）：140-143.

［29］严帅．思想政治教育质量评价研究的新特点与新趋势［J］．思想教育研究，2018（2）：22-26.

［30］赵浚，胡晓红．高校思想政治理论课运用SPOC模式的探析［J］．思想政治教育研究，2016，32（4）：59-62.

［31］汪潇潇，聂风华，吴瑕．清华大学思想政治理论课慕课的建设与实践［J］．现代教育技术，2016，26（8）：83-88.

［32］高静毅．思想政治教育工作质量评价时代性的实现路径研究［J］．学校党建与思想教育，2018（11）：11-14.

［33］何小梅．社会主要矛盾转型后大学生思想政治教育的差序格局［J］．当代青年研究，2018（2）：64-69.

［34］何小梅．论高校思想政治工作的分层教育方法［J］．高教探索，2018（12）：109-113.

［35］祁鸣鸣．新媒体环境下思政课教学模式改革：评《新媒体时代高校思想政治教育创新研究》［J］．中国高校科技，2019（10）：111.

［36］储水江．抓住关键 打赢提高思政课质量的攻坚战［J］．思想理论教育导刊，2017（9）：91-93.

［37］储水江，高顺起，尹家德．论高职院校思想政治理论课实践教学的"转型升级"［J］．中国职业技术教育，2020（1）：51-55.

［38］蔡小葵．高职高专院校思想政治理论课教师队伍建设面临的问题与对策研究［J］．思想理论教育导刊，2019（8）：108-112.

［39］蔡小葵，储水江．高职高专院校思想政治理论课教学：困惑与突围：

基于全国高职高专院校思想政治理论课发展状况的调查分析［J］.中国职业技术教育，2021（8）：42-46.

［40］黄卓晔.大数据背景下大学生意识形态安全教育探究［J］.中学政治教学参考，2021（11）：98.

［41］王喜英，高原，高顺起."思政课程"与"课程思政"教学同向同行的实践路径探索［J］.中国职业技术教育，2022（8）：72-76.

［42］刘宝民，金正连.关于职业院校推进课程思政建设的思考［J］.中国职业技术教育，2021（12）：105-108.

［43］朱瑾，邵建东.基于多元整合的职业院校课程思政建设：困境与突破［J］.中国职业技术教育，2021（29）：11-17.

［44］李晴.基于数据挖掘的大学生思想政治评价模型研究［J］.高教学刊，2020（5）：189-190，193.

［45］韩震.推进大中小学德育一体化进程的理念与思路［J］.中国高等教育，2020（17）：4-5.

［46］余华，涂雪莲.论大中小学思想政治理论课一体化建设的思维革新［J］.思想理论教育，2020（2）：68-72.

［47］杜鹃.当前形势下提升理想信念教育效能途径探析［J］.南方论刊，2017（3）：110-112.

［48］冯秀军，毛娜.全面从严治党背景下的党员理想信念建设［J］.学校党建与思想教育，2016（9）：40-45.

［49］赵丽梅，陈晓军.对新时代高职院校思政课"三教"改革的思考［J］.辽宁农业职业技术学院学报，2022，24（2）：30-32.

［50］郭华鸿.高校德育资源的多维整合与体系建构［J］.高教论坛，2017（7）：8-10.

［51］崔昊.高职院校大德育格局构建与实践［J］.山东电力高等专科学校学报，2021，24（6）：82-85.

［52］惠朝阳.高职院校构建"大思政"课程育人模式的探索与实践［J］.中国职业技术教育，2020（5）：57-60.

［53］张彦."大思政课"需要"大评价观"［J］.思想政治教育研究，

2022, 38（2）：1-6.

［54］黄群慧."十四五"时期深化中国工业化进程的重大挑战与战略选择
［J］.中共中央党校（国家行政学院）学报，2020，24（2）：5-16.

［55］刘战伟."双高计划"建设背景下人文关怀在高职思想政治教育中的
有效性研究［J］.中国职业技术教育，2019（30）25-28.

［56］蓝波涛，覃杨杨.构建大思政课协同育人格局：价值、问题与对策
［J］.教学与研究，2022（2）92-100.

［57］陈云涛，谭伟.构建精准发力的高职思想政治工作体系实践探索
［J］.中国职业技术教育，2022（25）92-96.

［58］王石，程茹.高职思想政治理论课教材体系向教学体系转化的思考
［J］.教育与职业，2022（8）：84-88.

［59］李文斌，张婷.高职思想政治教育类型化发展的政策演进、动力与
路径［J］.黑龙江高教研究，2021（5）：102-107.

［60］张忠，陈燕.社会主义核心价值观融入高职思想政治教育研究［J］.
教育与职业，2020（22）：85-88.

［61］王新华.新时代高职思想政治理论课改革创新研究［J］.教育与职业，
2021（7）：108-112.

［62］李铭.基于核心期刊和CSSCI数据的知识图谱分析高职思想政治教
育研究的主题与发展态势［J］.教育与职业，2020（14）：72-79.

［63］石书臣.以问题导向推进大中小学思想政治理论课一体化建设的思
考［J］.思想理论教育，2020（5）：24-29.

［64］郭和才，朱德全.职业教育课程思政的价值理性与教育逻辑［J］.
民族教育研究，2021，32（5）：44-54.

［65］张其亮，王爱春.基于"翻转课堂"的新型混合式教学模式研究［J］.
现代教育技术，2014，24（4）：27-32.

［66］李逢庆.混合式教学的理论基础与教学设计［J］.现代教育技术，
2016，26（9）：18-24.

［67］关世春.职业教育课程思政融入路径研究［J］.中国职业技术教育，
2021（35）：44-49.

［68］罗珍，唐春霞，易希平.基于核心素养培育的高职思政课的独特价值及其实现［J］.教育与职业，2022（19）：91-96.

［69］蒋芝英，鄢彬."五度"视角下高职思政课实践教学有效性探索［J］.教育与职业，2022（19）：97-101.

［70］桂百安.新时代高职思想政治理论课教师信息素养提升研究［J］.教育与职业，2021（17）：67-71.

［71］赵茜苹.基于移动平台的高职思想政治教育资源平台开发研究［J］.教育与职业，2019（7）：109-112.

［72］杜红梅."微时代"下高职思想政治教育方式创新［J］.教育与职业，2017（15）：85-87.

［73］安桂清.基于核心素养的课程整合：特征、形态与维度［J］.课程·教材·教法，2018，38（9）：48-54.

［74］肖凤翔，付小倩.职业能力标准演进的技术实践逻辑［J］.西南大学学报（社会科学版），2018，44（6）：45-50，189-190.

［75］陈宏艳，徐国庆.职业教育学生核心素养体系构建：背景与思路［J］.当代职业教育，2018（1）：22-26.

［76］乔为.核心素养的本质与培育：基于职业教育的视角［J］.职业技术教育，2018，39（13）：20-27.

［77］高健，周志刚，潘海生.价值共创视角下职业教育人才培养的路径研究［J］.中国电化教育，2020（2）：1-7，29.

［78］刘卫平.SPOC在高校思想政治理论课教学中的应用研究［J］.学校党建与思想教育，2015（24）：37-38.

［79］任君庆.新时代职业院校技术技能人才培养的成效、问题与对策［J］.中国高教研究，2019（12）：99-103.

［80］张耀灿.推进思想政治教育学科创新发展的若干思考［J］.思想理论教育，2017（7）：62-65.

［81］秦在东，王威峰.以党的建设引领高校思想政治工作的路径思考［J］.思想教育研究，2018（9）：80-85.

［82］冯刚.在遵循规律中提升思想政治工作质量［J］.思想教育研究，

2017（4）：52-56.

［83］冯刚.改革开放以来高校思想政治教育质量评价的回顾与思考［J］.教学与研究，2018（3）：82-89.

［84］张秋山，熊龙.新时代职业院校劳动教育：内涵、价值及路径［J］.职业技术教育，2021，42（22）：26-30.

［85］马洪波.高职院校"四体合一"劳动教育路径研究［J］.高教学刊，2021（9）：189-192.

［86］高红艳，单文慧.职业院校专业课程思政建设内涵、难点与实施路径［J］.对外经贸，2022（5）：115-118.

［87］钟凌云.高职思政课课堂教学讲好道理的五个向度［J］.教育理论与实践，2023，43（15）：30-33.

［88］王石，凌烨丽，田洪芳.类型教育视域下高职思政课教学模式改革的思考：基于本专科比较视角［J］.中国职业技术教育，2023（14）：19-23.

［89］万力.高职思政课精准教学的现实语境、生成逻辑与实践路向［J］.教育与职业，2023（4）：83-88.

四、报纸

［1］倪光辉.更好支持和帮助职业教育发展 为实现"两个一百年"奋斗目标提供人才保障［N］.人民日报，2014-06-24（1）.

［2］习近平.在纪念孔子诞辰2565周年国际学术研讨会暨国际儒学联合会第五届会员大会开幕会上的讲话［N］.人民日报，2014-09-25（2）.

［3］黄敬文，李学仁.看清形势适应趋势发挥优势 善于运用辩证思维谋划发展［N］.人民日报，2015-06-19（1）.

［4］中共十八届五中全会在京举行［N］.人民日报，2015-10-30（1）.

［5］立足我国国情和我国发展实践 发展当代中国马克思主义政治经济学［N］.人民日报，2015-11-25（1）.

［6］张烁，鞠鹏.把思想政治工作贯穿教育教学全过程 开创我国高等教育事业发展新局面［N］.人民日报，2016-12-09（1）.

［7］习近平首次点评"95后"大学生［N］.人民日报，2017-01-03（2）.

［8］王卓伦.发扬传承"努力干一起干"的工合精神 开展国际文化交流 谱写国际友谊新篇章［N］.人民日报，2017-04-22（1）.

［9］习近平致信祝贺中华职业教育社成立一百周年［N］.人民日报，2017-05-06（1）.

［10］徐隽，鞠鹏.纪念马克思诞辰200周年大会在京举行［N］.人民日报，2018-05-05（1）.

［11］张烁，王晖.坚持中国特色社会主义教育发展道路 培养德智体美劳全面发展的社会主义建设者和接班人［N］.人民日报，2018-09-11（1）.

［12］张洋，丁林.在常学常新中加强理论修养 在知行合一中主动担当作为［N］.人民日报，2019-03-02（1）.

［13］谢环驰，鞠鹏.坚定信心开拓创新真抓实干 团结一心开创富民兴陇新局面［N］.人民日报，2019-08-23（1）.

［14］杜尚泽."'大思政课'我们要善用之"（微镜头·习近平总书记两会"下团组"·两会现场观察）［N］.人民日报，2021-03-07（1）.

［15］总结党的历史经验，加强党的政治建设［N］.人民日报，2021-08-16（1）.

［16］习近平.关于《中共中央关于党的百年奋斗重大成就和历史经验的决议》的说明［N］.人民日报，2021-11-17（2）.

［17］鞠鹏，谢环驰.坚持党的领导传承红色基因扎根中国大地 走出一条建设中国特色世界一流大学新路［N］.人民日报，2022-04-26（1）.

［18］习近平向世界职业技术教育发展大会致贺信［N］.人民日报，2022-08-20（1）.

五、外文文献

［1］WANG V C X. *Vocational Education Technologies and Advances in Adult Learning: New Concepts*［M］.Hershey：Znformation Science Reference，2012.

［2］STEVENSON J. *Developing Vocational Expertise: Principles and Issues in Vocational Education*［M］.London：Routledge，2020.

［3］GALGUERA M P. *Globalization, Mass Education and Technical and*

Vocational Education and Training [M]. New York: Springer, 2018.

[4] JØRGENSEN C H, OLSEN O J, THUNQVIST D P. *Vocational Education in the Nordic Countries: Learning from Diversity* [M]. New York: Taylor and Francis, 2018.

[5] XUE E Y, LI J. *China's Vocational Education Reform* [M]. New York: Springer Singapore: 2022.

[6] BILLETT S, STALDER B E, AARKROG V, et al. *The Standing of Vocational Education and the Occupations It Serves: Current Concerns and Strategies For Enhancing That Standing* [M]. New York: Springer Cham, 2022.

[7] SMEBY J-C, SUTPHEN M. *From Vocational to Professional Education: Educating for Social Welfare* [M]. New York: Taylor and Francis, 2014.

[8] SEEZINK A, POELL R F. Continuing Professional Development Needs of Teachers in Schools for Competence - Based Vocational Education [J]. *Journal of European Industrial Training*, 2010, 34 (5): 455–474.

[9] HAMALAINEN R, WEVER B D. Vocational Education Approach: New TEL Settings – New Prospects for Teachers' Instructional Activities? [J]. *International Journal of Computer-Supported Collaborative Learning*, 2013, 8 (3): 271–291.

[10] BONEVSKI B, GUILLAUMIER A, PAUL C L, et al. The Vocational Education Setting for Health Promotion: A Survey of Students' Health Risk Behaviours and Preferences for Help [J]. *Health Promotion Journal of Australia: Official Journal of Australian Association of Health Promotion Professionals*, 2013, 24 (3): 185–191.

[11] BENIN L V, FROLOV V O. Socio-Philosophical Problems of the Higher Vocational Education in the Context of Culture Crisis [J]. *Obrazovanie i Nauka*, 2015, 1 (1): 44–54.

[12] UTVER B K. Explaining Health and Social Care Students' Experiences of Meaningfulness in Vocational Education: The Importance of Life Goals, Learning Support, Perceived Competence, and Autonomous Motivation [J]. *Scandinavian*

Journal of Educational Research，2014，58（6）：639-658.

［13］WILKIE L W. Vocational Education and Training：Educators' Perspectives on VET Training［J］.*London Review of Education*，2015，13（1）：1-2.

［14］JIANG F C，LU Y E. The Innovation Curriculumplan and Implementation Research of Modern Vocational Education System［J］.*BioTechnology：An Indian Journal*，2014，10（17）：9481-9486.

后 记

笔者研究团队长期从事职业院校思想政治教育工作，在日常学习和教学科研实践中从未停止过对思想政治教育工作创新进行思考和探索。在二十多年的实践中，积累了较为丰富的经验。此外，笔者研究团队有感于新时代国内外形势的深刻变化对职业院校思想政治教育产生的复杂影响，认识到当前和今后一段时间内思想政治教育工作可能出现的诸多新要素和存在的诸多新情况，于是有了写作本书的想法。因此，可以说本书就是笔者研究团队长期思考、总结经验和映照现实的整体反馈。

本书写作力求理论和实践充分结合。为了写好本书，笔者研究团队查阅了大量资料，认真研读与本课题相关的马克思主义经典文献，深刻领悟习近平新时代中国特色社会主义思想以及习近平总书记对职业教育和思想政治教育工作的重要论述和重要指示批示精神。在理论学习中有了不少心得，从而加深了对职业院校思想政治教育工作的理论认识，增强了理论感知度。这些心得在本文写作中都有所体现。此外，笔者研究团队深知"实践之树长青"的道理，基于广东轻工职业技术大学和全国其他多所知名职业院校的思想政治教育工作典型实践探索，努力使所写内容皆源于实践且都经得起实践的检验。

当然，学术研究不能闭门造车，也不是孤芳自赏，一本专著特别是思想政治教育类专著，离开了他人丰富的思想成果和实践结晶，必然是一个重大缺失。一方面，本书是笔者研究团队通力合作的成果。团队负责人刘淑娟教授主持全书的撰写工作，并具体负责第三章、第四章和第五章的编写，殷宇冰老师撰写第一章、第二章和第六章，另一方面，本书也闪耀着许多知名专家、学者智慧的结晶，如本书最终成型定稿就得到了高校思政课研究与教学领域专家王茂涛教授的悉心指导。笔者研究团队向多位领导、专家虚心求教，听取他们的宝贵指导和建议，填补了因个人和团队之力所不逮而产生的空白和疏漏。

由衷地感谢广东轻工职业技术大学党委书记、教育部高校思想政治工作创新发展中心（广东轻工职业技术大学）主任杜安国教授，广东轻工职业技术大学党委副书记、教育部高校思想政治工作创新发展中心（广东轻工职业技术大学）副主任梁艳珍教授的大力支持和亲切指导。杜安国教授和梁艳珍教授两位领导、专家对学校的党建思政工作的高度重视和对职业院校思政育人领域的深厚研究，不仅为笔者研究团队创造了良好的写作条件和氛围，更是提供了深刻的思想启发与丰富的研究素材。

由衷地感谢广东轻工职业技术大学马克思主义学院院长储水江教授、党总支负责人王茂涛教授、副院长蔡小葵教授等院领导的关心和帮助，由衷地感谢广东轻工职业技术大学马克思主义学院的同事们，他们当中许多人对笔者研究团队尽力支持、照顾良多，如高顺起老师、黄钟贤老师、宋晓亚老师等一直关心关注本书的写作，为笔者研究团队尽可能提供一切无私帮助，在此特表感谢！

由衷地感谢中共广东省委党校二级教授、广东省人民政府原参事黄铁苗和广东工业大学二级教授、广东省人民政府原参事余永权两位专家，尽管黄教授、余教授都已经年逾七旬，但始终关注着前沿的学术问题和经济社会发展的生动实践，坚持笔耕不辍，对我们这些晚辈起到了很好的榜样作用，并且两位专家以自身深厚的学术功底和丰富的人生阅历，从其他学科视角为本书提供了诸多有益启发并为笔者研究团队实践调研提供了大力支持，特别是黄铁苗教授应团队之邀为本书欣然作序，更令笔者研究团队深受感动。

由衷地感谢拥有近40年中国智造经验的广州里工实业有限公司创始人李庆光和掌舵人李卫铳先生，他们执掌的现代化无人值守机器人公司为本书的撰写提供了生动的实践案例。

由衷地感谢对本书的写作给予关注、支持和帮助的朋友们和家人们！

本书是对职业院校思想政治教育体制机制的可能性方向探索。思想性有之，实践性也有之，但因思想政治教育是复杂的系统性工程，具有鲜明的时代性和实践性，相关理论和经验做法常有常新，所以本书的内容可能不够全面。如果书中有某处或者几处论述不足以及思考不够深入的地方，恳请同行专家、学者和广大读者批评指正，一字或一篇皆为吾师。笔者研究团队必将心怀感激，并在今后教育教学实践中为之增益、不断完善。本书更为了发出一个号召，希望在职业教育改革正处变革和发展的关键期，我们每一个职教人都可以保持定力，充分发扬"三牛"精神，敢于创新，勇于攻坚，勤于实践。在学习过程中，把自己摆进去、把职责摆进去、把工作摆进去，自觉地用党的二十大精神和习近平新时代中国特色社会主义思想指导解决职业院校思想政治教育发展中的重大问题，切实把学习成效转化为推动职业教育高质量发展的强大力量。